Bernhard Becker

Geschichte der revolutionären Pariser Kommune

in den Jahren 1789 bis 1794

Bernhard Becker

Geschichte der revolutionären Pariser Kommune
in den Jahren 1789 bis 1794

ISBN/EAN: 9783743660243

Hergestellt in Europa, USA, Kanada, Australien, Japan

Cover: Foto ©ninafisch / pixelio.de

Weitere Bücher finden Sie auf **www.hansebooks.com**

Geschichte

der

Revolutionären Pariser Kommune

in den Jahren 1789 bis 1794.

Von

Bernhard Becker.

Braunschweig.
Druck und Verlag von W. Bracke jr.
1875.

Vorwort.

Der Kommune-Kampf des Jahres 1871 hat die Erinnerung an die alte Pariser Kommune der großen französischen Revolution wieder aufgefrischt. Für diese war jene alte Kommune der revolutionäre Haupthebel. Je mehr damals die Macht der Pariser Kommune zunahm, desto mehr entwickelte sich auch die Macht der Revolution, desto mehr entfaltete sich die Kraft und Herrschaft der revolutionären Ideen. Als Robespierre die Macht der Pariser Kommune brach, begann die Reaktion einzusetzen. Letztere fing somit nicht erst, wie gewöhnlich irrthümlich angenommen wird, mit dem Sturze Robespierre's, sondern mit der Hinrichtung der Hebertisten und mit der Dekretirung des Glaubens an ein höchstes Wesen an.

Derjenige Publizist der großen Revolution, welcher zuerst erkannte, daß die „vollziehende Gewalt" der Revolution in der Pariser Kommune lag, ist der ebenso verschriene, wie unterschätzte Marat. Wir haben seine Publikationen besonders berücksichtigt, weil er, ein Einzelner, zur Machtentfaltung der Pariser Kommune am Meisten beigetragen hat.

Das Verfahren des Herrn Professors Adolf Schmidt in Jena, die Kenntniß der Personen und Ereignisse der gewaltigen, für Europa so wichtigen Bewegung aus Polizeiberichten zu schöpfen, hat uns nicht nachahmungswerth geschienen. Denn hierdurch würde die ganze Geschichte zur Karikatur verunstaltet werden. Man stelle sich nur vor, was für ein Gesammtbild sich ergeben würde, wenn zum Beispiel Jemand die Geschichte der deutschen Burschenschafts-Bewegung oder der deutschen Bewegung von 1848 oder der neueren sozialen Bewegung Deutschlands aus lauter Polizeiberichten sich zusammenstellen wollte.

Der Leser wird aus unseren Ausführungen und Zitaten ersehen, daß wir fast ausschließlich aus französischen Quellen geschöpft haben.

Indeß haben wir uns in allen Stücken ein vollständig unabhängiges Urtheil zu wahren bestrebt. Wir haben vor Allem den Kausal=Nexus der Thatsachen zu zeigen gesucht und uns schon um der für vorliegendes Werk nöthigen Kürze willen der Erörterung der demokratischen Lehren enthalten, indem wir höchstens und zwar selten für den denkenden Leser eine Andeutung eingefügt haben.

Die Arbeiter=Verhältnisse, wie überhaupt die soziale Seite der großen Revolution, haben wir besonders berücksichtigt; denn der soziale Untergrund ermöglicht erst das Verständniß der politischen Erscheinungen.

Der große Kontrast, der zwischen der Wildheit und gewaltigen Kraft der alten Kommune von 1792 und dem verhältnißmäßig sehr zahmen Verfahren der Kommune des Jahres 1871 besteht, wird dem Leser sofort in die Augen springen, und wir werden außerdem auf denselben zurückkommen, wenn wir die Geschichte des Kommune=Kampfs von 1871, an welcher wir arbeiten, schildern werden. Die alte Kommune ist für die neue gewissermaßen der Schlüssel des Urtheils.

Zürich, den 23. Februar 1875.

Der Verfasser.

Einleitung.

Das französische Wort commune ist ganz gleichbedeutend mit unserm deutschen Wort Gemeinde. Letzteres, dessen Stammwort mein im Niedersächsischen meen, im Angelsächsischen maene und im Schwedischen men lautet, hat den Begriff des Allgemeinen, Gemeinschaftlichen, Gemeinsamen.

Seit dem dreizehnten Jahrhunderte hat sich in die deutsche Sprache selbst das Wort Kommune eingebürgert, ein Ausdruck, der im Mittelhochdeutschen die Gemeindeversammlung bedeutete, aber jetzt völlig identisch mit Gemeinde (Gemeine) ist.

Commune oder Kommune ist der lateinischen Sprache entlehnt. Helvigius hat sogar unser Wort gemein und Gemeinde vom lateinischen communis hergeleitet. Mag er auch hierbei zu weit gegangen sein, so haben offenbar mi, mein (mittelhochdeutsch min) und das lateinische mun (communis, immunis, munus) doch mindestens die nämliche Wurzel.

Ohne uns auf das sanskritische maha und ma, auf das persische mah und meh (mehr), auf das griechische κοινός oder auf das englische mean und common des Nähern einzulassen, wollen wir, da wir durch das deutsche Wort Gemeinde und Kommune, sowie durch den französischen Ausdruck commune auf das Lateinische hingewiesen sind, kurz den altrömischen Begriff commune erläutern.

Commune bedeutete bei den alten Römern*):
1) **Volksbündniß.** Solche Bündnisse bestanden in Italien schon in sehr früher Zeit. Gewöhnlich wurden sie von allen zu einem Stamm gehörenden Nationen gebildet, welche sich zu einer Föderal=Union vereinigten (z. B. Etrusker, Umbrer, Herniker, Volsker, Aequer und namentlich Latiner). In der Regel waren es nicht mehr als dreißig Städte, wovon die kleineren den größeren untergeordnet waren. Die Gesammtheit der Föderirten trat zu Berathungen und Entscheidungen über gemeinsame Interessen auf einem concilium

---

*) Siehe die Real=Enzyklopädie der klassischen Alterthumswissenschaft, herausgegeben von August Pauly. Stuttgart 1842, 8°. Zweiter Band.

(Bundestag) zusammen. Diese Völkerbünde wurden von den Römern erobert und dann entweder ganz aufgelöst oder doch sonst ganz unschädlich gemacht.

2) **Verein aller civitates** (Bürgerschaften) einer Provinz (z. B. die commune Asiens, Thessaliens).
3) **Engerer Verein** einer Landschaft oder größeren Provinz, oder auch eine einzelne Gemeinde (z. B. bei Cicero, Verr. I, 38, commune Milyadum).*)
4) **Kollegium** (z. B. commune Mimorum).

Somit bedeutete Kommune ursprünglich eine durch freiwilligen Zusammenschluß entstandene Gemeinsamkeit mehrerer Städte oder kleiner Völkerschaften mit zusammenhängendem oder an einander gränzendem Gebiete, die mehr oder minder gleiches Recht und gleiche Interessen hatten. Selten bezeichnete es, wie jetzt bei uns, eine einzelne Gemeinde, eine mit einer gewissen Verfassung ausgestattete Ortschaft. Unsere Sammtgemeinden, wie solche in Westfalen und anderwärts bestehen, kommen dem ursprünglichen Begriffe der Kommune ziemlich nahe.

Der Völker= oder Städtebund ist, wenn er unabhängig bleibt, der beginnende Föderativ=Staat, ja der auf ungezwungene Weise sich bildende Staat überhaupt. Ist doch schon die völlig unabhängige, das heißt unter keinem andern, meist größeren Gemeinwesen stehende oder in dasselbe eingefügte örtliche Kommune oder Gemeinde ein Staat im Kleinen!

Gewöhnlich setzt sich der Staat aus vielen Gemeinden zusammen. Die Gemeinde ist nun, wenn man von den nicht nothwendig immer mit Grundbesitz ausgestatteten Familien absieht, das einfachste organische Element und Bindemittel des Staates. Wird Letzterer groß und stark, so werden die ihn ausmachenden Gemeinden in verschiedene Aemter, Kantone, Kreise, Departements, Bezirke und Provinzen vermittelst Ueber- und Unterordnung in dem Maße eingereiht, in welchem es dem Staate als Ganzem und als Gesammtordner gelingt, die unteren Organismen zu bemeistern.

Der aus der Föderation von Gemeinden hervorgehende Staat ist der friedlich entstehende, nicht der kriegerische, Unterdrückung ausübende und auf Eroberung fußende. Er hat eine schwache einheitliche Selb-

---

*) In der großen Enzyklopädie von Ersch und Gruber ist diese allerdings seltene Bedeutung (I. Sektion, Band 57) in Abrede gestellt. Es heißt daselbst: „Tribus, centuria, curia, civitas sind in gewissem Sinne Gemeinschaften, aber sie bezeichnen nicht alle untersten lokalen Gemeinschaften. Am Nächsten steht dem Wort Gemeinde die res publica. Dagegen gesellt sich wegen der Etymologie recht eigentlich commune unserer Gemeine bei, obgleich es im klassischen Latein, z. B. bei Cicero, als Hauptwort nicht eine lokale städtische oder ländliche Gemeinde, sondern einen Verband mehrerer Ortschaften, resp. Gemeinden bezeichnet." — Ferner heißt es auf Seite 126 des 57. Bandes der ersten Sektion: „Wichtig für unsere Frage ist es, daß der Begriff Kommune (commune schon bei Cicero) bei den Römern nicht eine einzelne Stadt, ein einzelnes Dorf, sondern einen Verband von Ortschaften bezeichnete, an deren Spitze eine größere Stadt stand, wie diese Bezeichnung namentlich von Sizilien bekannt ist." Die lateinischen Wörterbücher dagegen geben als Bedeutung von commune gewöhnlich nicht nur Landschafts=, Bezirkschafts= und Provinzial=Verband, sondern auch Gemeinde an.

ständigkeit, einen wenig kräftigen Willen, solange alle seine einzelnen Theile ihrer ursprünglichen Unabhängigkeit eingedenk bleiben. Er ist Nichts weiter als der häufig widerspruchsvolle Gesammtwille der föderirten Gemeinden, nur um ihretwillen vorhanden und von ihnen wegen ihrer gemeinen Gerechtsame und Interessen als ihr nothwendiger gemeinsamer Diener betrachtet.

Von diesem Standpunkte ausgehend sagen Rotteck und Welcker in ihrer Enzyklopädie des Staatsrechts (Band 6) in der Abhandlung über die Gemeinde:

„Wo immer ein Streit oder Zweifel entsteht über die Gränzen des der Staatsgewalt zustehenden oder des von der Gemeinde für sich behaltenen Rechts, da ist die Vermuthung für das **natürliche und ursprüngliche**, d. h. also für das Recht der Gemeinde. Ohne dieses Prinzip ist den stets voranschreitenden Anmaßungen der Staatsgewalt gar keine Gränze zu setzen; die Gemeinden sinken alsdann zu willenlosen Haufen von „„Administrirten"" herab, und auch der letzte Funke ihres naturgemäß selbständigen Lebens erstirbt unter dem Joche der allgebietenden Regierung."

Indeß haben unsere Staaten keineswegs durch friedliche Föderation uranfänglicher Gemeinden sich gebildet, sondern sie verdanken, insoweit sich ihre Grundlagen nicht im geschichtlichen Dunkel verlieren, ersichtlich ihren Ursprung dem Eroberungskrieg, zu dem allerdings ergänzend — aber erst in untergeordnetem Maße — Wahl, Erbe, Kauf und Tausch hinzutritt. Dieß gilt im großen Ganzen für ganz Europa. Zudem verträgt sich die freie Wahl allein, nicht aber Erbe, Kauf und Tausch, mit der Gemeinde-Föderation. Sehr viele Gemeinden entstanden unter dem Schutze, sowie auf Anregung und Anordnung des jeweiligen schon bestehenden Staats. Was aber den Ursprung der meisten übrigen Gemeinden anbetrifft, so führt uns derselbe, insofern er sich klar nachweisen läßt, ebenfalls auf Gewalt, Unterdrückung und Raub zurück. Spontan entstandene freie Gemeinden dürften sich nur sehr wenige nachweisen lassen, und selbst diese haben ihre weitere Erhaltung und ihr späteres Wachsthum oft — wenigstens theilweise — dem sie schützenden Staate zu verdanken. Wie für den Staat, so ist für die Gemeinde die erste materielle Grundlage das Landgebiet, welches sie ihr eigen nennt und worauf sie ihre Wohnsitze aufgeschlagen hat. Mit allen solchen Eigenthums-Titeln auf Grund und Boden aber, mag man dieselben auch noch so sehr vom unterwobenen natürlichen und historischen Recht ableiten wollen, steht es äußerst mißlich. Somit ist das föderative Prinzip der Gemeinden auf Eigenthums-Titel gestützt im Gegensatz zu dem seit der ersten französischen Revolution geltend gemachten Menschenrecht, auf welches wir weiter unten eingehen werden.

Im Jahre 1782 hat der später in der Revolution als Girondist bekannte Brissot ein Werkchen: „Ueber das Eigenthum und den Diebstahl", welches in der Bibliothèque du Législateur enthalten ist, veröffentlicht. Darin heißt es über die Eigenthums-Titel:

„Jakob nennt sich den Besitzer eines Gartens. Hat er auf denselben etwa mehr Anrecht, als Peter? Gewiß nicht. Allerdings haben dem Jakob seine Eltern diese Erbschaft überliefert; allein kraft welchen Titels besaßen sie selber den Garten? Geht so weit zurück, wie ihr wollt, so werdet ihr immer sehen, daß der Erste, welcher sich davon den Eigenthümer nannte, keinen Titel (d. h. keinen rechtlich begründeten Anspruch) besaß."

Proudhon's Ausspruch, daß das Eigenthum Diebstahl sei, stammt somit aus dem vorigen Jahrhundert. Nicht bloß Brissot, sondern auch Mably, Rousseau und Morelly haben Aehnliches gesagt.

Weil die Gemeinden die einfachsten Organismen waren, aus denen sich der Staat zusammensetzte, lag der Gedanke nahe, ihn vermittelst der Gemeinden zu demokratisiren. Einige Zeit vor der großen Revolution von 1789 faßte der französische Minister Turgot den Plan, aus einem umfassenden Systeme wahlberechtigter Gemeinden nach und nach eine „**große Munizipalität**" des ganzen Reiches zu bilden. Das 1774 erschienene und Dupont von Nemours zugeschriebene Mémoire au roi sur les municipalités (Denkschrift an den König über die Gemeinden) war auf Veranlassung Turgot's verfaßt und hatte ihn zum geistigen Urheber. Darin war der Grundsatz entwickelt: „Die Rechte der in Gesellschaft vereinigten Menschen gründen sich nicht auf ihre Geschichte, sondern auf ihre Natur." — Freilich sind die Gemeinden unter einander viel ungleicher, als die einzelnen den Staat bildenden Menschen es sind.

Die Organisation der Eigenthums-Komplexe, welche man Gemeinden nennt, ist nicht natürlicher, als die des Staates. Sie ist nicht nur mit der Organisation des Staates verflochten, sondern derselbe hat sie auch mit seiner einheitlichen Organisation durchbrochen und abgeschwächt. Weil die Gemeinde-Organisation nicht still- und feststeht, sondern dem geschichtlichen Wandel unterworfen ist, läßt sich keine bleibende Definition von der Gemeinde und ihrem Verhältnisse zum Staate geben. Die einen Gemeinden sind so verschwindend klein und schwach, daß sie ganz dem Einflusse des Staates preisgegeben sind. Vermittelst der großen Zahl kleiner Gemeinden, die dem Staate zu Willen sind, hält derselbe die wenigen großen Gemeinden, die einen Eigenwillen geltend zu machen versuchen könnten, in Gehorsam und Abhängigkeit. In bewegter Zeit waren es vornehmlich die volkreichen Hauptstädte, welche den Inhabern der Staatsmacht ihren Willen vorzuschreiben unternahmen. Namentlich hat sich hierdurch in Frankreich Paris hervorgethan, sodaß dasselbe lange als die Hauptstadt der Revolution angesehen worden ist.

Der Ursprung von Paris reicht über den Anfang der christlichen Zeitrechnung zurück. Im Flusse Seine, von den Römern Sequana genannt, lagen fünf Inseln, von denen zwei mit der größten derselben seitdem durch Ausfüllung der dazwischen liegenden Wasserarme vereinigt worden sind. Auf der größten dieser Inseln ließen sich behufs der Betreibung des Flußhandels Schiffer nieder. Die Niederlassung hieß Lutuhezi, auf Deutsch: Mitten in den Gewässern oder Wasserwohnung. Die so entstandene Stadt wurde weiterhin Leucotetia, Lucutetia und kürzer Lutetia genannt. Gewöhnlich setzten die Römer dem Lutetia noch Parisiorum hinzu. Dieses letztere Wort soll soviel wie Gränzbewohner oder auch Schiffer bedeuten. Als Julius Cäsar sich Gallien unterwarf, ließ er die Stadt Lutetia durch seinen Offizier Labienus erobern und verheeren, baute sie aber später wieder auf und verlieh ihr verschiedene Gerechtigkeiten. Lutu bedeutet im Keltischen Wasser. Weil aber das ähnlich klingende lateinische Wort lutum Koth bedeutet, glaubte man lange, daß Lutetia die Dreckstadt hieße. Aus den Satzungen der Schiffer=Kolonie soll das spätere Gewohnheitsrecht der Pariser Gemeinde stammen. Auch soll das Schiff im Pariser Wappen von der anfänglichen Schiffer=Kolonie herzuleiten sein, wobei zu bemerken ist, daß Manche glauben, das Schiff komme von der Gestalt der Insel, die einem Schiffe ähnlich gesehen habe. Ums Jahr 380 der christlichen Zeitrechnung verschwand der alte Name Lutetia und es kam dafür der Name Paris auf. Im Jahre 508 wurde die Residenz der fränkischen Könige von Tours nach Paris verlegt. Da Paris aus einer Handels=Kolonie hervor=gegangen war, hieß der Bürgermeister von Paris bis zum Jahre 1789, also bis zum Ausbruch der großen französischen Revolution, der prévôt der Kaufleute. Das Wort prévôt (sprich prewoh), provenzalisch prebost, lautete im elften Jahrhunderte provost und kommt her vom lateinischen praepositus, auf Deutsch Vorgesetzter. Im Mittelalter hieß Prevot all=gemein der von einem adeligen Grundherrn über die gemeinen Vasallen gesetzte Richter, wie denn auch in Paris selber der Oberrichter des Châtelet (Schlößchen) der Prevot von Paris genannt wurde. Dieser, den man nicht mit dem Pariser Bürgermeister, dem Prevot der Kaufleute, verwechseln darf, war königlicher Beamter und wurde sammt seinem Gericht ebenfalls durch die Revolution abgeschafft.

Die meisten städtischen Gemeinden Frankreichs sind im zwölften und dreizehnten Jahrhunderte entstanden. Der Name Munizipien für Stadtgemeinden ist den Römern entlehnt. Auch wir gebrauchen im Deutschen die Ausdrücke Munizipal Beamte, Munizipal=Verwaltung, Munizipal=Wahlen für Gemeinde=Beamte, Gemeinde=Verwaltung, Ge=meinde=Wahlen. Während in den südlichen Städten Frankreichs, z. B. in Lyon bis 1789, die Bürgermeister Konsuln genannt wurden, hießen sie in den meisten Städten des Nordens majores, woraus maires ent=standen ist.

Das Wort Kommune ist in Frankreich im elften Jahrhunderte auf=gekommen. Es lautete anfangs communio = Freundschaftsbündniß, Gemeinsamkeit. Daneben finden sich die Formen communia, Genitiv communiae, und communitas, aus welch' Letzterem das französische com=munauté (Innung) hervorgegangen ist. Zu einer communio gegen ihren Herrn vereinigten sich im Jahre 1070 die Lente (Hörigen) von Mans. Im folgenden Jahrhunderte war die commune das allgemeine Feldgeschrei der sich gegen das Herrenjoch aufbäumenden gemeinen Re=bellen geworden. **Somit ist die Kommune als revolutio=näres Losungswort mittelalterlichen Ursprungs und bereits 800 Jahre alt.**

Indem die französischen Städte aufblühten und wichtig wurden, erhielten die bedeutenderen derselben im Jahre 1303 unter Philipp dem Schönen Sitz und Stimme bei den Generalständen des Reiches. Vordem war die Geistlichkeit als der erste und der Adel als der zweite Stand allein

mit dem Vertretungsrecht ausgestattet gewesen. Jetzt kam ein dritter
Stand, der der bourgeois (Bürger, hergeleitet von Burg = Stadt),
oder die Vertretung der Gemeinden hinzu. Weil Paris die wichtigste
Stadt des Reiches wurde, führte in den Generalständen bald der Prevot
der Pariser Kaufleute das Wort im Namen des gesammten dritten
Standes. So wurde Paris zum Vorkämpfer der bürgerlichen Freiheit.

Der Prevot der Pariser Kaufleute, geschichtlich bekannt seit dem
Jahre 1220, war eine volksthümliche Behörde. Er wurde alle zwei
Jahre von den Wählern der Pariser Stadtviertel in drei Wahlgängen
gewählt. Ihm zur Seite standen Schöffen oder Geschworene. Das
„Haus der Kaufleute", wo der Sitz der bürgerlichen Regierung war,
hieß in der Folge das Bürger = Parlament (Parloir aux Bourgeois),
bis das Stadthaus (Hôtel-de-ville) von einem geschichtlich großen
Manne, von dem wir bald sprechen werden, erworben wurde.

Der erste große Kommune=Kampf von Paris wurde in der Mitte
des vierzehnten Jahrhunderts geführt. Nachdem am 19. September 1356
der französische König Johann II. in der Schlacht bei Poitiers in eng=
lische Kriegsgefangenschaft gerathen war, übernahm der Bruder desselben,
der Herzog Karl von der Normandie, als Statthalter (lieutenant) die
Regierung und kam am 29. September genannten Jahres nach Paris.
Er berief die Generalstände auf den 17. Oktober ein. Frankreich besaß
bis ins fünfzehnte Jahrhundert hinein noch keine einheitliche Sprache.
In den nördlichen Provinzen, namentlich in der Picardie, wurde die
Sprache d'Oil (sprich Oal) geredet, und die Dichter, welche sich ihrer
bedienten, hießen Trouvères oder Trouveurs. Jenseits der Loire wurde
das Provenzalische oder die Sprache d'Oc geredet, in der die provenza=
lischen Minnesänger, die Troubadours, schrieben. Diese Benennung der
nördlichen und südlichen Sprache kommt daher, daß Ja im Norden oil
(später oui), im Süden dagegen oc (vom lateinischen hoc = dieß) lautete.
Die südliche ist auch die limousinische Sprache genannt worden. Die
Generalstände des Nordens, welche Oil sprachen, wurden nach Paris,
die südlichen dagegen, welche Provenzalisch redeten, nach Toulouse
einberufen.

Prevot der Pariser Kaufleute (das heißt: Pariser Bürgermeister)
war damals Stephan Marcel. Derselbe stammte aus der Zunft
der Tuchhändler; denn die Pariser Kaufleute zerfielen in sechs Zünfte,
wovon die Tuchhändler die zweite Zunft ausmachten. Er wird in den
lateinischen Dokumenten Stephanus Marcelli (Stephanus, Sohn des
Marcel,) genannt, und seine Familie findet sich zuerst dreißig Jahre früher
erwähnt. Er selbst kommt als Prevot und als Mitglied der General=
stände zuerst 1355 vor.*)

---

*) Vergleiche: Le Bas, Dictionnaire historique de la France. — Perrens,
Etienne Marcel et le gouvernement de la bourgeoisie au quatorzième siècle;
Paris 1860. — Procès-verbaux des états de 1355—1358, im Recueil des états-
généraux der achte Band. — Secousse, Mémoires pour servir à l'histoire des
troubles qui s'élévèrent en France, et surtout à Paris, après la bataille de Poitiers; Band 16 der Sammlung der Akademie der Inschriften, Mémoires pour servir de Charles II., roi de Navarre. — Lacabane, Dissertation sur la mort

Die am 17. Oktober 1356 zu Paris im Parlamentssaale zusammentretende Versammlung der Generalstände war über 800 Personen stark. Etwa die Hälfte derselben gehörte der Bourgeoisie, dem dritten Stande, an. Anwesend war Herzog Karl, der Dauphin, selber.*) Sein Kanzler, der Erzbischof von Rouen, Namens Peter vom Walde (Pierre de la Föret), setzte den Ständen die Maßregeln auseinander, die zur Befreiung des Königs und zur Fortsetzung des Krieges zu ergreifen wären. Besonders vergaß er nicht, den Ständen ans Herz zu legen, wie nothwendig es sei, durch neue Steuern die erforderlichen Geldmittel aufzubringen.

Ihm antwortete Johann von Craon, der Erzbischof von Reims, im Namen der Geistlichkeit; der Herzog der Bretagne im Namen des Adels, und der Prevot von Paris im Namen der Bourgeoisie: — daß sie das Mögliche thun wollten, wenn man ihnen die zum Berathen nöthige Zeit ließe.

Hierauf erwählte jeder der drei Stände Mitglieder für die zu diesem Behufe niederzusetzende Kommission. Selbige war achtzig Mann stark und ihre nach einigen Tagen gefaßten Beschlüsse wurden sowohl von jedem der drei Stände einzeln, wie auch von den vereinigten Ständen zusammen ohne Widerrede und einstimmig angenommen.

Dem Statthalter wurde demgemäß versprochen, daß die drei Stände von allen ihren Einkünften ein Jahr lang einen ganzen und einen halben Zehent (= 15 Prozent) bezahlen und daß außerdem der dritte Stand auf je 100 Feuer oder Schornsteine 1 bewaffneten Mann ins Feld stellen sollte, wenn seinerseits der Statthalter des Königs folgende Bedingungen erfüllte:

1) wenn er die sieben Hauptbeamten der Krone (die Minister), darunter den Kanzler Peter vom Walde, verabschieden, dieselben ergreifen und ins Gefängniß werfen lassen, auch die Güter derselben konfisziren würde;
2) wenn er den seit mehreren Jahren eingekerkerten König von Navarra in Freiheit setzte;
3) wenn er zustimmte, daß eine aus der Versammlung zu wählende Kommission die bisherigen Berather der Krone in Anklagezustand versetzte;
4) wenn er einen aus der Geistlichkeit, dem Adel und der Bourgeoisie gebildeten Staatsrath annähme, und demselben die Macht einräumte, im Königreich Beamte ab- und einzusetzen,

---

d'Etienne Marcel, in der Bibliothèque de l'École des chartes, Nr. 1. — Naudet, Conjuration d'Etienne Marcel contre l'autorité royale. — Jules Quicherat, Etienne Marcel, im Plutarque français. — Aug. Thierry, Essai sur l'histoire du tiers-état. — Dulaure, Histoire de Paris, zweiter Band.

*) Genau genommen ist der Dauphin der älteste Sohn des Königs, der Kronprinz. Hier wird dieser Titel dem Regenten, dem Bruder des Königs, gegeben. Im Mittelalter führten verschiedene Herrschaften den Titel Dauphin (Delphin, Provenzalisch dalfin). Humbert III, der letzte Herr der Dauphiné, stellte 1343, als Bedingung der Vereinigung der Dauphiné mit den Kronländern, die Forderung, daß immer der älteste Sohn des französischen Königs Dauphin heißen sollte. Dauphin oder Delphin bedeutet ein großes Thier.

sowie selbstherrlich Alles zu thun, was demselben gut und recht schiene, und

5) wenn er die alten feudalen und kommunalen Freiheiten so wieder herstellte, wie sie unter Philipp dem Schönen bestanden hätten.

Der Statthalter des Reiches, Karl von der Normandie, war weit davon entfernt, sofort auf diese der königlichen Willkür feindlichen Bedingungen einzugehen. Zunächst wollte er Zeit gewinnen. Er beschied daher die Führer der drei Stände zu sich und ersuchte sie, daß jeder in seine Heimath zurückkehren sollte, während er selber zum deutschen Kaiser reisen und selbigen bitten wollte, sich für die Befreiung des gefangenen französischen Königs bei den Engländern zu verwenden. Dem Geldmangel suchte Karl dadurch abzuhelfen, daß er eine Münzverschlechterung eintreten ließ.

In der Versammlung der Generalstände hatte der dritte Stand, der ja die Hauptlasten zu tragen hatte, einen entscheidenden Einfluß auf die beiden andern Stände ausgeübt. Unter den Geistlichen befand sich ein Mann, Namens Robert Lecoq (Robert der Hahn), der in Staatssachen hocherfahren und vom Könige schon in vielerlei diplomatischen Geschäften verwandt worden war. Er war zu Mont-Didier geboren und stammte aus einer angesehenen Bourgeois-Familie. Sein Vater war Amtmann in Rouen gewesen. Robert Lecoq hatte ursprünglich die Rechte studirt. Darauf war er königlicher Advokat im Parlamente von Paris und hernach Berichterstatter über die beim königlichen Rathe eingehenden Kassations-Gesuche (maître des requêtes) gewesen. Dann war er in den geistlichen Stand eingetreten und erster Vorsänger des Kapitels von Amiens geworden. Seit dem Jahre 1351 war er Bischof von Amiens. Dieser Bischof, seines bürgerlichen Herkommens eingedenk, stand jetzt zu dem Volke und ging mit Stephan Marcel Hand in Hand. Kannte doch Keiner besser, als gerade er, die unter der königlichen Willkür eingerissenen Mißbräuche und die unsäglichen Leiden der armen Leute.

Marcel sah ein, daß er, wenn er dem Statthalter Widerstand leisten wollte, sich rüsten mußte. Die Hauptmacht des Widerstandes lag in Paris. Er suchte daher Paris zu befestigen. Auf dem linken Seine-Ufer ließ er die unter Philipp August angelegten Befestigungswerke repariren und erweitern. Doch die Hauptbefestigung mußte auf dem rechten Ufer, wo der größte Theil der Bevölkerung wohnte, aufgeführt werden. Hier ließ er eine von Thürmen unterstützte Mauer ziehen. Selbige ging von dem Quai des Ormes, wo das Barbette-Thor lag, über die jetzigen Straßen St. Antoine, Temple, St. Martin, St. Denis, Montmartre, über die Montmartre-Gräben, den Platz des Victoires, über die jetzige Bank (das damalige Hôtel de Toulouse), den Garten des Palais Royal und die Straße Richelieu nach dem Thore St. Honoré und von da ans Ufer der Seine. Um die Thore zu schützen, wurden auf beiden Seiten der Seine Zwinger erbaut. Auf der Festungsmauer wurden 750 hölzerne Wachtthürmchen errichtet und mit starken eisernen Haken an die Zinnen befestigt. Die Insel St. Louis, damals

Insel Notre-Dame genannt, wurde mit einem Graben versehen, damit sich nöthigenfalls die Bewohner von Paris dahin in Sicherheit zurückziehen konnten. Um die Seine zu sperren und die Straßen zu verbarrikadiren, wurden eiserne Ketten geschmiedet. Wenn man diese Ketten quer über die Straßen zog und hinter ihnen mit Erde gefüllte Fässer aufthürmte, so ließ sich, obschon es zwar schon seit 1338 Kanonen, aber doch noch keine schweren Geschütze wie heutzutage gab, eine schwer einnehmbare Festung errichten. Auch konnten die Armbrustschützen, wenn sie die sie verbergenden, mit Erde gefüllten Fässer vor sich her wälzten, ganz gedeckt wie hinter wandelnden Barrikaden sich dem Feinde nähern. Der Erfinder der Pariser Barrikaden ist also Stephan Marcel.*)

Derselbe beseuerte das Volk durch seine Reden und übte es in den Waffen ein. Die Volksbewaffnung war durch ein im Dezember des Jahres 1355 erschienenes königliches Dekret gestattet. Das Louvre-Schloß, der königliche Palast zu Paris, wurde von Marcel erstürmt und die darin befindlichen Waffen unters Volk vertheilt. Bald verfügte Marcel über ein 20,000 Mann starkes Heer. Einmal im Besitze dieser Streitmacht, untersagte und verhinderte er die Zirkulation des von Karl geschlagenen schlechten Geldes und zwang diesen zum Nachgeben. Schon unter dem Könige Philipp dem Schönen, der ein großer Falschmünzer war, hatte sich das Pariser Volk erhoben; es hatte das Hôtel des Münzdirektors zerstört und den König selber im Temple belagert, war aber von Philipp mit unaufrichtig gemeinten Versprechungen beschwichtigt und dann gezüchtigt worden.

Die königliche Münzstätte war in Paris. Als der Regent einsah, daß er Nichts gegen Paris ausrichten konnte, willigte er den 20. Januar 1357 ein, daß das schlechte Geld nicht in Umlauf kommen und daß die sieben verhaßten Kronbeamten, wenn ein Ergreifen derselben möglich wäre, verhaftet werden sollten. Auf Verlangen Marcel's stellte Karl darüber eine schriftliche Urkunde aus.

Nun versammelten sich die Generalstände den 3. Februar 1357 in Paris. Robert Lecoq, der jetzt als Bischof von Laon figurirt, bewilligte im Namen der Stände dem Herzoge 30,000 Mann Truppen und die nöthigen Geldmittel, wogegen Karl in folgende Bedingungen einzuwilligen hatte:

1) mußte er 22 Beamte verabschieden;
2) hatte er den Generalständen die Befugniß zuzugestehen, daß sie sich, ohne ausdrücklich einberufen zu sein, jährlich zweimal versammeln konnten;
3) sollte ein von den Ständen gewählter, aus 36 Mitgliedern bestehender Staatsrath, dessen Anordnungen die Prälaten, Herren und Stände sich zu fügen hatten, eingesetzt, und
4) außerordentliche Kommissäre mit der Befugniß, die Provinzial-Stände zu versammeln und die Beamten zu bestrafen, zu belohnen und anzuweisen, in die Provinzen entsandt werden.

---

*) Da die Befestigung von Paris unter der Regentschaft Karl's vollendet wurde, ist sie häufig diesem zugeschrieben worden.

Zu diesen Bedingungen gab Karl seine Zustimmung und es kam eine vom Parlamente legalisirte Reform=Ordonnanz zu Stande. In derselben verzichtete er auf Erhebung jeder nicht von den Ständen bewilligten Steuer, verpflichtete sich, dem Staatsschatze Nichts zu veruntreuen, versprach, die Auflagen durch ehrliche und von den drei Ständen verordnete Leute erheben zu lassen, machte sich anheischig, die Mißbräuche seiner Beamten abzustellen, unparteiische Gerechtigkeit zu üben, die Staatsstellen nicht mehr zu verkaufen, und sagte zu, daß die Münzen nicht wieder verschlechtert, sondern nach dem vom Prevot der Pariser Kaufleute gelieferten Muster geschlagen werden sollten. Ferner verzichtete er auf das Prisen=Recht, auf die Zwangsanleihen, auf alle Privatkriege, auf das Rechtsprechen durch Kommissionen, durch welche die Leute ihren natürlichen Richtern entzogen wurden, und auf die Veräußerung der Domänen. Außerdem autorisirte er den bewaffneten Widerstand gegen jede ungesetzliche Unternehmung, verbot die Fehden der adeligen Herren, ertheilte allen Franzosen das Recht, ihrem Stande gemäß Waffen zu tragen, und erklärte die Ständemitglieder für unverletzlich.

Ueber diese Ordonnanz sagt Sismondi: „Diese merkwürdige Charte zeigt den Umfang der die Klagen des Volkes verursachenden Mißbräuche und die Redlichkeit von den der Krone entgegengesetzten, durch ihre Festigkeit so vortheilhafte Reformen erzielenden Führern. Aus dieser Zusammenfassung ihrer Forderungen geht hervor, daß sie keine unruhigen, eifersüchtigen, ungestümen Geister waren. Nein, der Bischof von Laon und der Prevot der Kaufleute waren keine Verräther, obschon sich die Geschichtschreiber der Monarchie angestrengt haben, sie als solche anzuschwärzen. Im Gegentheil waren sie vom Streben nach dem Guten und von der Liebe zum Volke beseelt und suchten, als sie die schreckliche Unordnung, welcher der Staat anheimfiel, sowie die allgemeinen Spitzbübereien, die Unfähigkeit und Sorglosigkeit der Führer sahen, Frankreich trotz der französischen Fürsten zu retten. Wenn sie manchmal Gewalt anwandten, muß man ihnen den Gebrauch ungesetzlicher Mittel verzeihen, weil in jener Zeit die Freunde Frankreichs kein gesetzliches Mittel zur Verrichtung des Guten besaßen. Wurden sie aber auch ihrerseits vom Machtschwindel ergriffen, so muß man an ihrem Beispiele gerade einen Beweis für die Richtigkeit ihrer Prinzipien erblicken; denn sie sprachen zuerst es aus, daß es fürs Volk kein Heil gibt, solange dasselbe der absoluten Gewalt unterthan bleibt, mögen nun die mit dieser Macht bekleideten Personen sein, welche sie wollen."

Im Jahre 1357 erwarb Stephan Marcel für die Pariser Kommune den Bauplatz, auf welchem das Pariser Stadthaus errichtet worden ist. Auf diesem Platze stand damals ein Gebäude, welches das Säulenhaus (maison aux piliers) oder auch das Kronprinzen=Hôtel (hôtel au dauphin) hieß. Somit stammt das in allen Revolutionen eine so große Rolle spielende Stadthaus (hôtel-de-ville) aus einer revolutionären Epoche von Paris.

Der Rath der Sechsunddreißig setzte eine Zeitlang das Werk der Reformen fort. Indeß war diesen Reformen der Adel feindlich, die Geistlichkeit verhielt sich lau, und ein großer Theil der Städte meinte, daß man die königliche Macht nicht brechen dürfe, weil der dritte Stand den königlichen Schutz angesichts des Räuber- und Raubritterwesens nöthig hätte. Den 6. April wurde in Paris eine Bekanntmachung des gefangenen Königs ausgerufen, durch welche die Vollziehung der mit den Ständen getroffenen Vereinbarung untersagt wurde. Der Herzog Karl ließ sich zwar wieder einschüchtern; allein im August 1357 erklärte er dem Rathe der Sechsunddreißig, daß er fortan ohne ihn regieren wollte. Der Rath fügte sich.

Weil jedoch der königliche Statthalter bei den Städten nicht die gehoffte Unterstützung fand und Geld brauchte, kehrte er nach Paris zurück und berief auf den 13. Januar 1358 eine neue Versammlung der Generalstände ein.

Mittlerweile hatten Marcel und Lecoq nebst ihren Freunden einen Handstreich ausgeführt. Sie hatten, um der königlichen Macht einen Gegenbewerber entgegenzustellen, den gefangenen König von Navarra in Freiheit gesetzt. Indeß waren hiermit die Städte der Champagne und Burgunds keineswegs einverstanden. Auf der Ständeversammlung im Januar war der Adel gar nicht, die Geistlichkeit nur schwach vertreten. Unter den Vertretern des Reichs herrschte Zwiespalt und man einigte sich zunächst nur über eine tadelnswerthe Aushülfsmaßregel, dergemäß behufs Abstellung des Geldmangels eine Münzverschlechterung beschlossen wurde.

Unter diesen Umständen glaubte Marcel den königlichen Statthalter, dem der Titel Regent verliehen worden war, einschüchtern zu müssen. Er rief die Zünfte unter Waffen, nahm mit 3000 Mann den Louvre-Palast ein und ließ vor den Augen Karl's dessen beide Hauptminister, den Herrn von Conflans, Marschall der Champagne, und Robert von Clermont, Marschall der Normandie, tödten. Das Bundeszeichen der revolutionären Pariser war eine blaurothe Kappe mit auf die Schulter herabfallenden Klappen, auf deren Spangen die Aufschrift zu lesen war: „Zum Bundeszeichen, daß wir mit dem Prevot gegen alle Personen leben und sterben wollen." Karl sah sich genöthigt, diese Kappe, die den Ursprung der späteren französischen National-Kokarde bildet, selber sich aufs Haupt zu setzen.*)

Eine am folgenden Tage im Augustiner-Kloster abgehaltene Bourgeoisie-Versammlung, an welcher auch die in Paris anwesenden Deputirten theilnahmen, billigte dieses Vorgehen. Auch nahmen die Städte Amiens, Beauvais, Rouen und Senlis die blaurothe Kappe an; allein die Städte im Vermandesischen und in der Champagne protestirten, wie überhaupt die Provinzial-Städte mehr und mehr auf Paris eifersüchtig und mißgünstig wurden.

Indem Karl diese feindselige Stimmung schürte und benutzte, berief er die Generalstände, deren Versammlung hätte am 1. Mai in Paris stattfinden sollen, nach Compiegne. Vergebens drohte ihm Marcel mit

---

*) Die weiße Kappe, angeblich das Symbol der Freiheit bei den alten Galliern, wurde erst 1382 in Paris aufgebracht. Sie war ein von Gent stammendes Bundeszeichen.

Absetzung. Karl stützte sich auf die Provinzen und gedachte Paris mit Hülfe derselben zu unterwerfen.

Während die Städte Paris im Stiche ließen, erhoben sich im Lande zwischen der Seine, der Mündung der Somme und der Yonne die Bauern. Dieser französische Bauernkrieg ist unter dem Namen Jacquerie bekannt und zwar soll diese Benennung daher rühren, daß die Bauern in Jacken gekleidet gingen. Dieser Bauernkrieg, in Frankreich angeregt durch einen gewissen Peter von Montfort, der als Bundeszeichen das Bild eines Pfluges am Hute führte, erstreckte sich bis nach Flandern hinein. Die mit den härtesten Abgaben geplagten, wie Vieh geschundenen Bauern nahmen jetzt Rache an ihren adeligen Herren: sie verbrannten nicht nur die Schlösser und zerstörten die Burgen, sondern tödteten alle Edelleute, deren sie habhaft wurden. Ja sie brachten auch die adeligen Frauen und Kinder um. Stephan Marcel suchte sich den Bauernkrieg zu Nutze zu machen. Er schickte den Bauern Verstärkungen, doch ermahnte er sie, daß sie nicht rauben und plündern, nicht sengen und brennen, keine Wohnungen zerstören, keine adeligen Frauen und Kinder tödten sollten.

Indeß wurde den 9. Juni 1358 ein gegen 10,000 Mann starkes Bauernheer, bei denen sich einige Hundert Pariser befanden, unter der Führung des Pariser Krämers Peter Gilles zu Meaux, wo die Bauern, nachdem ihnen die Bourgeoisie die Thore geöffnet hatte, 300 adelige Frauen und Fräulein auf der den Markt bildenden stark befestigten Marne-Insel in ihre Gewalt zu bekommen gedachten, empfindlich geschlagen. Unter den Frauen, auf die das Bauernheer es abgesehen hatte, befand sich die Herzogin der Normandie. Im Uebrigen wandten die Bauern sich nicht gegen das Königthum, sondern nur gegen die Adeligen, indem sie sagten: „Wir sind Menschen so gut wie sie (Nous sumes homes cum il sont). Sie fochten unter Lilienbannern. Ihre Hauptniederlage erlitten sie zu Clermont durch Karl den Schlimmen von Navarra, der zuvor unter dem trügerischen Versprechen eines Waffenstillstandes ihren Führer Wilhelm Cale in sein Lager gelockt hatte und ihn dort gefangen hielt. Hierauf wurden die aufständischen Bauern aufs Grausamste zu Tausenden niedergemetzelt. Nur Wenigen glückte es, in dem hohen Getreide, das noch auf den Feldern stand, sich vor den unbarmherzigen Siegern zu verbergen und heil zu entkommen. Stephan Marcel versichert in einem Schreiben an die flandrischen Kommunen, welches vom 11. Juli 1358 datirt ist, daß er die Jacquerie nicht hervorgerufen und befördert habe. Indeß wurden gefangene Edelleute, welche von den Jacken nach Beauvais, einer mit Paris verbündeten Stadt, gebracht worden waren, auf Befehl des dortigen Bürgermeisters und der Schöffen getödtet.

Als Marcel der Hülfe der Bauern beraubt war, wollte er sich ganz dem Könige von Navarra in die Arme werfen. Allein in Folge des eingetretenen Unglücks hatte seine Beliebtheit und sein Ansehen dermaßen abgenommen, daß er dieß nicht ohne Weiteres ausführen konnte. Namentlich hatte er unter der großen Bourgeoisie viele Feinde; denn er stützte sich hauptsächlich aufs gemeine Volk. Sein Hauptfeind war einer seiner früheren eifrigen Anhänger, Namens Johann Maillart. In der Nähe von Paris stand der Herzog Karl von der Normandie mit 3000 Lanzen und verhinderte die Zufuhr der Lebensmittel auf der Seine. Da auch das Hunger leidende gemeine Volk wankend geworden war, sahen sich Lecoq und Marcel genöthigt, an den Herzog zu schreiben und ihn einzuladen, daß er nach Paris kommen und mit den Parisern gegen die Truppen des Königs von Navarra gemeinschaftliche Sache machen möchte. Allein der Regent antwortete, daß dieß nicht geschehen könnte, so lange der Mörder der Marschälle am Leben wäre. Als Marcel und Lecoq sahen, daß es ihnen an den Kragen gehen sollte, beschlossen sie das Aeußerste zu wagen. In der Nacht vom 31. Juli auf den 1. August wollte Marcel nun Josserau de Macon, dem Schatzmeister des Königs von Navarra, die Schlüssel der Stadt überliefern. An der Spitze von etwa 60 Anhängern erschien er an der Bastei von St. Denis. Doch die dortige Wache widersetzte sich ihm. Ebenso erging es ihm an der Bastei des Thores St. Antoine. Während er hier noch mit der Wache unterhandelte, langte sein Feind Maillart mit einer Truppe Bewaffneter an und rief, indem er auf den Prevot zeigte: „Zum Tode, zum Tode mit jedem Manne auf seiner Seite; denn es sind Verräther!" — Marcel hatte zum Entfliehen keine Zeit. Johann Maillart hieb ihm mit einer Streitaxt über den Kopf und streckte ihn zu Boden. Die Begleiter und Anhänger Marcel's wurden gleichfalls getödtet. Die Leichname Marcel's und zweier Schöffen wurden durch die Straßen geschleift und nackt vor der Kirche der heiligen Katharine, worin die beiden ermordeten Marschälle begraben waren, in der Straße St. Antoine zur Schau gelegt. Der Bischof Robert Lecoq entkam zum Könige von Navarra nach Melun und erhielt von diesem später das Bisthum Calahorra, wo er 1368 starb.

Den 3. August 1358 zog der Regent in Paris ein. Ruhe und Ordnung kehrten wieder. Die Tyrannei erstarkte. Wie es besiegten Volkskämpfern zu geschehen pflegt, wurde Stephan Marcel von den Geschichtschreibern der Privilegirten aufs Schändlichste verleumdet und seine großherzigen Bestrebungen in den Koth gezogen. Indeß ging das Andenken an die von ihm geltend gemachten Forderungen nicht ganz unter. Das von ihm erworbene Stadthaus blieb Sitz der aufständischen Kommune, das Andenken an die von ihm erfundenen Barrikaden lebte fort und ebenso blieb das Andenken an die Befestigung von Paris. Zwar war sein Kampf nicht ein Kommunekampf im modernen Sinne; allein die von ihm gebrauchte Bundeskappe zeigt die föderative Tendenz in Verbindung mit der Vorkämpferschaft der Hauptstadt: einer Idee, die sich bei der revolutionären Pariser Kommune von 1792 und von 1871 wiederfindet. Mit der Kommune von 1792—1794 liegt außerdem die Aehnlichkeit vor, daß Marcel den Regenten einschüchterte und vermittelst der organisirten bewaffneten Pariser Kommune zunächst Einfluß auf die Gesammtvertretung des Reiches und hierdurch auf das ganze Frankreich ausübte. Die Verlegung der Generalstände nach Compiegne im Jahre 1358 erinnert an die Verlegung der National-Versammlung nach Versailles im Jahre 1871.

Ein Hauptmoment der kommunalen Selbständigkeit ist die freie Wahl der Gemeinde-Behörden und Gemeinde-Vertretung, sowie die Handhabung der Gerichtsbarkeit seitens der Kommune. Nachdem im Jahre 1383 Paris diese Selbständigkeit genommen und ein königlicher Militär-Chef eingesetzt worden war, erhielt es im Anfange des 15. Jahrhunderts den Prevot der Kaufmannschaft, das Stadthaus und einen Theil der früheren Gerechtsame zurück. Zu Anfang des 15. Jahrhunderts befand sich Paris in den Händen der 500 Mann starken Fleischerzunft. Selbige brachte die Ordonnance Cabochienne, eine Ordonnanz für Reform des Königreiches, zu Stande. Als ihre Führer werden der Schinder Simon Caboche und der Chirurg Johann von Troyes genannt. Die Viehmetzger von Paris, auf der Seite der Burgunder gegen die Armagnacs stehend, brachten manchem Günstlinge des Hofes den Tod. Auch Peter Desessarts, der alte Prevot von Paris, fiel ihnen zum Opfer. Sie stürmten die Bastille, drangen in das vom Kronprinzen bewohnte Hôtel St. Paul ein und nöthigten den König Karl VI. zum Aufsetzen der weißen Kappe. Der Friede von Pontoise und eine Volksabstimmung vom 2. August 1413 setzte den Wirren einstweilen ein Ziel. Indeß hielt die jetzt eintretende Reaktion, die sich vornehmlich auf die Pariser große Bourgeoisie stützte, die im Pontoiser Frieden verkündete Amnestie nicht ein, sondern sie rächte sich, indem sie hinrichtete, konfiszirte und verbannte. Ein Volksaufstand des Jahres 1419 vertrieb den königlichen Beamten und stellte in Paris die Volksherrschaft wieder her.

Während des fünfzehnten Jahrhunderts gestalteten sich alle größeren französischen Städte in ihrer innern Verfassung zu Republiken. Die Könige sahen sich gezwungen, mit ihnen wie mit gleichberechtigten Mächten zu unterhandeln, und öfters wurde den Königen der Einzug in die Städte verwehrt. Jedoch vermochte das lockere föderative Band, welches die freien Städte zusammenhielt, der einheitlichen Macht des Königthums nicht auf die Dauer zu widerstehen. Das 16. und 17. Jahrhundert mit ihren religiösen Streitigkeiten, die den häufig unbewußten Vorwand für politische und soziale Machtbestrebungen und Umgestaltungen lieferten, brachten die selbständigen Kommunen zum Falle und verliehen dem Königthum absolutistische Gewalt. Paris spielte in diesen Kämpfen eine hervorragende Rolle, auf die wir jedoch hier nicht näher eingehen können.

Im Jahre 1672 war die Selbständigkeit der Kommunen in ganz Frankreich vernichtet. Ein Jahrhundert nach der Pariser Bluthochzeit waren sowohl in den Städten wie in den Flecken die bisher an eine Wahl geknüpften Gemeindeämter in Staatsämter verwandelt. Die Verwaltungsstellen wurden vom königlichen Fiskus verkauft, zurückgenommen, wieder verkauft, an Günstlinge vergeben. Die Zeit war gekommen, wo der König sagen durfte: Der Staat bin ich!

Ohne Zweifel hatte das absolutistische Königthum seinen geschichtlichen Nutzen. Dasselbe war nicht zufällig, sondern diente dem Staate in der Zeit, wo sich neue Produktions-Zustände Bahn brachen, als nothwendiges Bindemittel. Bei dem täglich wachsenden Verkehr konnten die auf kleine Gemeindegebiete beschränkten, durch diese partikularistischen

Eigenthums-Komplexe an beengte Begriffe und Bestrebungen gewöhnten und gebundenen Kommunen mit ihren verknöcherten Zünften dem sich gestaltenden großen Gemeinwesen nicht die erforderliche Bindung geben und keine neuen Zustände anbahnen. Die Selbständigkeit der Kommunen wäre die Anarchie, die Zerbröckelung in Sonderheiten gewesen. Ihre Herrschaft hatte sich überlebt, und es war die Aufgabe des absolutistischen Königthums, die Selbständigkeit dieser fratzenhaften kleinen Gemeinwesen zu zerbrechen. Daher vermochte das Königthum trotz seiner Ausschreitungen, Mißbräuche und Willkürlichkeiten so lange sich zu behaupten. Hätte die Selbständigkeit der Kommunen noch Lebensberechtigung gehabt, würde sie sich ihre Fortdauer erkämpft haben.

Ein Hauptmittel zur Vernichtung der Kommunal-Selbständigkeit war die Einführung der modernen Polizei. Als dieselbe zu Paris durch das Edikt vom 15. März 1667 ins Leben gerufen wurde, war sie Gegenstand der allgemeinen Bewunderung. Man glaubte anfangs, daß sie nur dazu diene, die Sicherheit und Reinlichkeit in den Straßen herzustellen. Bald jedoch brachte man in Erfahrung, daß sie mit einem großen Spür-System und mit bedrohlicher Gefahr für die persönliche Freiheit verknüpft war.

Vor der Revolution war Paris in sechzehn Stadtviertel eingetheilt. An der Spitze der Polizei stand ein Lieutenant, der dreißig Inspektoren und fünfzig Kommissäre, sowie einige Hundert Polizeidiener (exempts) unter sich hatte. Die Pariser Polizei dehnte ihre Wirksamkeit, wie gegenwärtig, über das ganze Frankreich aus. Ja, sie verfolgte die Personen, an deren Fersen sie sich einmal geheftet hatte, bis ins Ausland. Ein Register aller Flüchtlinge schien ihr der Katalog aller Feinde Frankreichs zu sein.

Die vornehmen Leute wurden von der Polizei im Ganzen wenig gequält. Dagegen hatte das gemeine Volk um so mehr zu leiden. Besonders wurde, wie selbst der Adel von Blois that, darüber geklagt, daß Handwerker und Arbeiter bei den geringsten Anlässen, selbst auf leichten Verdacht hin, von der Polizei in Gewahrsam genommen wurden. Die Polizei war durch kein Gesetz beschränkt, sondern sie konnte willkürlich walten. Pässe waren wohl gebräuchlich, aber nicht nothwendig. Nur für gewisse Individuen, namentlich für die Arbeiter, welche, um Arbeit in der Provinz zu suchen, die Hauptstadt verließen, waren Pässe unerläßlich.*)

Die politische und soziale Inquisition unter dem Vorwande der öffentlichen Sicherheits- und Gesundheitspflege war nach Pariser Muster in den übrigen großen Städten Frankreichs organisirt. Es gab in den Provinzen erbliche, durch die Edikte vom November und Dezember 1699 eingeführte Polizei-Kommissäre; ihre Amtsverrichtungen glichen ganz denen der Kommissäre im Châtelet von Paris, ganz denen der jetzigen Polizei-Kommissäre.

Meist jedoch war außerhalb Paris die Gesundheits-, Handels-, Industrie- und Sitten-Polizei, die außergerichtliche, politische und religiöse

---

*) Chassin, Génie de la Révolution, 2. Band, Seite 44.

Polizei den königlichen Intendanten, die den jetzigen Präfekten glichen, zugetheilt. Die von Heinrich II. geschaffenen, zur Ausführung der königlichen Befehle in die Provinz abgehenden Kommissäre waren seit Richelieu zum „Augapfel des Königthums" geworden. Im Jahre 1789 besaß Frankreich 34 Intendanten in 35 Generalitäten.*) Das ganze Land war nämlich behufs der geistlichen Administration in Diözesen, behufs der militärischen in Provinzen oder Militär-Gouvernements und behufs der polizeilichen in Generalitäten oder Intendanzen eingetheilt.

Die Wähler der Pariser Distrikte wandten sich 1789 besonders gegen das Spitzelthum, indem sie die Abschaffung des Spionirens verlangten. Man rief in den Provinzen und in Paris: „Die Polizei kommt allein den Gemeindebehörden zu!" Mirabeau schlug zu gleicher Zeit die Abschaffung der stehenden Heere vor, indem er schrieb:**)

„Keine Miethlinge und kein stehendes Heer! Das gesammte Volk muß mit dem Rechte bekleidet sein, behufs der gemeinsamen Vertheidigung die Waffen zu haben und zu tragen."

Mit den gefürchteten lettres de cachet wurde gewöhnlich die Polizei betraut. Diese willkürlichen geheimen Verfügungen hießen ursprünglich lettres clauses oder closes, verschlossene, versiegelte Briefe. Sie waren im Namen des Königs geschrieben, von einem Staatssekretär gegengezeichnet, mit dem königlichen Siegel untersiegelt und enthielten den geheimen Befehl, daß Jemand in ein Gefängniß aufgenommen werden oder in die Verbannung gehen sollte. Wenn ein Polizei-Offizier sie überbrachte, nahm er in der Regel ein Protokoll auf und ließ selbiges durch die von ihnen betroffenen Personen unterzeichnen. Der Polizei-Lieutenant von Paris war immer reichlich damit versehen. Man erlangte sie durch Geld. Sollte ein lästiger Gläubiger, ein einer Liebschaft hinderlicher Ehemann oder Verlobter entfernt, sollte der liederliche Sohn einer aristokratischen Familie, kurz, sollte irgend eine in irgend einer Sache unbequeme Person auf unbestimmte Zeit aus dem Wege geschafft werden, so ließ sich das durch einen geheimen Haftsbefehl thun. Noch unter Napoleon Bonaparte wurden solche geheimen Haftsbefehle ausgestellt. Der letzte bekannte ist datirt aus dem Jahre 1801 und lautet folgendermaßen:

„Der Polizei-Präfekt befiehlt und verordnet dem Stockmeister des Arresthauses Tempel, bis auf weiteren Befehl den besagten N... aufzunehmen.

Der Polizei-Präfekt
Dubois."

Die Staatsgefängnisse waren sehr zahlreich. In Paris gab es deren fünf, nämlich: die Bastille, Vincennes, Bicêtre, Charenton und St. Lazare. Die vorzüglichsten Staatsgefängnisse der Provinzen waren: das Schloß Ham, das Trompetenschloß, das Stierschloß, der Berg des

---

*) Etat de France en 1789, par P. Boiteau. Seite 65.
**) Aux Bataves. Déclaration des droits. Art. 12, 14, 15.

heiligen Michaels, das Fort Brehan, das Fort Jouy, die Inseln der heiligen Margaretha. Hierzu kamen die Galeeren seiner Majestät, die Galeeren von Toulon und eine Menge Häuser religiöser Abgeschlossenheit die sich jeden Augenblick in Zwangsarbeits- und Korrektionshäuser verwandeln konnten.

Der Pariser Polizei-Lieutenant hatte begreiflicherweise auch die Vereins- und Versammlungsfreiheit zu verhindern und die Presse zu knebeln, namentlich die Zeitungen, wenn sie unliebsam schrieben, zu konfisziren.

Peter Manuel, in der Revolution Prokurator der Pariser Kommune, sagt in seinem Werke: La police dévoilée (2 Bände, 8⁰, Paris, Jahr II, erster Band, auf Seiten 230 ff.:

„In einer Stadt, wo man nur von dem Gesetze Etwas zu fürchten hat, ist jeder Einwohner (citoyen) immer bereit, die Schutzwächter des Volks zu unterstützen, zu vertheidigen und nöthigenfalls ihnen zu helfen; allein, das Volk betrachtet wie Schutzwächter nicht jene Spürhunde, welche schmeicheln und beißen bis in unsere Häuser hinein, jene „„Vertrauten"" *) der Inquisition, welche sogar unsere Gedanken vergewaltigen, jenes lange Gefolge von Alguazils, welche nur privilegirte Spitzbuben sind. Die Pariser Polizei war niemals etwas Anderes als der Hinterhalt einer verdorbenen und verderbenden Regierung. Zu sehr angefault, um an die Tugend und Redlichkeit zu glauben, schwärzte sie mit ihrem Verdacht die unschuldigsten Handlungen . . . Sie faßte die Worte schon im Munde . . . Sie maßte sich das Recht, welches sonst das Gesetz nur zitternd ertheilt, an, die Thüren zu öffnen und die Vorhänge hinaufzuziehen . . . Sie begnügte sich nicht damit, dem Laster unter allen seinen Masken aufzulauern, nein auch der Hymen, die keusche Ehe, entging nicht ihren vorwitzigen Blicken . . . Hätte doch noch der Polizei-Lieutenant, wenn er diese unreinen Schwämme ausdrücken ließ, die Absicht gehabt, durch den Eiter, welchen sie von sich gaben, zu erkennen, wo das Krebsgeschwür unserer Sitten war, wie etwa ein Arzt behufs des Studiums und der Heilung seiner Kranken mit seinem Stocke in den Exkrementen herumwühlt! Aber dieser sämmtliche Unflath gefiel ihm und er ließ ihn nur aufgabeln, um den Hof damit zu regaliren. . . . Ludwig XV. überließ ihm die lettres de cachet unter dem Beding, daß daß er ihn mit Lumpenstreichen unterhielt und namentlich ihm vertrauliche Mittheilungen über die kleinen Haushalte machte."

Montesquieu bemerkt im Esprit des lois (12. Buch, Kap. 23) spöttisch: „Die Spioniererei würde vielleicht noch erträglich sein, wenn sie ehrbaren Leuten anvertraut wäre."

Während die Kommunen ganz unselbständig waren, lebten innerhalb derselben auch die Handwerke und Handarbeiter in ganz unfreien Verhältnissen. Wir wollen dieß an Lyon und Paris, den beiden größten Städten des Reiches, zeigen.

In Lyon, wo der Bürgermeister bis zur Revolution Konsul hieß, war der Haupt-Industrie-Zweig die von zwei italienischen Arbeitern

---

*) Vertrauter für Spitzel wird gegenwärtig auch in Wien gesagt.

eingeführte, 1466 durch königliches Patent gestattete Seidenwirkerei. Bereits ums Jahr 1536 nährten sich davon 12,000 Arbeiter. Unter Heinrich IV. war die Seiden-Industrie die blühendste von allen französischen Industrien. Sie gerieth jedoch unter Ludwig XIV. durch Krieg und Erpressung in Verfall. Laut dem Reglement von 1667 bildete die Lyoner Fabrik eine einzige Innung mit drei Klassen von Personen. Die oberste Klasse enthielt die Kapitalisten oder reichen Händler, die, obgleich sie nur die Arbeitskraft der beiden anderen Klassen ausbeutete, doch den Titel maitres marchands fabricants führten. Sie kauften den Rohstoff an, ließen ihn verarbeiten und steckten, indem sie mit den erzielten Produkten Handel trieben, den Gewinn der Arbeit in ihre Taschen. Die zweite Klasse bestand aus den Arbeiter-Meistern, den maitres ouvriers fabricants. Selbige waren zehnmal so zahlreich wie die Händler. Sie hatten zu Hause einige Webstühle, mit denen sie entweder auf Rechnung der Händler oder auch auf eigene Rechnung arbeiteten. Die dritte Klasse wurde gebildet von den Gesellen, welche von den beiden oberen Klassen ausgebeutet wurden. Dieselben, zehnmal so zahlreich als die Meister, mußten folglich bei ihrer Arbeit darben, und sie hatten sogar zu hungern, wenn die Meister für sie keine Arbeit hatten.

Außer diesen drei Klassen gab es ein fünfmal so starkes Arbeiterheer, dessen Hände gebraucht wurden für die Zubereitung, fürs Weben und Färben der Seide, sowie für die Appretur und Vollendung der Stoffe: ein Heer, bestehend aus Männern, Weibern und Kindern, das nicht mit zur Innung gerechnet wurde. Alle Arbeiter, welche keine Lehrlings- und Gesellenschaft durchgemacht hatten oder die Meisterschaft nicht bezahlen konnten, genossen kein Privilegium, besaßen keine Garantie und befanden sich womöglich in einer noch jämmerlicheren Lage, als die heutigen Proletarier.

Sechs Obmänner (jurés gardes) administrirten die große und kleine Fabrik und dienten bei Streitigkeiten als Schiedsrichter. Ursprünglich wurden zwei dieser Obmänner durch die städtische Behörde ernannt, während die übrigen vier gewählt wurden durch eine kleine Versammlung, bestehend aus den alten Obmännern und aus dreißig, vom Konsulate bezeichneten Arbeiter-Meistern. Das Verhältniß dieses Arbeits-Syndikats wurde unter Ludwig XIV. zum Nachtheile der Arbeiter dahin abgeändert, daß hinfort die kleine Fabrik, d. h. die Arbeiter-Meister, nur noch zwei, die große Fabrik dagegen, mit anderen Worten die Händler oder Kapitalisten, vier Obmänner zu wählen hatten.

Aber hierbei hatte es in der Folgezeit nicht sein Bewenden. Ein Dekret des königlichen Staatsraths, datirt unterm 8. Mai 1731, stellte die gesammte Innung unter die Willkür der Handvoll Kapitalisten. Demgemäß durften die auf Rechnung der Händler arbeitenden Meister nur noch höchstens vier Stühle zu Hause besitzen, während den ihre Produkte ohne Mittelspersonen verkaufenden Arbeitern förmlich untersagt wurde, mehr als zwei Wirkstühle zu besitzen, sich einen Gesellen zu halten oder Lehrlinge heranzubilden.

Die Seiden-Industrie beschäftigte damals ungefähr 50,000 Personen, darunter 8000 Gesellen, die Façon-Arbeiter waren und bald von dem einen, bald von dem andern Meister beschäftigt wurden; ferner 800 Arbeiter=Meister mit Wirkstühlen zu Hause, die entweder für eigne oder für Rechnung eines Händlers arbeiteten; endlich 90 Händler, welche den meisten Arbeitern Lohn zahlten und sich mit dem Stoffhandel abgaben.

Nachdem das unheilvolle Dekret 1737 zurückgenommen worden war, erschienen in den Jahren 1741—4 mehrere neue Verordnungen, von denen die eine für die Arbeiter immer ungünstiger war, als die andere. Die Löhne wurden von den Händlern dergestalt hinabgedrückt, daß die Arbeiter nicht mehr bestehen konnten. Bei fleißiger ununter=brochener, guter Arbeit kontrahirte der Arbeiter=Meister durchschnittlich im Jahre 250 Franken Schulden.

Deßhalb koalisirten sich im August 1744 die sämmtlichen Satin= und Taffet=Arbeitermeister nebst ihren Gesellen und den gewöhnlichen Handarbeitern und sie machten die erste große Arbeitseinstellung, die aus Frankreich bekannt ist.*) Sie erhoben folgende Forderungen:

1) Vermehrung des Lohnes um 1 Sou (5 Pfennige) die Elle;
2) Gleichheit der verschiedenen Innungsklassen bei Ernennung der Obmänner;
3) Abschaffung der Abgabe von 300 Franken beim Meister= werden, und
4) die Freiheit für die Façon=Arbeiter und Atelier=Chefs, ent= weder auf eigenes Risiko oder im Solde Anderer zu arbeiten.

Indem die Färber, die Reff= und Lastträger, die Strumpffabrikanten, Hutmacher und die meisten Leute aus der Stuhlgewerkschaft sich zu gleicher Zeit erhoben, befand sich Lyon eine Woche lang in der Hand der Arbeiter. Diese begingen aber, wie J. B. Montfalcon in seiner „Geschichte der Stadt Lyon" (1859, 4°) ausdrücklich bezeugt, keinerlei Gewaltthätigkeit gegen Personen oder Eigenthum. Die Wirkstühle standen still, bis das Konsulat das Reglement von 1737 wiederherstellte und somit den sehr gerechten Forderungen der Arbeiter willfahrte.

Sechs Monate darauf jedoch, den 25. Februar 1745, wurden laut Verordnung des königlichen Raths alle Zugeständnisse wieder zurück= genommen und die Kapitalisten wieder in ihre sogenannten Rechte ein= gesetzt. Wahrscheinlich waren die Minister von den Händlern mit Geld gespickt worden. Ein furchtbares Militär=Aufgebot diente zur Durch= setzung dieses Räuberstreichs. Die Truppen wurden bei den Lyoner Hausbesitzern einquartiert und auf Kosten derselben unterhalten. Einige Lastträger und Seidenarbeiter wurden ermordet, andere zu den Galeeren verurtheilt. Die diebische königliche Regierung nahm die Ge= legenheit wahr, um die 300 Franken Abgabe fürs Meisterwerden, welche bisher die Händler geschluckt hatten, dem Staatsschatze zuzulegen. Hier= mit war der Bund zwischen dem Könige und den Kapitalisten besiegelt. Auf diese Weise wurde die Gesetzlichkeit zur Geltung gebracht und das Eigenthum gesichert.

---

*) Chassin, dem wir unsere Darstellung entlehnen, weist darauf hin, wie sehr Louis Blanc im Irrthum ist, wenn dieser in seiner Geschichte der französischen Revolution meint, die erste große Lohnfrage Frankreichs stamme aus dem Jahre 1789.

Die Militär-Besatzung blieb lange in Lyon und wurde mehrmals erneuert, sodaß die Arbeiter unter dem Schutze der hohen Obrigkeit aufs Schmählichste bedrückt und ausgebeutet werden konnten.

Endlich schritten die Seidenarbeiter Lyon's 1786 zu einer neuen Arbeitseinstellung. Sie forderten jetzt eine Lohnzulage von 2 Sous (= 10 Pfennige) für die Elle. Kein Stuhl arbeitete mehr. Einfach mit Stöcken bewaffnet, machten sie durch die Stadt Umzüge. Das Konsulat erschrak hierüber so sehr, daß es den Arbeitern Alles bewilligte. Aber nun rückte wieder Militär, bestehend aus Jägern, Marine-Truppen und Artillerie, in Lyon ein. Die Jäger wurden in der Arbeitervorstadt Guillotière, die Marine-Truppen in Croix-Rousse und die Artillerie, bei welcher Napoleon Bonaparte als Unterlieutenant stand, in Vaise einquartiert. Alle Bewilligungen wurden den Arbeitern zurückgenommen. Um sie einzuschüchtern und ein Exempel zu statuiren, wurden drei unglückliche Handwerker, weil sie beim Ueberschreiten einer hölzernen Brücke nicht den üblichen Zoll entrichtet hatten, aufgehängt.

Die Ordonnanz von 1786 schaffte den alten, nicht mehr im entfernten Verhältniß zu den Lebensmittelpreisen stehenden Lohntarif ab; sie überließ die Festsetzung des Lohnes für die Façons dem Uebereinkommen zwischen dem patron (Arbeitgeber) und dem Arbeiter. Allein sie beseitigte nicht die 300 Franken für die Meisterbriefe und sie ließ die Scheidewand zwischen dem Meister-Arbeiter und dem freien Arbeiter, zwischen der Fabrikation und dem Handel bestehen. So mußten denn die Arbeiter sich für die kapitalistischen Ausbeuter weiter schinden, und ihre sogenannte neue Freiheit gereichte ihnen ebenso zum Fluch, wie der zugleich fortbestehende Zunftzwang.

Als nun im Jahre 1788 die Seidenärnte mißrieth, befiel die Seiden-Industrie eine schreckliche Krisis. Nicht weniger als 5400 Wirkstühle kamen zum Stillstand und 40,000 Arbeiter wurden brotlos. Unter diesen Umständen wurde die Stadt Lyon von der Regierung ermächtigt, zur Unterstützung der Arbeiter eine Anleihe von 300,000 Francs zu kontrahiren. Indeß verschwand hierdurch das Elend nicht. Denn weil auch die Getreideärnte schlecht ausgefallen war, trat zu dem Arbeitsmangel die Theuerung der Lebensmittel hinzu und durch den strengen Winter von 1788 bis 1789 gesellte sich zum Hunger die Kälte. In dieser furchtbaren Noth wanderten viele geschickte Arbeiter-Meister nach der Schweiz und nach Italien aus; andere, die nicht auswandern konnten, begingen Selbstmord. Viele willigten, um nur das liebe Leben sich zu erhalten, ein, für die Händler täglich 18 Stunden lang um die Hälfte des seitherigen Lohnes zu arbeiten.

J. Morin berichtet, daß das Philanthropische Institut im Jahre 1789 weitere 300,000 Francs (= 80,000 Thaler) durch Subskription für die Arbeiter aufbrachte: worauf die unmenschlichen Händler den Umstand, daß die Arbeiter mildthätige Unterstützung erhielten, dazu benutzten, die Arbeitslöhne noch tiefer hinunterzudrücken.

Im Jahre 1789 machten die Seidenweber Lyon's 41 Innungen aus. Die aufzehrende Macht des großen Kapitals hatte eine Menge kleine selbständige Meister hinweggeräumt. Die Groß-Fabrikation war daher sehr bedeutend. Die große Fabrik beschäftigte nämlich 14,777 Seidenwirkstühle und 58,000 Arbeiter. Doch besaßen nur 3,400 Arbeiter das Privilegium der Innung und durften 1789 an den Wahlen für die General-Stände theilnehmen. Freilich war diese Zahl immer noch derjenigen der Händler weitaus überlegen, sodaß die Arbeiter, von denen sich 3300 an der Wahl betheiligten, über die Händler einen eklatanten Wahlsieg davon trugen. Die Arbeiter waren gescheidt genug, nur Wahl= männer aus ihrer Mitte zu wählen. Ihr Führer hieß Monnet. Der= selbe hatte, wie Tolezan de Montfort, Prevot der Kaufleute, an den Minister Necker berichtete, schon mehrere Male wegen Anfertigung von aufreizenden Schriften im Gefängnisse gesessen.

Die Buchdrucker-Gehülfen und Posamentirer Lyon's hatten 1789 ebenfalls Wahlsiege zu verzeichnen.

Aehnlich wie in Lyon fielen 1789 die Wahlen auch in Bordeaux günstig für die Arbeiter aus. Hier bestanden 112 Handwerks-Korpora= tionen und selbige ernannten 123 Wahlmänner, während die dasigen Händler, deren Zahl 1856 betrug, nur 47 Wahlmänner wählten.

Nicht Paris, sondern Lyon marschirte 1789 an der Spitze der französischen Arbeiterschaft. Gewöhnlich hegt man das Vorurtheil, daß gar keine Arbeiter an den Wahlen von 1789 haben theilnehmen können. Dies ist jedoch falsch. Wahlberechtigt war jeder Arbeiter, der Industrie= oder Grundsteuer entrichtete. Allerdings wurden die Pariser Arbeiter hierbei, wie wir noch sehen werden, sehr in Nachtheil gestellt, weil sich die Regierung vor ihnen fürchtete. Aber die meisten Landarbeiter hatten das Wahlrecht, da die Leibeignen außer den Abgaben an ihre Grund= herrschaft obendrein dem Könige die Grundsteuer zu entrichten hatten. Auf den Gütern todter Hand, die der heiligen Mutter Kirche gehörten, gab es allein, da das Christenthum die Sklaverei zu erhalten bestrebt war, gegen anderthalb Millionen Leibeigne, die alle mit abstimmten. Nur die Taglöhner und Tagarbeiter, die Lohndiener, ferner die nicht in die Zünfte eingereihten Arbeiter der Städte besaßen kein Wahlrecht. Freilich war für den dritten Stand die Wahl indirekt, indem sie in drei Wahlgängen geschah. Im Jura-Gebirge allein wählten 40,000 im Kommunismus lebende Leibeigne, die zum Amte St. Claude gehörten, mit. Selbige besaßen noch keine Familien-Namen. Wie sich der Marquis von Langeron ausdrückte, genügten für solche Hundsfötter die Heiligen= Namen Peter und Paul!

Als 1789 die Wahlen für die Generalstände stattfanden, bestanden in Paris neben der in sechs Körperschaften eingetheilten Innung der Kaufleute noch 44 Zünfte.

Die älteste Pariser Zunftordnung stammt aus dem Jahre 1296. Bis zur Ordonnanz von Moulins fielen die Polizei und die Streitsachen der Handwerke Frankreichs in den Bereich der Gemeindeverwaltung. Durch das Oktober-Edikt des Jahres 1696 wurden sie, so sehr sich auch die Zünfte dagegen sträuben mochten, den General-Lieutenants der könig= lichen Polizei zugewiesen.

Nachdem der Minister Turgot im Februar 1776 die Zünfte auf=

gehoben hatte, wurden sie durch ein aus dem August des nämlichen Jahres stammendes Edikt in veränderter Gestalt wieder eingeführt. Sie wurden jetzt den Einflüssen der Polizei viel unmittelbarer unterworfen und der Hauptgrund ihres Weiterbestehens schien die Entrichtung der Gewerbesteuer zu sein. Indeß wurden die verwandten Gewerbe in ein einziges zusammengezogen, wodurch eine Menge kleinlicher Zunftstreitigkeiten wegfielen. Auch wurden die Kosten des Meisterwerdens verringert, und für die nämliche Abgabe konnte der Arbeiter oder Kaufmann hinfort mehrere Professionen auf einmal betreiben. Die sämmtlichen Professionen aber wurden in freie und unfreie eingetheilt. Die sogenannten freien waren den Geschworenenämtern nicht unterworfen, besaßen aber ebenfalls unter dem Namen Statuten ihre Vorschriften.

Die Lehrlingschaft war auf vier Jahre festgesetzt. Beim Meisterwerden war kein Meisterstück mehr zu liefern. Die Aufnahme in die Zunft zerfiel zu Paris in die einfache Einschreibung ins Zunftregister und in die Vereidigung vor dem königlichen Prokurator des Châtelet, womit die Ausstellung eines Meisterbriefes verknüpft war. Um Meister zu werden, mußte man zwanzig Jahre alt sein und vier Jahre in der Lehre gestanden haben. Doch wurden die Söhne von Meistern und Meisterinnen schon mit 18 Jahren und nach zweijähriger oder noch geringerer Lehrzeit unter die Meister aufgenommen, wie denn auch die Wittwen und Töchter verstorbener Meister in die Zunft zugelassen wurden, wenn sie binnen einem Jahre nach dem Tode ihres Mannes oder Vaters die erforderlichen Schritte thaten, wobei sie die Hälfte des gewöhnlichen Meistergeldes zu entrichten hatten.

Die Zunftversammlungen bestanden in kleinen Städten aus allen Zunftmitgliedern, dagegen in Paris nur aus den höchstbesteuerten. In Paris und Lyon besaß jede Zunft Deputirte, die auf Generalversammlungen gewählt worden waren und welche die ganze Innung vertraten. Auch besaßen die Innungen und Zünfte ihre Obmänner, Syndici (Rechtsberather) und Adjunkte (Beisitzer). Diese Behörden machten jetzt nebst der Polizei die Munizipal-Verwaltung aus. Kraft des August-Edikts von 1776 und des Januar-Edikts von 1777 hatten im Allgemeinen diejenigen Zünfte oder Innungen, welche weniger als 300 Mitglieder zählten, je 24 Vertreter, solche von mehr als 300 Mitgliedern aber 36 Vertreter zu wählen. Diese Deputirten bildeten die gewöhnliche Zunft- oder Innungsversammlung. Bei den sechs Körperschaften der Pariser Kaufleute führten die Obmänner, bei den Zünften die Syndici und Adjunkte in den Deputirten-Versammlungen den Vorsitz. Die in den Versammlungen gefaßten Beschlüsse waren für alle Mitglieder der Zunft bindend, doch mußten sie, um Gültigkeit zu erlangen, zu Paris erst durch den Polizei-Lieutenant, zu Bordeaux durch die Schöffen, zu Lyon durch das Konsulat und im Allgemeinen durch die Polizei-Behörde vidimirt (bestätigt) sein.

Die Versammlungen der Zunftmitglieder behufs Wahl der Deputirten wurden durch die Polizeibehörde einberufen. Sie bestanden zu Paris aus 200 Mitgliedern bei solchen Innungen und Zünften, die weniger als 600 Meister enthielten, und aus 400 Mitgliedern bei den über 600 Meister zählenden Zünften. Es waren die höchst besteuerten

Meister, welche die Versammlungen bildeten. Zu Lyon, wo diese Wählerversammlungen nicht über 300 Mann stark sein durften, gab nicht die größere Steuer, sondern das größere Alter das Wahlrecht.

Diese Versammlungen wurden in Paris und Lyon, wenn sie über 100 Mitglieder zählten, durch die Polizeibehörde in einzelne Sektionen eingetheilt, damit sie nicht staatsgefährlich werden könnten. Jede Sektion, bestehend aus den das nämliche Stadtviertel bewohnenden wahlberechtigten Mitgliedern, versammelte sich behufs der Ausübung der Wahl besonders.

In jeder Körperschaft der Kaufmanns-Innung gab es drei Obmänner und drei Adjunkte; in jeder Zunft zwei Syndici und zwei Adjunkte. Die sogenannten freien Professionen hatten nur einen Syndicus und einen Adjunkt. Diese Vorstände waren mit der Besorgung der Geschäfte, mit der Verwaltung der Zunft- und Innungsgelder, mit der Ueberwachung der Disziplin und mit der Vollstreckung der Reglements betraut. Ihre Amtsdauer währte zwei Jahre, und zwar rückten die Adjunkte im zweiten Jahre zum Amte des Obmanns oder Syndicus empor. Die Wahl der Adjunkte geschah durch die Deputirten drei Tage nach deren eigner Wahl vor dem königlichen Prokurator im Châtelet oder vorm Polizeirichter. Die Adjunkte durften nur aus denjenigen Meistern gewählt werden, welche im vorhergehenden Jahre zu Deputirten ernannt worden waren. Die sogenannten freien Professionen besaßen das Wahlrecht nicht, sondern ihre Adjunkte wurden schlechthin durch die Polizeibehörde ernannt. Jede Zunft oder Innung durfte sich leichte Steuern auferlegen, auch durfte sie Anleihen kontrahiren, wenn sie durch die Obrigkeit dazu ermächtigt worden war.

Die Obmänner, Syndicusse und Adjunkte hatten sich aus den alten prud'hommes entwickelt. Diese prud'hommes, auf Deutsch Sachverständige oder Experten, waren in alter Zeit die Administratoren der städtischen Kommune. So z. B. wurde die Stadt Bourges bis zum Jahre 1474 durch vier prud'hommes verwaltet, worauf im genannten Jahre ein königliches Edikt verordnete, daß hinfort die städtische Verwaltung durch einen Maire und zwölf Schöffen geführt werden sollte. Der Rath der Stadt Paris beschloß im Jahre 1296, daß vierundzwanzig prud'hommes gewählt werden und daß dieselben auf Ersuchen des Prevots der Kaufleute und der Schöffen nach dem damaligen Rathhause (dem parloir aux bourgeois) kommen, den guten Leuten Rath ertheilen und mit dem Prevot und den Schöffen zu den Meistern, zum Könige oder sonstwohin inner- und außerhalb Paris zum Wohle der Stadt sich begeben sollten.

Die Obmänner, Syndici und Adjunkte nun mußten jährlich mindestens viermal die sämmtlichen Meister besuchen, um sich zu vergewissern, ob dieselben die Reglements befolgten, und um sich nach dem Betragen der Lehrlinge, Gesellen und Ladendiener zu erkundigen. Ueber diese Besuche hatten sie in der Deputirten-Versammlung Rechenschaft abzulegen, worauf solche Meister, gegen welche Etwas vorlag, vor die Versammlung geladen und von derselben ermahnt wurden. In Wiederholungsfällen übergaben die Syndici und Adjunkte ihre Protokolle dem Substituten des königlichen Prokurators, wenn die Kontravention eines rückfälligen Meisters die öffentliche Ordnung betraf. Bei Streitsachen der Pariser Kaufleute und Handwerker bildete das Châtelet die erste und das Parlament die zweite oder Appellations=Instanz.

Die freien Professionen, die auf einfache, vor dem Polizei=Lieutenant abzugebende Erklärung ausgeübt werden durften, aber auch einregistirt wurden, enthielten folgende Kategorien:

Die Blumenhändlerinnen, die Bürstenbinder, die Bleicher, die Woll= und Baumwollkämmer, die Haarkräuslerinnen der Frauen, die Seiler, die in den Straßen, Hallen und auf den Märkten, jedoch nicht in Standbuden kaufenden und verkaufenden Trödler, die Peitschenmacher, die Gärtner, die Flachshändlerinnen, die Lebkuchenhändler, die Tanzmeister, die Mattenflechter, die Vogelhändler, die Rosenkranzmacher, die Korkmacher, die Angler, die Badhalter, die Leineweber, die Korbmacher und die Feger. — Obschon die vorgenannten einundzwanzig Gewerbe frei hießen, waren sie doch mancherlei Abgaben und polizeilichen Plackereien unterworfen.*)

Die Buchdrucker nebst ihren Gehülfen wurden zu keiner Zunft gerechnet, sondern sie galten für „Stützen der Universität" und waren den „freien Künsten" beigezählt.

Außer den zünftigen und den aufgezählten freien Gewerben gab es noch solche, die kraft eines alten Privilegiums den Zunftbestimmungen enthoben waren. In dieser Hinsicht sind zunächst die Meisterschaften des Königs=Hôtels zu erwähnen. Der Prevot des Königs=Hôtels besaß nämlich das Privilegium, in fast allen Innungskörpern der Kaufleute und in fast allen Zünften der Handwerker Pfuschmeister zu kreiren. Wer das nöthige Geld hatte, kaufte sich bei ihm eine Meisterschaft. Solche Meister brauchten keine Lehrlingsschaft durchgemacht, ja überhaupt keine praktische Kenntniß oder Fertigkeit in dem Geschäft oder Handwerke, in das sie sich einreihen ließen, erlangt zu haben, genossen aber dennoch alle Freiheiten und Vorrechte der Innung und Zunft. Es läßt sich leicht ersehen, daß Kapitalisten, indem sie sich vom Prevot des Königs=Hôtels Meisterbriefe kauften, eine das zünftige Handwerk aus dem Sattel hebende Großfabrikation und einen Großhandel betreiben konnten: wodurch mit Nothwendigkeit die Gewerbefreiheit und moderne Produktion angebahnt wurde.

Ferner hatten in einem Armenhause erzogene junge Leute, wenn sie das daselbst erlernte Handwerk selbständig ausüben wollten, beim Meisterwerden nur die Hälfte des vorschriftsmäßigen Zunftmeistergeldes zu entrichten, und Arbeiter, die den Knaben eines Armen=Asyls zwanzig Jahre lang Unterricht in einem Handwerke ertheilt hatten, erlangten hierdurch von selbst ohne jedes Meistergeld das Meisterrecht. Besonders ist in dieser Hinsicht das Trinitäts=Waisenhaus anzuführen.

Laut einem Freibrief vom 22. Dezember 1602 konnten alle in den Gallerien des Louvre wohnhaften Personen frank und frei jedes

---

*) De la condition des ouvriers de Paris de 1789 jusqu' en 1841. Paris 1841, 8°. Seite 24.

Geschäft treiben, ohne daß sie irgendwie, auch wenn sie keine Meister waren, von den Obmännern, Syndicis und Abjunkten der Zünfte und Innungen belästigt werden durften.

Endlich hatten die geistlichen und weltlichen Herren, welche in manchen Stadttheilen von Paris die Patrimonial-Gerichtsbarkeit ausübten, das Privilegium, daß die ihrer Gerichtsbarkeit unterthanen Personen den Zunftgesetzen bezüglich der Lehrlings- und Meisterschaft nicht unterworfen waren. Solche privilegirte Stadttheile waren: der Faubourg St. Antoine, St. Jean-de-Latran, der Bezirk des Tempels, der Bezirk St. Denis, der Bezirk la Châtre, ein Theil der Straße Loursine, der Faubourg St. Marceau, der Bezirk St. Germain-des-Prés, der Bezirk St. Martin-des-champs u. s. w. Hier in diesen Sitzen der 1789 ausbrechenden Revolution hatten eine ungeheure Menge Arbeiter, welche das Meistergeld sparen wollten, sich zusammengedrängt. Die von ihnen gefertigten Waaren durften allerdings bloß in den von ihnen bewohnten Stadttheilen verkauft werden; allein sie fügten den zünftigen Meistern selbst bei dieser Beschränkung einen beträchtlichen Schaden zu, weil ihre Waaren ja doch in die zünftigen Stadttheile eingeschmuggelt wurden. Außerdem konnten sie, wenn sie die Hälfte des Meistergeldes entrichteten, sich das Recht verschaffen, daß sie ihre Produkte, die sonst außerhalb ihres Sprengels konfiszirt wurden, überall in Paris verkaufen durften. Nachdem ein solcher Arbeiter einmal die Hälfte des Meistergeldes entrichtet hatte, konnte er in die zünftigen Stadttheile ziehen und wurde hier als gleichberechtigter Meister anerkannt, sobald er noch die andere Hälfte des Meistergeldes bezahlte. Auf diese Weise konnten die Arbeiter die Lehrlingschaft umgehen. Uebrigens standen die in privilegirten Stadttheilen wohnenden Arbeiter unter der Aufsicht der Obmänner, Syndici und Abjunkte, welche dieselben besuchten, um über sie wegen angeblicher Uebertretung der Reglements Geldstrafen verhängen zu können und um ihnen am Zeuge zu flicken; allein diese Aufsicht wurde nicht im Namen der Zünfte und Innungen, sondern im Namen des Polizei-Lieutenants ausgeübt und die Strafgelder zwischen den Patrimonial-Herren und dem Könige getheilt.

So beschaffen war die Pariser Kommune vor 1789. Nach offizieller Angabe betrug die Einwohnerzahl von Paris im Jahre 1788, also ein Jahr vor der großen Revolution, 599,569 Köpfe.

Bei den Wahlen für die Generalstände 1789 hatte Paris 40 Deputirte zu wählen, wovon 10 auf die Geistlichkeit, 10 auf den Adel und 20 auf den dritten Stand kamen. Die Gesammtzahl der Deputirten für ganz Frankreich belief sich auf 1214. Während die hohen Geistlichen und die Adeligen direkt wählten, gab es für den dritten Stand eine dreifach durchgesiebte indirekte, bloß im letzten Grade geheime Wahl. Wie bei unsern deutschen revolutionären Wahlen des Jahres 1848 wurden zugleich Ergänzungsmänner gewählt, welche einzuspringen hatten, wenn der Deputirte starb, erkrankte oder sonstwie behindert wurde. Die Wahlen des dritten Standes geschahen in Paris nicht, wie in den übrigen französischen Städten, zunftweise, ja nicht einmal stadtviertelweise, sondern die Regierung hatte, um den revolutionären Geist durch Trennung abzuschwächen, behufs Vornahme der Wahlen, Paris durch die Polizei in 60 Distrikte oder Arrondissements eintheilen lassen, und in jedem dieser Arrondissements sollte von Polizeiwegen — was aber durch die Wähler nicht erlaubt wurde — ein Beamter des alten oder gegenwärtigen munizipalen Körpers den Vorsitz führen. Wegen dieser Zerreißung der Pariser Kommune wurde vielfach und heftig von den Wählern protestirt.

Die nicht-geistlichen und nicht-adeligen 25 Jahre alten domizilirten männlichen Einwohner durften im ersten Wahlgange die Distrikts-Versammlung ihres Wohnsitzes bilden, wenn sie einen Amts-Titel, den Grad-Titel einer Fakultät, den Titel einer Kommission oder Anstellung oder einen Meisterbrief besaßen, oder endlich, wenn sie eine Steuerquittung oder Steuermahnung, die eine jährliche Steuerentrichtung von 6 Francs bewies, vorzuzeigen im Stande waren. Auf diese Weise wurden in Paris die Gesellen, die Handlungs-Kommis und selbst viele selbständige Handelsleute von der Wahl ausgeschlossen. Sogar Leute aus der Provinz, die daheim wahlberechtigt gewesen wären, durften in Paris nicht mitwählen. Die Wähler des ersten Grades ernannten einen Wahlmann des zweiten Grades auf je 100 Anwesende entweder aus den Anwesenden selber oder aus Denen, welche in der Wählerversammlung, obgleich sie nicht erschienen waren, doch anwesend sein durften. Indem sich in einer neuen Versammlung die Wahlmänner des zweiten Grades auf ein Viertel reduzirten, kam der dritte Wahlgang zu Stande, der mit geheimer Abstimmung die Deputirten selbst wählte. Die Universität durfte aus Privileg in die Generalversammlung, welche die Deputirten zu wählen hatte, vier Wahlmänner, nämlich einen geistlichen, einen adeligen und zwei bürgerliche, abordnen. Die Gymnasial-Lehrer dagegen waren von der Wahlberechtigung ausgeschlossen, da man angeblich nicht wußte, zu welchem Stande man sie rechnen sollte. Ausgeschlossen von der Wahlberechtigung war auch, weil hier nur wenige Personen die erforderlichen auf 6 Francs lautenden Steuerquittungen vorzuzeigen vermochten, die große Masse der Bevölkerung in den eigentlichen Arbeitervierteln. So z. B. befanden sich im Distrikte St. Laurent nur 31 Mann, die jährlich 6 Francs Steuer entrichteten. Die Arbeitermeister bildeten unter den Pariser Arbeitern aus den oben angegebenen Gründen nur eine verschwindende Minorität. Die Wahlmänner der Volksviertel beklagten sich daher darüber, daß sie bei Ausübung der Wahl nicht ihre Mitbürger, die armen Arbeiter, in ihrer Mitte sahen, und sie erklärten in den Beschwerdeschriften, die bei der Wahl der Generalstände nach altem Brauch abgefaßt zu werden pflegten, daß sie verpflichtet wären, sich so zu betrachten, als ob ihre nicht zur Wahl zugelassenen Brüder sie mit ihren Interessen betraut hätten.

„Zu Paris", sagt Chassin, „wurde aus Furcht vor der „„feilen Menge"", aus Furcht vor dem arbeitenden intelligenten Volke, mit einem einzigen Schlage Proletariat und Industrie und Handel ausgeschlossen; es waren nicht mehr die Klassen, welche die Wahlmänner des zweiten und dritten Wahlgrades ernannten, sondern die Urversammlungen des dritten Standes bildete eine einzigen Kategorie von

Individuen, Beamten, Graduirten und Patentirten oder von 6 Francs Steuer-Entrichtenden."

Die Pariser Wahlen fielen daher so schlecht aus, daß die an allem Schlechten Freude findenden Feinde der menschlichen Gleichberechtigung laut darüber jubelten und frohlockten.

Nichtsdestoweniger blieben zu Paris, wie in manchen andern Städten Frankreichs, nach Vollendung der Wahl die Wahlmänner noch beisammen und setzen eine Kommission ein, welche die Aufgabe hatte, für die Herstellung einer Kommune-Vertretung zu sorgen.

Erster Abschnitt.
Die Heranbildung der revolutionären Kommune.

Erstes Kapitel.
Die ersten Anfänge der revolutionären Kommune.
(Vom Mai 1789 bis zum Mai 1790.)

Der mit dem Rechte, Vertreter in die Generalstände abzuordnen, ausgestattete dritte Stand war ursprünglich Nichts weiter, als der Stand oder Staat großer Kommunen. Zwar wurden bei der Wahl von 1789 die kleinen Kommunen in Aemter und Landgerichte zusammengezogen; allein die großen Städte wählten, insofern daselbst der dritte Stand Vertreter zu entsenden hatte, immer noch kommunenweise. Diese Kommune-Vertreter betrachteten sich bei ihrem Zusammentritt in Versailles am 5. Mai 1789 als die Repräsentanten der französischen Nation. Anfangs aus 595 und bald nachher, als sie vollständig geworden, aus 621 Deputirten bestehend, nöthigten sie durch kluges Benehmen, Muth und Zähigkeit die 308 Vertreter der Geistlichkeit und die 285 Vertreter des Adels, sich mit ihnen zur konstituirenden National-Versammlung zu vereinigen, und die alte Abstimmung nach Ständen nun mit der Kopfabstimmung, durch welche die Geistlichkeit und der Adel majorisirt wurden, zu vertauschen.*) Somit wurde der mit dem Feudalstaate verwachsen gewesene Stand der Kommunen aufgehoben und mit den übrigen Ständen zu einem Ganzen, nämlich zum National-Staate, verschmolzen. Hatten doch überhaupt die Kommunen schon lange keine Selbständigkeit mehr, sondern sie waren durch das absolutistische Königthum aus ihrer Ab-

---

*) Die Zahl der Vertreter der Geistlichkeit betrug beim Zusammentritt der Generalstände (oder Generalstaaten) 293, nachher 308, worunter 200 gewöhnliche Pfarrer. Dagegen verminderte sich die Zahl der Vertreter des Adels, welche beim Zusammentritt 289 ausmachte, nach der Verifikation der Vollmachten, auf 285. Die Pariser Wahlen wurden erst am 23. Mai fertig. — Mignet gibt in seiner Revolutionsgeschichte (4. Auflage, erster Band, Seite 35, — Paris 1827) die Gesammtzahl der Generalstände unvollständig auf 1133 an.

getrenntheit und Sonderstellung heraus auf die Höhe des modernen Staatsbegriffs erhoben worden. An die Stelle des privilegirten Bourgeois trat jetzt der gleichberechtigte Staatsbürger, jener freie Bürger des Rechtsstaats, welcher citoyen genannt wurde. Die Gesinnungstüchtigkeit oder der Rechtssinn dieses citoyen hieß Staatsbürgertugend (civisme). Alle citoyens zusammen machten den Souverän oder die Nation aus, gegen die allein Hochverrath oder Majestäts=Verbrechen (le crime de lèse-majesté) begangen werden konnte. „Jeder citoyen", sagt Jean Paul Marat in seinem Schriftchen: Plan de constitution (Paris 1789, 8⁰), „jeder citoyen soll Stimmrecht haben, und zwar gibt ihm dieß schon allein die Geburt."*)

Während aber die Generalstände des Reiches zur National=Versammlung zusammenwuchsen, suchten die großen Städte innerhalb ihres Bereichs auch wieder eine auf Wahl beruhende städtische Vertretung herzustellen. Wir haben oben am Ende der Einleitung der zu diesem Zwecke niedergesetzten Komitees gedacht. Paris, die größte Stadt des Reiches, brach den übrigen Kommunen die Bahn. Es erhielt hierzu bald die Gelegenheit.

Als nämlich der französische König Ludwig XVI. die Vereinigung der bisher getrennten Stände zur National=Versammlung nicht mehr hindern konnte, wollte er einen Staatsstreich machen. Er zog in Eile Militär nach Versailles und Paris zusammen, weil diese beiden Städte der National=Versammlung freundlich gesinnt waren. Der Saal der Versammlung in Versailles wurde mit Soldaten umringt und dem Publikum der Eintritt in demselben verwehrt, indeß Paris durch mehrere Armee=Korps so zernirt wurde, daß es blokirt und belagert werden konnte. Die Versammlung sollte aufgelöst oder in eine Provinzial-Stadt verlegt werden. Auf eine am 9. Juli 1789 beschlossene Adresse der Versammlung, welche wegen dieses bedrohlichen Militär=Aufgebots Vorstellungen machte, antwortete der König übermüthig, daß er allein darüber zu urtheilen berechtigt sei, ob eine Nothwendigkeit vorliege, Truppenbewegungen vorzunehmen, und er machte den Vorschlag, die Versammlung nach Noyon oder nach Soissons zu verlegen. Zugleich entließ er am 11. Juli das liberal gesinnte Ministerium Necker und setzte ein reaktionäres Ministerium ein.

Wegen dieser königlichen Reaktion brachen am 12. Juli in Paris Unruhen aus. Selbige wurden zwar anfangs durch ein Detachement des Deutschen Regiments und durch die Dragoner des Fürsten von Lambois niedergehalten, allein sie erneuerten sich und wurden ernst, als das französische Garde=Regiment fürs Volk Partei ergriff und die übrigen Truppen, die sich nun zu kämpfen weigerten, zum Rückzuge vermochte. Das Volk zog am Abend nach dem Stadthause, indem es verlangte, daß Sturm geläutet, daß die Distrikte zusammenberufen und daß die

---

*) Wie alle technischen politischen Ausdrücke der französischen Revolution den Griechen und Römern entlehnt wurden, so ist auch das Wort citoyen römisch und als Ersatzwort für civis Romanus genommen worden. Dasselbe bedeutete in Frankreich ursprünglich den Einwohner einer großen Stadt (cité) und lautete im zwölften Jahrhunderte citehain.

Einwohner bewaffnet werden sollten. Hier im Stadthause saß das bei den Wahlen niedergesetzte permanente Komitee. Dasselbe nahm die Leitung des Aufstandes in die Hand und trug wesentlich zum Siege desselben bei. Den 13. Juli wurde die Sturmglocke des Stadthauses, sowie die Glocken der sämmtlichen Kirchen geläutet. In den Straßen wirbelte die Alarm-Trommel; sie rief die Bürger zum Streite. Auf den öffentlichen Plätzen schaarten sich Freiwillige zusammen. Die Distrikte versammelten sich und beschlossen, daß jeder von ihnen zu seiner Vertheidigung 200 Mann stellen sollte. Vergebens suchte der Prevot der Kaufleute, Namens de Flesselles, das Volk durch leere Versprechungen hinzuhalten und zu beschwichtigen. Die Waffenläden wurden geplündert, die königliche Geräthkammer erbrochen und aus den Kellern des Hôtels der Invaliden 28,000 Flinten, sowie Säbel, Degen und Kanonen hervorgeholt. Am 14. Juli wurde vom Volke, namentlich von den durch den Bierbrauer Santerre geführten Handwerkern und Arbeitern des Faubourg St. Antoine, denen die französische Garde mit Kanonen zu Hülfe kam, die Bastille, die Pariser Zwingburg des Absolutismus, erstürmt.

Die Bastille, eine die Pariser mit ihren Kanonen bedrohende Festung, war von den Königen Karl V. und VI. in den Jahren 1369—1383 erbaut worden. Sie bestand aus acht starken, etwa 100 Fuß hohen Thürmen, die durch eine durchschnittlich 9 Fuß dicke Mauer, umgeben von einem 25 Fuß tiefen Graben, mit einander verbunden waren. Nach der Vorstadt St. Antoine zu war in neuerer Zeit eine starke Bastei aufgeführt worden. In das Innere der Bastille konnte man nur auf einem gewundenen, über Gräben und Zugbrücken, sowie durch enge Passagen und Höfe führenden, von mehreren Thoren verschlossenen Wege gelangen. Sie war gegenwärtig nur von 82 Invaliden und 32 Schweizern besetzt und nur auf 24 Stunden verproviantirt. In ihr saßen 7 Staatsgefangene, wovon 2 durch die Länge der Haft und die Schlechtigkeit der Behandlung wahnsinnig geworden waren.

Die Besatzung wurde vom wüthenden Volke niedergemacht. Delaunay, der Kommandant der Bastille, wurde nach dem Stadthause geführt, wo ihn beim Hinaufsteigen der Treppe das Volk enthauptete und seinen Kopf auf eine Pike steckte. Bei Herrn von Delaunay wurde ein vom Prevot der Kaufleute geschriebener Brief gefunden, des Inhalts: „Ich halte die Pariser mit Kokarden und Versprechungen hin; halten Sie Stand bis zum Abend, dann sollen Sie Verstärkung erhalten."

In Folge dieses hinterlistigen Schreibens sollte über den Prevot der Kaufleute Volksgericht abgehalten werden. Auf dem Wege nach dem Palais Royal, wo dasselbe stattfinden sollte, wurde er jedoch — an der Ecke des Quai's Pelletier — von einem Unbekannten mit einer Pistole niedergeschossen.

Hierauf setzte sich die ganze Bevölkerung ans Werk, die Stadt zu befestigen, damit sie nicht, wie die aufgefangenen Briefe vermuthen ließen, durch die Truppen in der kommenden Nacht überrascht werden könnte. Man warf Barrikaden auf, grub Verschanzungen, goß Kugeln, schmiedete Piken und trug die Steine des Straßenpflasters hinauf in die Häuser, damit man mit ihnen die angreifenden Truppen zerschmettern konnte. Es hatte sich schnell eine Nationalgarde gebildet, welche alle Posten bezog. Die Bevölkerung blieb in Erwartung des Angriffs seitens der Truppen die ganze Nacht auf den Beinen. Indeß waren die Truppen, selbst die fremden Regimenter, so demoralisirt, daß die adeligen Offiziere keine Macht über sie hatten und an einen Angriff von ihrer Seite nicht zu denken war.

Gerade in der Nacht vom 14. auf den 15. Juli hatte der König seinen Staatsstreich ausführen, die National-Versammlung aus Versailles vertreiben und Paris zusammenschießen lassen wollen. Als er jedoch erfuhr, daß in Paris die Revolution siegreich und das Militär unzuverlässig war, fiel ihm das Herz in die Kniekehle. Der König gab sein verruchtes Vorhaben auf, ebenso seine beabsichtigte Abreise und erschien am nächsten Morgen, nachdem er sich durch Schlaf ernüchtert hatte, in der National-Versammlung, um ihr anzukündigen, daß er sich der Liebe und Treue seiner Unterthanen anvertraute und den Truppen Befehl zum Abzuge gegeben hätte. Necker wurde zurückberufen. Die kontrerevolutionären Minister mußten den Hof verlassen. Die verbissenen Prinzen, wie der Graf von Artois, der Prinz von Condé, der Prinz von Conti und die Familie Polignac gingen, wohin sie gehörten, ins Ausland.

Paris hatte durch den beabsichtigten, aber mißlungenen Staatsstreich des Königs eine National-Garde erhalten. Es erhielt durch denselben auch eine Munizipalität, eine eigne, auf Wahl beruhende städtische Behörde. Beides war der Hauptstadt nothwendig, wenn sie in der Revolution die Führerschaft übernehmen wollte.

Als in die Provinzen die Nachricht vom Sieg der Pariser gelangte, wurden auch dort überall Munizipalitäten und National-Garden*) eingeführt. Die Bauern aber gingen noch weiter: sie setzten den rothen Hahn auf die Schlösser ihrer adeligen Schinder und verbrannten die aus der stockfinstern Nacht der mittelalterlichen Knechtung stammenden Urkunden. Eingeschüchtert durch die Landarbeiter-Aufstände, erklärten in der Nacht vom 4. August die Adeligen die sämmtlichen Frohndienste und sonstigen persönlichen Leistungen der leibeignen und hörigen Bauern für abgeschafft. Indem sie dieß thaten, suchten sie zu retten, was noch zu retten war. Sie erklärten sich nämlich zugleich bereit, die Natural-Leistungen und Zinse gegen eine entsprechende Geld-Ablösung fahren zu lassen. Die geistlichen Herren, die Prediger der christlichen Unterthänigkeit, benahmen sich zäher, mußten später aber ebenfalls ihre Leibeigenen und Hörigen für frei erklären.

So war der Revolution zur Weiterentwickelung der Boden geebnet. Alles dieß verdankte die Revolution dem Versuche des heimtückischen

---

*) In verschiedenen Theilen Frankreichs bestanden dieselben schon. Sie waren hier errichtet worden gegen die vielen Brot- und Getreide-Aufstände, welche in Folge des Hungerjahres 1788—9 in den Provinzen ausgebrochen waren. Ohne Hunger wäre die Revolution viel milder verlaufen, ja vielleicht überhaupt nicht zum ordentlichen Durchbruch gekommen.

Königs, einen Staatsstreich zu machen und die National-Versammlung in die Provinz weit weg von Paris zu verlegen.

Paris war nicht allein die materielle, nein, es war auch die geistige Hauptstadt der Revolution. Der Engländer Young, der Frankreich zwei Jahre bereist und in den Provinzen überall neben schrecklichem Elend schauderhafte Unwissenheit erblickt hatte, sagt in seiner vom 7. August 1789 datirten Schrift „Reisen in Frankreich": „Hätte ein solches Volk wohl jemals eine Revolution gemacht? Wäre es wohl jemals frei geworden? Niemals! In Jahrtausenden nicht! Das aufgeklärte Volk von Paris allein hat inmitten von Broschüren und Publikationen Alles gemacht."

Chassin fügt diesem Ausspruch ergänzend und berichtigend hinzu: „Als die Pariser die Bastille angriffen und dieselbe nahmen und schleiften, vollzogen sie nur ein von den Wählern mehrerer Provinzen förmlich ertheiltes Mandat. Zu welchem Grade der Erniedrigung und Niedertracht der Despotismus die französische Nation auch hinabgebracht hatte, war doch selbige bis in ihr innerstes Mark durch den Geist des achtzehnten Jahrhunderts aufgewühlt und übernahm von vornherein die Verantwortlichkeit für die heldenmüthigen Handlungen des Volkes der Hauptstadt. Diese Wahrheit leuchtet Jedem ein, der aufmerksam die Beschlüsse und Protokolle der Wahlen von 1789 gelesen hat."

Gleichwie die französische Revolution in ihrem Anfange vorwiegend den Charakter einer Bourgeois-Revolution hatte, so sollte auch die neue Munizipalität von Paris das Bourgeois-Gepräge an sich tragen.

Der erste Maire von Paris war Jean Sylvain Bailly, ein Pariser Kind.*) Derselbe war am 15. September 1736 geboren. Er wollte zuerst Maler werden; hierauf versuchte er sich, indem er zwei Trauerspiele schrieb, im Alter von sechzehn Jahren als Dichter. In dem einen dieser Trauerspiele, welches „Chlotar" betitelt ist, wird ein Pariser Maire hingerichtet. Da Bailly mit diesen dichterischen Versuchen wenig Erfolg hatte, sattelte er um, schloß sich an den Abt de la Caille an und studirte die Astronomie. Auf dem Felde der Wissenschaft erlangte er eine große Berühmtheit, schrieb eine ziemliche Anzahl hochgeschätzter Werke astronomischen, geschichtlichen und naturwissenschaftlichen Inhalts und wurde zum Mitglied der drei Akademien ernannt, eine Ehre, die vor ihm nur Fontenelle aufweisen konnte. Im Jahre 1789 wurde er zu Paris als Deputirter des dritten Standes nach Versailles abgesandt und kam hier an, als noch über die Frage, ob die Abstimmung nach Ständen oder nach Köpfen erfolgen sollte, gestritten wurde. Da er beinahe 53 Jahre zählte, erhielt er unter Deputirten des dritten Standes, die alle jünger waren, den Vorsitz als Alters-Präsident und wurde somit auf einen Posten gebracht, auf welchem er sich sofort auszuzeichnen vermochte. Als die Kommunen sich zur National-Versammlung konstituirten, wurde Bailly hinwiederum zum Präsidenten der Konstituante ernannt. Er präsidirte in der berühmten Sitzung des Ballhauses, in welcher die Deputirten

---

*) Siehe Fr. Arago, Biographie de Bailly, Paris 1852, 4°. — Nouvelle Biographie générale, redigirt von Dr. Höfer, dritter Band.

schworen, daß sie sich nicht eher trennen wollten, als bis sie Frankreich eine Konstitution gegeben hätten. Als der Zeremonien-Meister im Namen des Königs den Deputirten des dritten Standes befahl, den Saal zu verlassen, antwortete ihm Bailly mit Würde: „Die versammelte Nation hat keinen Befehl zu empfangen."

Nachdem am 14. Juli in Paris die Bastille gefallen war, sandte die Versailler National-Versammlung eine Deputation, bestehend aus Lally-Tollendal, Bailly und Lafayette, denen sich gegen hundert andere Deputirte anschlossen, nach der siegreichen Hauptstadt. Die Deputation kam am 14. Juli nach dem Pariser Stadthause, und hier wurde den folgenden Tag von dem Wähler-Komitee, das sich kraft der soeben vollzogenen Revolution als Munizipalität installirt hatte, Bailly mit Akklamation zum Maire von Paris und Lafayette zum Kommandanten der Pariser Nationalgarde ernannt. Letztere war 40,000 Mann stark und bestand fast durchgängig aus Bourgeois-Elementen, nämlich aus den Wahlberechtigten. Die wenigen volksthümlichen Elemente, welche sich beim Aufstande des vierzehnten Juli in dieselbe eingeschlichen hatten, wurden in der Folge auszumerzen gesucht. Nur der im Faubourg St. Antoine etablirte Bierbrauer Anton Santerre, der von seinem Distrikte am Tage des Bastille-Sturmes zum Bataillons-Chef ernannt worden war, mochte in seinem Battaillon viele kleine Handwerker und sonstige volksthümlich geartete Elemente fortbehalten. Die eigentlichen Arbeiter waren nicht bloß mit ihrem Lebensunterhalt zu sehr auf unausgesetzte Arbeit angewiesen, als daß sie hätten an der National-Garde theilnehmen können, sondern die Wahlberechtigten befürchteten auch, daß die Besitzlosen von ihren Waffen, wenn sie solche erhielten, einen für die Bourgeoisie nachtheiligen Gebrauch machen würden. Die Arbeiter wurden, wie aus den Schriften Mirabeau's, Condorcet's und Anderer zu ersehen ist, als eine „feile, durch vierzehnhundertjährige Knechtschaft verthierte Menge" angesehen. Nachdem schon im April, während die Besitzenden im Erzbisthum wegen der Wahlen eine Urwählerversammlung abhielten, das gemeine Volk der Vorstädte St. Antoine und St. Marceau, aufgestachelt vom Abt Roy, der sich wegen der Fälschung eines Wechsels von 11,000 Franken bedroht sah, das Haus des verhaßten Fabrikanten Reveillon unter dem Rufe: „Rache und Brot" angegriffen und geplündert hatte, waren während des letzten Aufstandes auch von Arbeitern die Häuser der Zollinie in Brand gesteckt und — wie es hieß — geplündert worden.*)

Inzwischen besann sich der König Ludwig, daß er einstweilen, bis sich eine bessere Gelegenheit zur Geltendmachung seiner bisher unbeschränkten Macht darbieten würde, den gütigen Landesvater spielen und demzufolge sich scheinbar mit den Parisern aussöhnen müßte.

Ludwig XVI. war von keiner schönen Gestalt und keinem schönen Geiste. Doch besaß er eine große Körperkraft; auch war er, gleich seinem

---

*) Santerre spricht ausdrücklich in seinen hinterlassenen Aufzeichnungen von begangener Plünderung, wogegen Marat in Nummer 149 seines Ami du peuple die Plünderung nachdrucksvoll in Abrede stellt.

Vorfahr Ludwig XIV., ein schauderhafter Vielfraß. In Gesellschaft
benahm er sich eckig und tölpisch. Sein Haar war, obschon dasselbe
aufs Sorgfältigste jeden Tag frisirt wurde, immer verruschelt.
Im religiösen Aberglauben war er völlig befangen und quickte, wenn
er in der Kapelle dem Gottesdienste beiwohnte, so falsche, schrille Töne
inbrünstiger Andacht, daß seine Höflinge über ihn lachten.*) Ueber
den Ruhm wissenschaftlicher Männer ärgerte er sich. Daher erlaubte er
der Königin nicht, den 1778 nach Paris gekommenen Voltaire durch
einen Besuch auszuzeichnen. Als er erfuhr, daß die Gräfin Diane von
Polignac dem Amerikaner Franklin, welcher 1777 mit der französischen
Regierung einen Handelsvertrag und einen geheimen Allianz-Vertrag als
Gesandter der aufständischen nordamerikanischen Kolonien abschloß und
einige Jahre in Frankreich blieb, Bewunderung zollte, ließ er ihr, wie
Madame Campagnan, die erste Kammerfrau der Königin, erzählt, einen
aus Sèvres-Porzellan gefertigten Nachttopf, worin ein Medaillon mit
dem Bilde Franklin's stak, zustellen. Hieraus läßt sich zugleich ein
Schluß auf die feinen Manieren und den guten Geschmack des von den
deutschen Professoren zärtlich bedauerten und gewohnheitsmäßig gelob=
hudelten französischen Kronenträgers ziehen. Da er eine Vorliebe für
die Schlosserei hegte, hatte er in seinem Schlosse eine Schlosserwerkstätte
errichtet und arbeitete in derselben mit einem Schlosser, Namens Gamin,
mit welchem er auf ziemlich kollegialischem Fuße stand. Man sah ihn
nicht bloß Amboße und Hämmer in den Schloßgemächern herumtragen,
sondern seine schwarzen Hände verriethen auch, daß er sich viel besser
zu einem Schlosser, als zum Könige Frankreichs eignete. Aber vielleicht
hätte er auch einen guten Hegereiter abgegeben. Denn es verging selten
ein Tag, an welchem er nicht dem Jagdvergnügen oblag. Nachdem
er sich beim Mittagsessen mit Speise und Trank vollgepfropft hatte, ließ
er sich auf die Jagd fahren. Wenn er dann ausstieg und schlaftrunken
taumelte, meinten seine Bedienten, er hätte bei Tisch zu viel Wein
geschlemmt.

Als es sich im Staatsrath darum gehandelt hatte, in welche Stadt
die Generalstände des Reiches einberufen werden sollten, waren mehrere
Vorschläge gemacht worden, die zum Zweck hatten, die Sitzungen der=
selben der gefährlichen Nachbarschaft der Hauptstadt zu entrücken. Die
Minister hatten nach einander Tours, Blois, Orleans und Cambrai
vorgeschlagen. Ludwig hatte diese Vorschläge angehört, ohne ein Wort
zu sagen, weßhalb man annehmen mußte, daß sie ihm nicht gefielen.
Hierauf schlug St. Priest als Sitz der Reichsstände St. Germain vor.
Da sagte der König: Es kann nur in Versailles sein **und zwar
wegen der Jagden!"**

Die Generalstände wurden am 5. Mai zu Versailles mit einer
kirchlichen Posse eröffnet. Man zog in komödienhafter Prozession aus
der Kirche Notre-Dame nach der Kirche Saint-Louis. Vorn marschirte
die Geistlichkeit in ihrem mittelalterlichen Wichs, dann folgte der karne=
val=artig aufgeputzte Adel und hinterdrein kam in schwarzen Mäntelchen

---

*) Am. Rende, Louis XVI et sa cour. Paris 1858, 8°.

und Mousseline-Kravatten der Vertretungskörper der Kommunen. An der Spitze dieses tollen Aufzugs aber tappte der König nebst Gemahlin und nebst dem Kronprinzen, dem späteren Schusterlehrlinge. Eine Menge Maulaffen aus allen Theilen des Reiches waren erschienen, um an der Feierlichkeit Auge und Herz zu weiden. Als Ludwig XVI. unter diesen Maul und Nase aufsperrenden Gaffern auch seinen Aufseher der Windhündinnen erblickte, gerieth er in große Wuth; denn er dachte, daß die Jagdhunde mittlerweile nicht ordentlich gepflegt würden. Er hielt also den feierlichen Umzug auf, fuhr den Hunde-Inspektor an, was er denn hier zu thun hätte, und befahl ihm, sofort nach den Hundehütten zurückzukehren. Offenbar war die königliche Majestät so übel gelaunt, weil sie an diesem Tage nicht in den Wäldern herumstreichen und das Blut der Thiere vergießen konnte.

Der König tödtete im Jahre 8 — 10,000 Stück Wildpret und führte darüber genau Buch, indem er die Jagdbeute jeden Monat zusammenrechnete und am Schluß des Jahres das Ergebniß der zwölf Monate addirte. Diese Rechnung machte er in seinem Tagebuche. Wenn er einen Tag nicht auf die Jagd gehen konnte, schrieb er einfach das Wort: „Nichts". So schrieb er in sein Tagebuch auch ein: „Sonnabend, den 11. Juli, Nichts. Abreise des Herrn Necker. — Dinstag, den 14. Juli, Nichts." — Den letzteren Tag hatte ihm der Bastille-Sturm die Jagd verleidet.

Ueber diesen dummen Menschen machte man sich bei der Königin lustig, indem man ihren Herrn Gemahl ihren „Vulkan" nannte, wodurch sie zur Venus wurde. Sie war in der That von seltener Schönheit trotz der den habsburgischen Ursprung anzeigenden aufgeworfenen Lippe; indeß war sie eine leichtfertige, schnippische, spöttische, mitunter sogar etwas lüderliche Venus. Als der spätere Schusterlehrling getauft wurde, stand der Graf von Provence, der spätere Ludwig XVIII., bei ihr zu Gevatter. Dieser sagte zum taufenden Priester: „Herr Pfarrer, Sie haben eine übliche Formel vergessen; denn Sie haben nicht gefragt: wer der Vater und die Mutter des Kindes sind."

Marie Antoinette wurde nicht besser von ihrem Bruder, dem Kaiser Joseph II., beurtheilt. Als derselbe 1777 sich mehrere Monate in Paris aufhielt, machte er zu einem dortigen Schauspieler die Bemerkung: „Vous avez une reine bien étourdie" (Sie haben eine recht unbesonnene Königin).*)

Marie Antoinette hatte zwar keine ausgezeichnete Erziehung genossen, war aber ihrem Vulkan, den sie durch Schmollen oder auch durch ihr gutes Mundwerk unter dem Pantoffel hielt, weit überlegen. Einstmals entschuldigte sich Ludwig XVI., weil er sich von seiner Gattin hatte übertölpeln lassen, beim Minister Maurepas mit den Worten: „Ihr Verstand hat ein solches Uebergewicht über den meinigen, daß ich mich ihrer nicht habe erwehren können."**)

Marie Antoinette hatte also die Hosen an, und die Franzosen

---

*) Renée, Louis XVI. et sa cour, zweite Auflage, Seite 139.
**) Ebendaselbst, Seite 252.

wurden in Wahrheit durch eine launische, leichtfertige Frau regiert. Obendrein besaß sie aristokratischen Dünkel und flößte in der revolutionären Krisis ihrem Vulkan fortwährend Widerstandsgelüste ein. Jedenfalls hatte sie ihn auch zu dem verunglückten Staatsstreiche vom 14. Juli beredet. In einem vom 20. Juni datirten, fehlerhaft geschriebenen Briefe dieser Venus kommt die charakteristische Stelle vor: „Si on soutenait le tiers, la noblesse est écrasée à jamais, mais le royaume sera tranquille; si le contraire arrive, on ne peut calculer les maux dont nous sommes menacés (Würde man den dritten Stand unterstützen, so wäre der Adel auf immer vernichtet, aber das Königreich würde ruhig sein; wenn das Gegentheil geschieht, lassen sich die Uebel, womit wir bedroht sind, gar nicht berechnen)."

Wir haben diese kurze Charakteristik des Königs und der Königin geben zu müssen geglaubt, damit die deutschen sentimentalen Leser in ihrer gemüthvollen Schwärmerei für Alles, was nach einem Königskittel aussieht, nicht etwa die Hinwegräumung des gekrönten Vulkans und seiner den Fortbestand des Adels dem Glücke des Landes vorziehenden Venus noch gar bedauern.

Jedoch ging die Hinwegräumung nicht rasch vor sich; denn die revolutionäre Kommune, welche dieselbe zu vollziehen hatte, war erst in ihren entfernten, schwachen Anfängen vorhanden. Selbst die Pariser waren unter der Monarchie so verkommen, daß sie sich immer wieder unters königliche Joch fügten.

Voll Unmuth schrieb Marat: „Paris ist das Sumpfloch aller Laster, und dennoch beanspruchen seine Einwohner frei zu sein. Ach nein, damit dürfen sie sich nicht schmeicheln! Um frei zu sein, braucht's Aufklärung, Muth, Tugenden. Unwissende, frivole, feige, kriechende Menschen, welche der Verschwendung, der Verweichlichung, dem Vergnügen, dem Spiele, der geschlechtlichen Ausschweifung hingegeben sind und deren Führer ein verrottetes Herz haben, sind trotz ihres dummen Brüstens dazu bestimmt, Sklaven zu sein."

Als Ludwig XVI. am 17. Juli in Paris erschien, hatte seine Kutsche vom Platze Ludwig's XV. bis zum Stadthause durch die in Reihe und Glied aufgestellte Nationalgarde zu passiren. Die National-Gardisten, bewehrt mit Flinten, Piken, Lanzen, Sensen und Stöcken, schienen anfangs noch mürrisch und ließen nur den Ruf: „Es lebe die Nation!" hören; als aber der König aus der Kutsche stieg und von dem neuen Maire die blau=roth=weiße National=Kokarde, das neuerfundene Farbenspielzeug der National=Garde, empfing, da waren sie vom Schauspiel gerührt und schrien mit alter Dummheit: „Es lebe der König!"

Der neue Maire paßte zu seinem neuen Amt; denn er wußte dem Volke den Sand monarchistischer Schönrednerei in die Augen zu werfen. In der Ansprache, die er an Ludwig hielt, sagte er: „Heinrich der Vierte hatte sein Volk erobert; hier hat das Volk seinen König zurückerobert."

Der König nahm sich heraus, den durch einen Aufstand, also nicht durch königliche Gnade geschaffenen Pariser Maire, sowie den Komman=

bauten der Nationalgarde zu bestätigen. Bailly sagt über den Versöhnungsrausch der Pariser in seinen Memoiren: „Das war damals die gute Zeit; es gab keine anderen Aristokraten als die alten Minister und die Höflinge; es gab nur zwei Parteien, die Nation und den Hof."

Indeß hatte im Grunde doch bloß das bei den Wahlen der Generalstände eingesetzte Komitee die Munizipal-Gewalt an sich gerissen und Bailly eingesetzt. Die Distrikte waren hiermit unzufrieden und stürzten dieses Komitee am 25. Juli. Die Wähler nahmen somit die Gewalt an sich zurück. Einhundertundachtzig von den 60 Distrikten gewählte Repräsentanten waren einstweilen die Gesetzgeber der Kommune und arbeiteten unabhängig vom Maire an einem Organisations-Plan für die Stadt.

Aber „die in den Distrikten herrschende Mißhelligkeit, der Widerspruch ihrer Prinzipien", bemerkt Loustalot in seinem Journal de Prudhomme, Révolutions de Paris, vom 13. August 1789, „boten das Bild einer schauderhaften Anarchie; man hatte die Komitees vervielfältigt, um die Autorität zu theilen ohne sie zu verlieren; die Liebe zur Macht hatte die Liebe des Vaterlandes verdrängt."

Um aus diesem unerträglichen Wirrwarr herauszukommen, ernannten die Wähler der Distrikte in der zweiten Hälfte des August eine General-Versammlung von dreihundert Mitgliedern, wovon sechszig den Stadtrath bildeten und die Verwaltung zu führen hatten. Auch der Maire Bailly wurde einer Wahl unterworfen und auf zwei Jahre gewählt. Der König drängte sich wieder herbei, um das Bestätigungsrecht auszuüben, und der mit ihm bald unter der Decke spielende Bailly leistete ihm folgenden Eid: „Sire, ich schwöre zu Gott in die Hände Eurer Majestät, daß ich Ihre legitime Autorität respektirt machen, die heiligen Rechte der Pariser Kommune erhalten und Allen Gerechtigkeit beweisen will." — Alsdann überreichte Bailly dem Könige ein Bouquet. Auf dem Flor, womit dasselbe umhüllt war, stand in Goldschrift zu lesen: „Huldigung für Ludwig XVI., den besten der Könige."

In Paris gab es damals noch keine republikanische Partei. Selbst der im Beginne der Revolution kranke Marat, welcher von 1779 bis 1787 Militärarzt beim Regimente des Grafen von Artois, eines Bruders des Königs, gewesen war, schrieb in seiner fünf Reden enthaltenden Offrande à la patrie (Opfergabe fürs Vaterland) so königsfreundlich, daß er des Royalismus verdächtigt wurde. Die Republikaner wurden erst nach und nach durch die Staatsstreichsputsche und die übrigen königlichen Umtriebe geschaffen. Indeß erzeugten schon Ende August die Diskussionen über das königliche Veto Unruhen im Palais Royal, gegen welche der Maire von Paris und der ihm untergebene Kommandant der Nationalgarde einschritten. Das Volk riß die Eisenstäbe aus den Gittern der Palast-Umzäunung, um sich Piken anzufertigen. Santerre war es, der zuerst dagegen einschritt und die Kommune darauf aufmerksam machte, daß man hinter diesen Gittern Kanonen gegen das Volk aufpflanzen müßte. Dieser Rath wurde denn auch befolgt: die Eisengitter blieben und die Kanonen erschienen. Santerre hat dem

Volke schuld gegeben, daß es die königliche Bibliothek habe verbrennen wollen. Die National-Garde war jetzt uniformirt und fand sich, da sie aus fast lauter Bourgeois bestand, bei Volksunruhen meist bereit, gegen dieselben einzuschreiten.

Zu diesen Unruhen trug besonders die Hungersnoth bei und an ihnen betheiligten sich vorzüglich die Arbeiter. Letztere beschäftigten sich bereits lebhaft mit den Tagesfragen. So hatten z. B. die Schneidergehülfen einen ständigen Klub in der Colonnade, die Perrückenmacher versammelten sich in den Elyseischen Gefilden und die Bedienten tagten im Louvre. Namentlich traten aber auch schon die Frauen in der Revolution auf, was das sicherste Zeichen war, daß dieselbe alle Schichten der Gesellschaft ergriffen hatte. Schon im Mai bei den Wahlen der Generalstände waren zwei Deputationen Arbeiterinnen in der Wahlversammlung des dritten Standes erschienen. Die eine kam im Namen der Fischhändlerinnen, die andere im Namen der Obst- und Orangen-Händlerinnen und der sonstigen Damen der Halle, um den Deputirten die Sorge für das Wohl des Pariser Volks anzuempfehlen. Selbst in der Aristokratie gab es Damen, die durch die Lektüre von Rousseau's „Emil" revolutionäre Gesinnungen angenommen hatten. Auch am Sturme der Bastille hatten die Frauen hervorragenden Antheil genommen: ja, eine Frau, Madame Legros, war es gewesen, die mit ihren Händen den ersten Stein aus der Festung herausgerissen hatte.

Eine Hauptführerin der Frauen war Theroigne de Mericourt aus Marcourt im Luxemburgischen. Selbige wird uns als so züchtig geschildert, daß es heißt, sie sei schon erröthet, wenn nur eine ganz entfernt zweideutige Bemerkung gemacht worden sei. Sie bezog 12,000 Francs jährliche Einkünfte, besaß eine Bibliothek von dreitausend Bänden und war trotz ihrer aufgeworfenen Nase von großer Schönheit. Diese von den reaktionären Geschichtschreibern verlästerte Dame, die in der Folge wegen ihres Abfalls von der revolutionären Sache durch Frauenhand so arg gezüchtigt wurde, daß ihr Geist bis zu ihrem Tode im Jahre 1817 umnachtet blieb, war malerisch gekleidet, sie trug in den Tagen des Aufstandes einen Federbusch und führte Pistolen im Gürtel.

Unter den Frauen gab es eine Partei, welche die Gleichstellung mit den Männern forderte. In der Schrift: „Gesuch der Frauen um Zulassung zu den Generalständen", kommen die Stellen vor: „Wir würden nicht fertig werden, wollten wir alle Anstellungen, für welche wir uns eignen, und von denen uns die Männer aus Eifersucht stets ausgeschlossen haben, hier aufzählen. Die Frauen sind, wie ihr wißt, die ersten Urheber der Gesellschaft; sie sind es, die euch den Reiz der Verwandtschaftsbande gelehrt, euch die Macht der Liebe offenbart haben. Ihr lebtet vorher isolirt in den Wäldern als Feinde von einander, ihr wart aufs Geradewohl auf die Erde geworfene, thönerne Bildsäulen; da kamen wir und belebten euch. Was ist der Lohn für so viele Wohlthaten gewesen? Der schwärzeste Undank!" — In der Schrift: „Vorstellungen, Klagen und Beschwerden der französischen Damen, von M. L. P. P. D. St. L.", heißt es drohend: „Nehmt euch in Acht, ihr Herren, daß wir nicht den Vorrang fordern, vielleicht wären wir hierzu berechtigt. Aber doch mindestens die Gleichheit!" — Im „Gesuch der französischen Damen an die National-Versammlung", gedruckt nach der Nacht des 4. August, nach der Abschaffung der Vorrechte des Adels, ward den Gesetzgebern zugerufen: „Ihr habt soeben die Privilegien abgeschafft; schafft doch nun auch die Vorrechte des männlichen Geschlechts ab!" — Von solchen über die Emanzipation der Frauen handelnden Schriften ist eine ganze Literatur vorhanden, auf die wir hier nur im Vorbeigehen hinweisen können. Auch die Frage der Prostitution wurde lebhaft erörtert.

Der Hof suchte sich die in Paris vorhandene Agitation zu Nutze zu machen. Es wurden wieder Truppen in Versailles zusammengezogen und nochmals ein Staatsstreich geplant. Der König sollte zu seinem treuen Heer nach Metz entführt und von dort aus mit Waffengewalt der alte Absolutismus hergestellt werden. Am 1. und 3. Oktober feierten die Offiziere in Versailles lärmende Bankette, an denen sich die königliche Familie betheiligte und bei denen die Nationalkokarde von adeligen Kriegern mit Füßen getreten worden sein soll. In Paris selbst zeigten sich martialische Gestalten mit schwarzer Kokarde.

Angesichts dieses reaktionären Treibens lenkte sich die Hoffnung der Deputirten des dritten Standes wieder auf Paris. Sie schickten eine Deputation an den König, indem sie ihn ersuchten, das vom Hunger heimgesuchte Paris mit Lebensmitteln zu versorgen. Sie gewannen immermehr die Ueberzeugung, daß sie sich auf das revolutionäre Volk von Paris stützen müßten und daß es das Beste wäre, wenn der König genöthigt würde, mit der National-Versammlung nach der Hauptstadt überzusiedeln. Die Pariser Frauen kamen ihnen hierbei zu Hülfe.

Als am 5. Oktober in Paris das Mehl zum Brotbacken fehlte, holte ein junges Mädchen aus einem Wachtposten eine Trommel und schlug durch die Straßen Alarm, indem sie dabei rief: „Brot, Brot!" Da stiegen die Frauen des Volkes in die Straßen nieder, sie folgten der Trommel und ihr unausgesetzt anwachsender Zug bewegte sich nach dem Stadthause. Sie forcirten hier die berittene Wache, schlugen die Thüren ein und drangen in das Innere. Sie forderten von der Munizipalität Brot und Waffen. Weit davon entfernt, sich besänftigen zu lassen, nahmen sie die im Stadthause vorhandenen Waffen weg, läuteten die Sturmglocke und beschlossen, nach Versailles zu ziehen. Sie wollten den König und die National-Versammlung nach Paris holen, damit sie eine Bürgschaft hätten, daß Paris nicht ausgehungert würde. Der König sollte ihnen persönlich für Proviant haften, gleichsam als Geisel dienen. An ihre Spitze stellte sich Maillard, einer der Bastille-Stürmer. Nach mehrstündigen Verhandlungen brach das Frauenheer auf. Die Männer des Volkes und die französische Garde folgten ihnen. Ebenso verlangte die Nationalgarde stürmisch von ihrem Kommandanten, den Frauen nachgeführt zu werden; denn sie wollte dieselben nicht allein lassen. Sieben Stunden lang widerstand der General Lafayette diesem Verlangen. Als aber endlich Abends 7 Uhr die National-Garde sich anschickte, ohne ihren Befehlshaber zu marschiren, da hielt er für gerathen, einzuwilligen und den Befehl zum Aufbruch zu geben.

Es ist hier am Orte zu bemerken, daß bei den Volksaufständen der großen französischen Revolution, wenn man vom ausnahmsweisen Barrikadenversuche des 14. Juli absieht, in Paris keine Barrikaden errichtet zu werden pflegten. Das Volk warf keine Brustwehr auf, um sich dahinter zu schützen; denn es verfuhr gegen seine Feinde nicht vertheidigungs-, sondern angriffsweise. Diese Thatsache bekundet den unbezwinglichen Heldenmuth und die große Zahl der Pariser Revolutionäre und widerlegt an sich allein die heimtückischen Verleumdungen der deutschen reaktionären Professoren, welche nach Art des Jenenser Professors Adolf Schmidt die Revolutionäre als feig und als wenig zahlreich hinzustellen beflissen gewesen sind. Wenn ein Volk durch revolutionäre Ideen geschwängert und somit zum Angriffe gegen seine Unterdrücker entschlossen ist, dann sind ihm die Barrikaden unnütz, hinderlich und ein Zeichen der Schwäche.

Das Pariser Frauenheer kam gegen Abend ganz unerwartet in Versailles an, denn es hatte die Vorsicht gebraucht, unterwegs alle Kouriere abzufangen. Die Pariser National-Garde traf in Versailles erst Nachts 1 Uhr ein. Wir übergehen alle Einzelnheiten und führen um der Kürze willen aus dem Tagebuche des in seinem Jagdvergnügen gestörten Ludwig's XVI. Folgendes an:

„Oktober 1789. Montag, den 5., am Thore von Châtillon geschossen, 84 Stück erlegt. Durch die Ereignisse unterbrochen. Hin und zurück geritten. — Dinstag, den 6., Abreise nach Paris, Mittags ½1 Uhr. Besuch im Stadthause. In den Tuilerien soupirt und geschlafen."

Also war der zweite beabsichtigte Staatsstreich wieder verunglückt. Die Revolution hatte nicht gewartet, bis Ludwig sie mit seinem Heere angriff, sondern sie war zu ihm nach Versailles in sein Schloß gekommen und hatte ihn mit sich nach Paris in ihre Hauptstadt geführt. Von da an war er ihr Geisel, ihr Gefangener. Die National-Versammlung siedelte ebenfalls nach Paris über; denn ohne Paris wären sie von Vornherein verloren gewesen. Eine beträchtliche Anzahl ihrer Mitglieder, die sich vor dem revolutionären Geiste der Hauptstadt scheute, getraute sich Paris nicht zu betreten und schied aus. Auf diese Weise wurde zum Glück für die Revolution das förderalistische Element der Versammlung abgeschwächt. Der erste Hauptschlag der Revolution war der Bastille-Sturm gewesen, der zweite, ausgeführt von den Pariser Frauen, gewann seine Hauptbedeutung dadurch, daß in der Folge König und konstituirende Versammlung unter die Leitung der Hauptstadt genommen wurden und daß die Revolution von nun an ihre Akte hierdurch legalisiren und sie zu Gesetzen für ganz Frankreich erheben konnte. Die Frauen hatten dieß allerdings nicht bezweckt; sie waren nur die vom Hunger getriebenen unbewußten Werkzeuge der sich mit eherner Nothwendigkeit vollziehenden Geschichte gewesen. Als Ludwig in Paris ankam, hielt der Maire Bailly bei der Versailler Linie an ihn eine lange Willkomm-Rede, worauf der König antwortete: „Mein Herr! Ich befinde mich immer mit Vergnügen und Vertrauen inmitten der Einwohnerschaft meiner guten Stadt Paris." — Am 19. Oktober begrüßte der Maire im Namen der Kommune auch die ihre erste Sitzung in Paris abhaltende konstituirende National-Versammlung.

Unter dem Einflusse der Pariser Strömung wurde nach dem Plane Sieyes' Frankreich neu organisirt. Die von der Konstituante am 22. Dezember 1789 beschlossene neue Eintheilung des Reiches beseitigte die alte Provinzial-Eintheilung und zerlegte das Land in 84 Departements. Jedes Departement wurde in Distrikte, jeder Distrikt in Kantone eingetheilt. Die Kantone gehörten nicht zum eigentlichen Staatsorganismus, sondern waren nur um der Wahlen willen eingeführt; sie bestanden aus fünf bis sechs Kirchspielen, und jeder fünfundzwanzigjährige Franzose, der eine Steuer entrichtete, die dem Tagelohne von drei Arbeitstagen gleichkam, war Wahlmann. Die Wahlen waren doppelgradig, also indirekt. Die unterste, kleinste Einheit im Staatsorganismus war die Kommune, die höchste und größte das Reich, und als Zwischenstufen zwischen den Kommunen und dem Reiche dienten die Departements. Die neue Eintheilung des Staats stützte sich also auf die einfachsten Eigenthums-Organismen, auf die Kommunen. Die Kommune von Paris wurde durch diese Eintheilung dem Departement der Seine unterstellt. Die Verwaltung der Kommune wurde einem Generalrath und einer Munizipalität übertragen, deren Mitglieder direkt vom wahlberechtigten Theile der Bevölkerung mit Stimmenmehrheit gewählt wurden. Indeß glaubte die Konstituante mit Paris eine Ausnahme machen zu müssen und stellte der Pariser Kommune eine besondere Organisation in Aussicht.

Wenn die Pariser Frauen erwartet hatten, durch die Uebersiedelung des Königs und der Konstituante billigere Lebensmittelpreise zu erhalten, hatten sie sich geirrt. Die Theurung dauerte fort. Die Grundeigenthümer, darauf bedacht, die höchsten Preise zu erzielen, hüteten sich, das aufgespeicherte Getreide ohne Weiteres auf den Markt zu bringen, und die mit dem Ministerium Necker unter einer Decke spielenden Lieferanten für Paris erzielten große Profite. Das Elend des Pariser Volks war so gräßlich, daß der reiche Brauer Santerre, wie er in seinen hinterlassenen Papieren berichtet, während des Winters 1789—1790 allein für 150,000 Francs Nahrungsmittel an das Volk in seiner Vorstadt St. Antoine vertheilte. Es ist sehr begreiflich, wenn das Pariser Volk nicht fromm die Hände faltete und in gottseliger Ergebenheit verhungerte, sondern sogenannte Exzesse beging, wobei freilich auch mancher Unschuldige zu leiden hatte.

Die Rechts-Theorie der Revolution bestand in der Natur-Religion oder Natur-Philosophie des vorigen Jahrhunderts. Sie setzte voraus, daß der Mensch ursprünglich gleich den andern Thieren wild in den Wäldern gelebt habe und daß er aus diesem Naturzustande nur herausgegangen sei, indem er mit seines Gleichen zur Verbesserung seiner prekären Lage einen Gesellschaftsvertrag abgeschlossen habe. Alle Menschen seien als Gleiche in das Zivilisations-Leben der Gesellschaft eingetreten. Nach der Ansicht der einen Revolutionäre war der einmal abgeschlossene Vertrag für alle Zeiten bindend, während die andern behaupteten, jeder Einzelne könne, wenn ihn die Gesellschaft benachtheilige, in den Naturzustand zurückkehren und das ursprünglich besessene Naturrecht für sich geltend machen. Aus dieser Theorie ergaben sich die Menschenrechte, jene unveräußerlichen, von der Natur herrührenden Rechte, die jedes Menschenkind bei der Geburt mit auf die Welt bringe. Auf den Menschenrechten aber war wiederum die Theorie von der Souveränität, von der Freiheit und Gleichheit des Volks, aufgeführt. Hieraus wird ersichtlich, daß die Revolution kein mit klarem Bewußtsein sich vollziehender Klassenkampf war und daß das ihr zum Evangelium dienende mystische Naturrecht eine Menge Auslegungen hervorbringen, verschiedene Richtungen erzeugen und eine lange Reihe von Entwickelungs=Phasen zur Folge haben mußte.

Die meisten Revolutionäre erkannten das Recht auf Existenz und das Recht auf Arbeit als Menschenrechte an. Sie erklärten es als Pflicht der Reichen, des Staates und der Kommunen, die armen Mitbürger zu unterstützen. Das Recht zu arbeiten, „das Eigenthum jedes Menschen", hatte schon der Minister Turgot vor der Revolution in dem Edikte, wodurch er die Zünfte aufhob, das „erste, heiligste und unvorschreiblichste unter allen Rechten" genannt. Der Deputirte Malonet schilderte der National=Versammlung am 3. August die Noth des arbeitenden Volks und forderte sie auf, überall Unterstützungs= und Arbeits=Bureaux zu organisiren, fand aber wenig Anklang. Marat sagte in seinem Konstitutions=Entwurfe geradezu: „Der ehrbare citoyen, welchen die Gesellschaft seinem Elende und seiner Verzweiflung überläßt, kehrt in den Naturzustand zurück und hat das Recht, mit gewaffneter Hand sich Vortheile zu verschaffen, deren er sich nur hat entäußern können, um noch größere zu erlangen; jede Behörde, die sich ihm widersetzt, ist tyrannisch, und der ihn zum Tode verurtheilende Richter ist ein feiger Meuchelmörder."*) Ja Marat, der sich besonders des nothleidenden Volks annahm, behauptete sogar, daß ein solcher dem Hungertode preisgegebener Mensch, um sich zu retten, seine Nebenmenschen wie ein wildes Thier in Stücke reißen und sie verzehren dürfte. Gleiche Ansichten hat Marat in seinem schon 1780 zu Neuchâtel erschienenen, damals auch ins Deutsche übersetzten Werke über die Kriminal=Gesetzgebung (Plan de législation criminelle) ausgesprochen. Für Marat ist das erste Menschenrecht das Recht auf Existenz.

In Paris waren zur Beschäftigung der Arbeitslosen öffentliche Erdarbeiten eröffnet worden; allein dieselben genügten der großen Menge der Nothleidenden nicht. Kein Wunder, wenn das durch den Hunger wüthend gemachte Volk hin und wieder einen „Wucherer" an einen Laternenpfahl aufhängte. Die Bourgeoisie mit ihrem vollen Magen war freilich über die zunehmende Verwilderung des Volks sittlich entrüstet und verlangte strenge Bestrafung der Exzesse. Als nun das Volk auch einen Pariser Bäcker, Namens François, erwürgt hatte, wurde am

---

*) La Constitution ou Projet de déclaration des droits de l'homme et du citoyen, suivi d'un plan de constitution juste, sage et libre. Par l'auteur de l'Offrande à la Patrie. Paris chez Buisson, 1789, 8°. (67 Seiten.)

21. Oktober der Belagerungszustand proklamirt und die Munizipalität ermächtigt, nach vorausgegangener vergeblicher Aufforderung gegen die Widerspänstigen von den Waffen Gebrauch zu machen. Am genannten Tage setzte die Kommune zugleich ein Untersuchungs-Komitee ein, welches Denunziationen entgegenzunehmen und die Unruhestifter zu verhaften hatte. Loustalot nennt in seinem Journal de Prudhomme dieses Komitee eine „bürgerliche Inquisition".

Marat aber schrieb in seinem Ami du peuple (Nr. 25): „Alle guten citoyens müssen sich bewaffnet versammeln und durch eine zahlreiche Abtheilung alles Pulver von Essonne abholen lassen. Jeder Distrikt muß seine Kanonen vom Stadthause zurückziehen. Die National-Miliz muß ihre Führer, wenn dieselben feindliche Befehle ertheilen, in Gewahrsam nehmen."

Wir wollen hier einige Stellen aus dem um die Mitte September 1789 zuerst erschienenen Ami du peuple über die Pariser Munizipalität wiedergeben. In Nr. 14 schreibt Marat: „Kaum ist ein einziges Komitee vorhanden, bei dem sich nicht irgend ein Pensionär des Fürsten befindet, nicht irgend ein Mitglied, welches von des Fürsten Freigebigkeit lebt, nicht irgend ein Aristokrat mit finsterm Plane, nicht irgend ein bestochener Agent. Ist es wohl glaublich, daß an der Spitze Aller ein mit Pensionen des Königs überhäufter Akademiker (Bailly) steht? . . . Sollen wir von den Plünderungen reden, deren Einige angeklagt werden, von dem übermäßigen Gehalte jener das Volk auffressenden und sein Elend vermehrenden Legion Beamten? . . . Dieses Polizei-Komitee, wo freche Aristokraten herrschen, welche sich zu Herren vom Schicksal der Gefangenen zu machen wagen! Dieses Lebensmittel-Komitee, welches zwei alte Wucherer im Solde der Regierung leiten; dieser undurchdringliche Schleier, welcher alle ihre Operationen verdeckt! Dieses ungeheure Korps besoldeter Miliz! Dieser Korpsgeist, den man der Bourgeois-Miliz einzuflößen sucht! Diese äußerste Sorgfalt, die Volksversammlungen als tumultnöse Zusammenrottungen zu verbieten!"

In Nummer 15 schreibt Marat: „Unverständiges Volk! Wirst du stets das Opfer deiner Verblendung sein? Oeffne endlich die Augen, lege deine Schläfrigkeit ab, reinige deine Komitees, erhalte die gesunden Mitglieder, fege die verdorbenen Mitglieder hinaus! . . . **In den Händen der Pariser Munizipalität liegt gegenwärtig die vollziehende Gewalt: folglich muß die Munizipalität umgeschaffen werden."**

Solche Angriffe gegen Beamte riefen nicht nur bei den Leuten mit unreinem Gewissen, sondern auch bei den Heuchlern des Anstandes und bei sentimental-sittlichen Tölpeln ein Geschrei des Unwillens hervor. In vielen Stellen seiner Publikationen setzte nun Marat aus einander, warum es erlaubt sein muß, in der Presse ungestraft über öffentliche Männer Alles — selbst irrthümlich Unwahres — zu sagen. So zum Beispiel heißt es in seinem Appel à la nation:

„Wir sind in politischen Dingen noch solche Neulinge, stecken noch so voll von dummen Vorurtheilen, daß wir den klar blickenden Männern die Mittel benehmen, uns am Untergange zu hindern. Sobald ein scharfsichtiger citoyen die Minister, welche dem Volke immer feindlich sind, denunzirt, klagen wir ihn, wofern er keine juristischen Beweise beibringt, der Verleumdung an: gleich als ob ein Landesverwalter seine Befehle zu Unterschlagungen, zu Amtsverbrechen, zu Verräthereien schriftlich gäbe, über die von ihm begangenen Attentate einen Schein ausstellte! Was mir auffällt, ist, daß die Maximen, welche ich gegen die öffentlichen Delinquenten (gegen die Beamten) angewandt sehen möchte, bei uns gegen die Privat-Delinquenten befolgt werden; denn, welches Verbrechen der Staatsanwalt einem citoyen auch schuld geben mag, trifft ihn (den Staatsanwalt) doch kein Vorwurf, sobald die Anklage nicht von Bosheit diktirt ist. Warum sollen wir denn nun Maximen, die zum Heil der Familien gutgeheißen werden, nicht auch zum Wohl des Staates gutheißen?" *)

Was Bailly selbst anbetraf, so sagte Marat in Nr. 21 seines Blattes: „Allerdings schätze ich in Herrn Bailly den ausgezeichneten Gelehrten und setze bei ihm alle häuslichen Tugenden voraus; allein mit Schmerz sehe ich ihn an der Spitze der Munizipalität. Er hat sein Leben mit dem Studium der exakten Wissenschaften zugebracht, er ist wenig bewandert in den öffentlichen Angelegenheiten und er hängt an der Regierung durch Wohlthaten, deren Aufgeben ihm die Delikatesse geboten hätte, sobald er sich dem Dienste des Vaterlandes zu widmen schien."

Wie sehr Marat damit Recht hatte, läßt sich schon aus der hündischen Schmeichelei ersehen, die Bailly sich zu Schulden kommen ließ, als er am 5. Februar 1790 den König wegen der Tags vorher in der National-Versammlung gehaltenen Rede beglückwünschte. Er sagte, daß der König „alle Titel der geliebten Monarchen in sich vereinte: Ludwig der Gerechte, Ludwig der Gütige, Ludwig der Weise und bald auch Ludwig der Große!"

Ueber die National-Gardisten (die Bourgeois-Miliz) fällt Marat folgendes Urtheil: „Euch hat der militärische Aufputz verführt; der Wunsch, euch durch eine Uniform auszuzeichnen, treibt euch dazu, in Masse euch einzuschreiben. Anstatt euch in der Handhabung der Waffen zu üben, um den Feind zurückweisen zu können, lernt ihr ihren Gebrauch nur aus Furcht, um nicht linkisch zu erscheinen. Ihr ergötzt euch

---

*) Ebenso schreibt Loustalot in den Révolutions de Paris, Nr. 14:

„Schwache Franzosen, enthusiastische Kinder, wann werdet ihr denn einsehen, daß es wesentlich für die Freiheit ist, über die öffentlichen Männer Alles, was man will, ungestraft zu schreiben? .... Für das Glück der Einzelnen, für die Aufrechterhaltung der Konstitution und der Freiheit ist unerbittlicher Krieg zwischen den Schriftstellern und den Agenten der vollziehenden Gewalt nothwendig. Sobald sich die gerichtliche Gewalt auf die Seite der vollziehenden Gewalt gegen die Presse stellt, ist das Gleichgewicht vernichtet (la balance est rompue) und das Volk Sklave. Die Minister und die Leute im Amte sind mit Recht der Verleumdung ausgesetzt. Dieses nothwendige Uebel wird hinlänglich aufgewogen durch den Genuß der Macht und der Größe. Die tugendhaften Männer, welche die öffentlichen Stellen verwalten, fürchten die Verleumdung nicht; dieselbe richtet bloß die Schurken zu Grunde. Diese Grundsätze scheinen Euch wohl sonderbar, ihr Franzosen? Wohlan denn, so seid Sklaven!"

an Paraden. Anstatt euch als eifrige Soldaten des Staates zu beweisen, beschränkt ihr eure Pflichten darauf, eure Uniform in den Gesellschaften zu zeigen, euch nach der Parade zu begeben, euch in den öffentlichen Gärten zu brüsten, über euch, wenn der Himmel heiter ist, Revüe abhalten zu lassen, mit fliegenden Fahnen beim Klange einer kriegerischen Musik durch die Straßen zu ziehen. Der Sonnenschein sieht euch um einen Spieltisch auf einem Wachtposten sitzen. Euch trennt der Neid. Noch der Geringste unter euch steckt, wenn er mit einer Uniform aufgestutzt ist, den kleinen Wichtigmacher heraus. Unlängst noch wart ihr citoyens; nunmehr seid ihr unter den Befehlen eines Chefs in lebendige Maschinen verwandelt, und bald vielleicht werdet ihr in blinde Unterdrückungswerkzeuge verkehrt sein." (Ami du peuple, Nr. 89.)

Der Kommandant der Pariser Nationalgarde, General Lafayette, war ein für das mit einem Ober- und Unterhause verbrämte konstitutionelle Königthum schwärmender, die Bourgeoisie gegen das recht- und besitzlose Volk schützender Adeliger, der sich durch Betheiligung am amerikanischen Unabhängigkeitskrieg, wenn man von einem den 11. September 1777 erhaltenen Streifschuß ins Bein absieht, wohlfeilen Ruhm erworben hatte. Er zog mit Bailly an derselben Leine und wurde von Marat der Herr Motier genannt.*) Anfangs wurde die Opposition Marat's wie harmlose und vorübergehende Neckerei von der Munizipalität aufgefaßt; allein da der Einfluß Marat's sich fühlbar machte und die Angriffe des „Volksfreundes" nicht nachließen, suchte man den kühnen Schriftsteller dadurch unschädlich zu machen, daß man ihn in das Staatsgefängniß Châtelet hinter Schloß und Riegel setzen wollte. Demgemäß sollte er am 22. Januar 1790 verhaftet werden. Lafayette ließ gegen ihn 4000 Mann der Nationalgarde aufmarschiren und diejenigen Straßen, welche nach der Wohnung Marat's führten, mit je zwei Kanonen besetzen. Die Munizipalität hatte den General Lafayette ermächtigt, zu diesem Unternehmen den folgsamsten Theil der Nationalgarde, nämlich die hauptsächlich aus Luxus-Händlern und Luxus-Arbeitern bestehenden Bataillone von St. Roch, St. Honoré und den Filles-St.-Thomas aufzubieten. Fast alle Offiziere der genannten Bataillone waren Gegner der Revolution.

Marat wohnte im Distrikte der Cordeliers. Dieser Distrikt hatte einige Zeit vorher auf den Vorschlag des daselbst den Vorsitz führenden Danton den Beschluß gefaßt, daß vier Kommissäre ernannt werden sollten, ohne deren Unterschrift kein Haftsbefehl vollstreckbar wäre. Der Distrikt St. Marguerite war diesem Beschlusse beigetreten. Die Opposition, welche die vier Kommissäre jetzt gegen die Verhaftung Marat's machten, gab diesem Zeit und Gelegenheit, unerkannt durch die Reihen

---

*) Der Kommandant der Pariser Nationalgarde, bereits 1781 zum Feldmarschall ernannt, hieß mit seinem vollen Namen Marie Jean Paul Roch Yves Gilbert Motier, Marquis von la Fayette. Er war den 6. September 1757 zu Chabagnac in Auvergne geboren, hatte sich als sechzehnjähriger Jüngling mit dem Fräulein von Noailles, der Tochter des Herzogs von Ayen, verheirathet und starb zu Paris den 19. Mai 1834.

der Nationalgarde zu entwischen. Er flüchtete nach London, von wo er erst am 18. Mai 1790 nach Paris zurückkehrte.

Mittlerweile suchte die Munizipalität mit den der Bourgeoisie zu weit gehenden Revolutionären aufzuräumen. Weil ihr aber die Gefängnisse in Paris nicht sicher genug zu sein schienen, ließ sie das Staatsgefängniß in dem benachbarten Vincennes, welches seit 1785 in eine Brotbäckerei verwandelt gewesen war, wieder herstellen. Dieses Gefängniß, worin die unterirdische Marterkammer aus der Zeit Ludwig's IX. noch vorhanden war, die den eisernen Menschenkäfigen von Plessis-les-Tours würdig zur Seite stand, wurde mit Recht vom Volke als ein Zwillingsbruder der Pariser Bastille angesehen. Die Bevölkerung des Faubourg St. Antoine rückte daher den 28. Februar Morgens in Masse nach Vincennes, um die neu erstehende Zwingburg zu zerstören. Die Munizipalität aber, schon Tags vorher durch Santerre von dem ihr feindlichen Vorhaben der Arbeitervorstadt in Kenntniß gesetzt, schickte Nachmittags Lafayette an der Spitze mehrerer Bataillone Nationalgarde nach Vincennes zum Schutze der Zwingburg. Vermittelst eines Kavallerie-Angriffs wurde die aufrührerische Volksmasse zerstreut und zur Verhaftung von 68 Personen geschritten. Ueber diese Arrestationen brachen selbst in den Reihen der Nationalgarde Aeußerungen des Unwillens aus. Santerre, der in dieser Sache eine etwas zweideutige Rolle gespielt zu haben scheint, wurde später in einem Tagesbefehle Lafayette's getadelt; denn er wurde vom Adjutanten Desmottes beschuldigt, daß er auf Desmottes, als dieser die Gefangenen eskotirte, die Gewehrläufe seines Bataillons habe anschlagen lassen. Dagegen war auch die Arbeiterbevölkerung über das Benehmen Santerre's so erbittert, daß sie am Thore St. Antoine einen Holzstoß aus Reisigbündeln errichtete, um ihn lebendig zu braten. Santerre, der ein guter Reiter war, erschien unter der aufgeregten Menge, als er von der ihm drohenden Gefahr hörte, hoch zu Roß und beschwichtigte sie durch den Honigseim seiner Worte. Indeß fürchtete er noch lange, daß Feuer an seine Wohnung gelegt würde, und traf deßhalb umfassende Vorkehrungen.

Die Munizipalität hatte ein Komitee niedergesetzt, welches einen Konstitutions-Plan für die Pariser Kommune ausarbeitete. Als dieser Plan fertig war, wurde er von der National-Versammlung verworfen. Hierauf gab im April 1790 die Munizipalität ihre Demission. Ein Dekret der National-Versammlung theilte nun Paris in 48 Sektionen und bestimmte, daß das Bureau der städtischen Verwaltung aus einem Maire und 16 Administratoren, der Munizipal-Rath aber aus 32 Mitgliedern bestehen sollte. Hierzu kamen noch für jede Sektion 2 Notable, zusammen 96 Personen, die zusammen mit dem Bureau und dem Munizipal-Rath die General-Versammlung der Pariser Kommune bildeten. Außerdem erhielt die Kommune einen General-Prokurator nebst zwei Substituten. Der Maire wurde von den Sektionen gewählt. Der Maire Bailly und der Nationalgarde-Kommandant Lafayette hatten sich bei der Bourgeoisie so beliebt gemacht, daß sie in ihren Stellen blieben.

Zweites Kapitel.

Die Pariser Munizipalität bis zum Rücktritt Bailly's und Lafayette's.

(Vom Mai 1790 bis zum November 1791.)

Nachdem wir im vorigen Kapitel der Pariser Kommune in ihren Konstituirungs-Versuchen bis zu ihrer definitiven Organisation gefolgt sind, müssen wir zuvörderst noch zeigen, welch' hervorragenden Antheil sie an der Schöpfung des revolutionären Papiergeldes hatte. In Folge der Verlegenheiten der Staatskasse, die für die Jahre 1789 und 1790 ein Defizit von 400 Millionen Francs zu decken hatte, schlug Talleyrand, der Bischof von Autun, der Geistlichkeit vor, ihre Güter, deren Werth mehrere Milliarden Francs betrug, an die Nation abzutreten. Diese der Geistlichkeit im Laufe der Zeit geschenkten Güter sollten, während der Staat die Verbindlichkeiten der Kirche und die Besoldung ihrer Diener übernahm, zur Deckung der Staatsschulden, zur Bestreitung der Staatsverwaltung und Bezahlung der Renten verwandt werden. Trotz des Sträubens der Geistlichkeit, deren hohe Würdenträger eine jährliche Einnahme von je $1/2 - 1$ Million Francs bezogen, wurde durch ein Dekret der National-Versammlung unterm 2. Dezember 1789 die Kirche expropriirt. Somit that jetzt die Revolution das Nämliche, was früher in protestantisch gewordenen Ländern die Reformation gethan hatte. Von nun an wurden die katholischen Geistlichen erbitterte Feinde der französischen Revolution. Weil sich aber die Güter der Kirche nicht schnell in baares Geld umsetzen ließen, verstand sich die Pariser Munizipalität gegen entsprechende, ihr durch die Kirchengüter gewährte Sicherheit zur Vorstreckung einer beträchtlichen Summe, welche freilich einstweilen auch nur in Munizipal-Billets bezahlt wurde. Andere Munizipalitäten folgten der Pariser nach. Hierdurch kam man auf den Gedanken, Staatskassen-Billets, die ihre Deckung in den eingezogenen Kirchengütern, resp. in den nunmehrigen Staats-Domänen, hatten, zu schaffen. So entstanden die Assignaten, welche zur Weiterentwickelung der Revolution mächtig beitrugen, indem sie den revolutionären Staat finanziell kräftigten und durch Emporschnellung der Lebensmittelpreise die große Masse des Volks in fortwährend unzufriedener Stimmung erhielten.

Durch billigen Kauf geistlicher Gründe oder auch durch Handel mit solchen National-Gütern bereicherten sich eine große Anzahl Leute und wurden nun interessirte Vertheidiger der Revolution. Die Emigration des der Revolution feindlichen Adels und dessen Umtriebe im Auslande führten nur zu bald auch zur Einziehung einer Menge adeligen Grundbesitzes, wodurch der Güterhandel und die rasche Bereicherung Einzelner bedeutend vermehrt wurde. Der Grund und Boden wurde hierdurch beweglich und der Bourgeoisie zugänglich, aber der neuen Rechtsgleichheit stellte sich nunmehr auch die wechselvolle faktische Ungleichheit des beweglichen Besitzes entgegen. Diejenigen, welche sich durch die Revolution materielle Vortheile erwarben, schlugen, nachdem sie ihr Schäfchen ins Trockne gebracht, bald aus ideellen Freiheitsschwärmern in interessirte Fanatiker für stabile Zustände um. So mußte mit der Zeit, nachdem auch der Krieg und die wiederholten Aufstände eine Menge Träger der revolutionären Ideen hinweggeschafft, die anfangs ungeheuer große Zahl der Revolutionäre sehr abnehmen und die durch die Guillotine geschröpfte, der Revolution müde gewordene Menge, die sich mit dem mystischen Naturrechte zu begnügen hatte, eine gewaltsame Reaktion über sich hereinbrechen sehen.

Aber so weit war es in der Periode, mit der wir uns jetzt beschäftigen, noch nicht gekommen. Denn die Revolution hatte noch lange nicht ihren Siedepunkt erreicht. Im Gegentheil feierte man die Erstürmung der Bastille, wodurch der königliche Absolutismus gebrochen worden war, durch ein allgemeines Verbrüderungsfest zu Paris auf dem Marsfelde. Zu diesem Föderationsfeste des 14. Juli 1790 wurden seitens der Pariser Kommune die großartigsten Vorbereitungen getroffen. Der Festplatz auf dem Marsfelde wurde für viermalhunderttausend Zuschauer eingerichtet. In der Mitte desselben erhob sich ein antiker Opferherd und um denselben ein weites Amphitheater, welches für das theatralische Auftreten des Königs, der National-Versammlung und der Pariser Munizipalität bestimmt war. Aus allen Departements Frankreichs erschienen Festgenossen, die der König sich vorstellen ließ.*) Der Festzug bestand aus den Pariser Wählern, aus den Vertretern der Pariser Kommune, aus den Pariser Distrikts-Präsidenten, aus der National-Versammlung, aus der Pariser National-Garde, aus den Vertretern der Armee und den Föderirten der Departements. Fliegende Fahnen, Militär-Musik, Kanonen-Donner und malerische Trachten erhöhten die Feier des patriotischen Lustspieles. Jean Baptist Clooz von Val-de-Grace, ein deutscher Baron, der Vertreter der Weltrepublik, figurirte dabei an der Spitze der in Paris lebenden, in allerlei Trachten gekleideten Fremden. Vierhundert katholische Priester in weißen Meßhemden, geschmückt mit blaurothweißen Umgürtungen standen, während die Messe gefeiert und durch den Autun'schen Bischof die Oriflamme, die Stan-

---

*) Mignet berichtet in seiner Revolutions-Geschichte irrthümlich, daß der Postmeister Drouet, der im folgenden Jahre die auf der Flucht befindliche königliche Familie arretiren ließ, bei dieser Gelegenheit den König habe kennen lernen. Dronet kannte den König nicht, wohl aber die Königin, die er gesehen hatte, als er unter den Dragonern gestanden hatte.

barte der alten französischen Könige, nebst den 83 Departements-Fahnen eingesegnet wurde, um die vier Ecken des Altars. Doch die Hauptrolle spielte der an diesem Tage zum General-Kommandanten der sämmtlichen Nationalgarden des Königreichs ernannte Lafayette. Unter dem Freudengeschrei der Zuschauer wurde er von zwei Grenadiren auf den „Altar des Vaterlandes" getragen und sprach von hier aus der anwesenden Menge folgenden konstitutionellen Eid vor, den dieselbe gedankenlos im tausendstimmigen Chorus nachplapperte: „Wir schwören auf Immer der Nation, dem Gesetze und dem Könige treu zu sein, mit aller unserer Macht die von der National-Versammlung beschlossene, vom Könige angenommene Verfassung aufrecht zu erhalten und mit allen Franzosen durch die unlösliche Bande der Brüderlichkeit vereint zu bleiben."

Diese Posse, um so größer, als die Konstitution, die man auf Immer beschwor, noch gar nicht fertig war, wurde mit Geschützsalven, Waffengeklirr, Trompetengeschmetter und dem tausendstimmigen Geschrei: „Es lebe die Nation! Es lebe der König!" geschlossen, worauf der Präsident der National-Versammlung den Eid leistete, und auch der König schwor, daß er „die von der National-Versammlung beschlossene und von ihm angenommene Verfassung mit aller ihm zu Gebote stehenden Macht aufrecht erhalten" werde. Zuletzt machte sich sogar noch die Habsburgerin Marie Antoinette bemerkbar. Sie hielt ihren Kronprinz vor dem Volke empor, indem sie rief: „Hier ist mein Sohn, er tritt gleich mir den nämlichen Gesinnungen bei!"

So führten die Franzosen eine konstitutionelle Einigungs-Hanswursterei auf, und die Belustigungen mit Sackhüpfen, Stangenklettern, Schifferstechen und Tänzen dauerten noch längere Zeit fort, bis ihnen der Katzenjammer ein Ende machte. Sogar auf den Trümmern der Bastille war an eine Thür angeschrieben: Ici l'on danse (Hier wird getanzt)! Während Lafayette im Genusse seiner Gloire schwelgte, ertönten aus den Reihen der Nationalgarde die Rufe: „Nieder mit Marat!"

Marat war in der That ein sehr ungemüthlicher Mensch. Warf ihm doch später auch Danton im Konvente vor, daß er ganz ungesellig (insociable) sei! Die National-Versammlung hatte am 10. Juni dem König eine Ziviliste von 25 Millionen Francs ($6^2/_3$ Millionen Thaler = 20 Millionen Mark) bewilligt, sodaß derselbe in dulci jubilo leben, die Deputirten und Schriftsteller bestechen und auch dem ausgewanderten Adel zu dessen revolutionsfeindlichem Treiben Geldunterstützungen schicken konnte. Gerade in dem Augenblicke, in welchem der König nebst Frau auf dem Marsfelde den konstitutionellen Eid schworen, trug sich die königliche Familie mit dem Gedanken an einen neuen Staatsstreich und beabsichtigte wiederum die Flucht zum Heere nach Metz.

Marat war bei seiner Rückkehr aus England von der Pariser Munizipalität nicht behelligt worden, bezeigte dafür aber so wenig Dankbarkeit, daß er immer wieder die konstitutionell-monarchistische Eintracht und Sicherheit der Bourgeoisie störte. Als dem Könige die hohe Ziviliste bewilligt worden war, rief Marat das Volk zum Aufstande auf. Das hatte die Munizipalität erwartet. Ein neuer Haftbefehl gegen ihn wurde ausgefertigt und sollte am 24. Juni vollzogen werden; indeß unterblieb die Verhaftung, weil der Chef der Marat'schen Druckerei, als er nach der Marat'schen Wohnung gefragt wurde, zur Antwort gab, daß er auf den General „Pike" warte, und daß dieser den gewünschten Aufschluß ertheilen werde. La Pique, der General genannt, war einer von jenen kühnen Männern, wie selbige in Revolutionen auftauchen, einer der gefürchtetsten Führer der Pariser Arbeiterbevölkerung, der dem Kommandanten der Pariser Nationalgarde schwere Sorgen bereitete.

Marat, von seinen Freunden gewarnt, zeigte sich nicht mehr öffentlich. Doch erließ er aus seinem Versteck ein gedrucktes Plakat unter dem Titel: „Es ist um uns geschehen!" Darin enthüllte er das neue Komplot, ausgeheckt von den Emigrirten und den Regierungen Piemonts und Oesterreichs, demzufolge man, nachdem die mittlerweile nach St. Cloud gegangene königliche Familie geflüchtet sein würde, mit Heeresmacht auf Paris marschiren und das französische Volk zur Umkehr zwingen wollte. Das ist, schrieb er, das Einverständniß des munizipalen Untersuchungs-Komitee's mit dem Feinde. „Ich denunzire es als verrätherisch gegen das Vaterland. Wenn die öffentliche Wohlfahrt in Gefahr ist, steht es dem Volke zu, seine Vollmachten aus den Händen der Unwürdigen, denen es sie anvertraut hat, zurückzuziehen; denn das öffentliche Wohl ist das höchste Gesetz, dem gegenüber alle andern schweigen müssen. Ich ersuche daher alle guten citoyens, sich sofort zu versammeln, nach dem nationalen Untersuchungs-Komitee zu rücken, die Mittheilung der bei dem Munizipal-Komitee gegebenen Befehle zu erlangen, dann nach dem Stadthause zu ziehen, die Register dieses Komitee's wegzunehmen, ihm das Protokoll der in Folge dieser Befehle vorgenommenen Haussuchungen abzufordern und, bei seiner Weigerung, sich aller seiner Mitglieder zu versichern und sie unter guter Hut zu halten."

Daß das von Marat dem Volke denunzirte Komplot wirklich bestand, haben später die im „eisernen Schranke" der Tuilerien aufgefundenen königlichen Papiere, die Memoiren des Generals de Bouillé u. s. w. bestätigt. Durch seine Veröffentlichung vereitelte Marat die Ausführung des feindlichen Planes. Aber Marat forderte das Volk nicht bloß im Allgemeinen zum Aufstande auf, in Anbetracht daß eine ganz allgemein gehaltene Aufforderung gewöhnlich wenig Wirkung hat, sondern er war besonders deßhalb der Reaktion höchst gefährlich, weil er immer dem Volke die Maßregeln, die es ergreifen müßte, im Einzelnen klar darlegte. So sagte er jetzt: „Citoyens! Es ist um Euch geschehen, geschehen auf Immer, wenn Ihr nicht zu den Waffen greift, wenn Ihr nicht die heldenmüthige Tapferkeit wiederfindet, die, am 14. Juli und 5. Oktober, zweimal Frankreich rettete. Fliegt nach Saint-Cloud, wenn's noch Zeit ist, führt den König und den Kronprinzen in Eure Mauern zurück, haltet sie unter guter Hut, und sie mögen Euch für die Ereignisse einstehen; schließt die Oesterreicherin und ihren Schwager ein; ergreift alle Minister und deren Bureau-Beamte, legt sie in Fesseln; versichert Euch des Chefs der Munizipalität und der Lieutenants des Maire; lasset den General (Lafayette) nie aus den Augen; arretirt den Stab; nehmt den Artillerie-Park in der Verte-Straße weg;

bemächtigt Euch aller Pulver-Magazine und Pulver-Mühlen; die Kanonen sind wieder unter die Distrikte zu vertheilen. . . . Rennt und eilt, ehe es zu spät ist, sonst werden bald zahlreiche feindliche Legionen über Euch hereinbrechen und bald werdet Ihr die privilegirten Stände sich wieder erheben sehen; der Despotismus, der scheußliche Despotismus wird schrecklicher denn jemals wieder erscheinen. Fünf= bis sechshundert abgeschlagene Köpfe würden Euch Ruhe, Freiheit und Glück gegeben haben; eine falsche Menschlichkeit hat Eure Hände gelähmt, Eure Schläge aufgehalten; sie wird Millionen Eurer Brüder das Leben kosten."

Der Gesandte des Wiener Hofes hatte vom Könige den freien Durchmarsch für die österreichischen Truppen durch das französische Gebiet nach Belgien verlangt und der französische Hof hatte eingewilligt. Dafür, daß Marat den klug ausgedachten Plan zum Scheitern brachte, wurde gegen ihn die Anklage wegen Beleidigung der Nation (d. i.: wegen Hochverraths) erhoben und unterm 31. Juli ein neuer Haftsbefehl ausgefertigt.

Er antwortete nach acht Tagen mit einem zweiten Plakate, betitelt: „Man schläfert uns ein, nehmt Euch in Acht!" und am 25. August mit einem dritten unter der Ueberschrift: „Es ist ein schöner Traum, hütet Euch vorm Erwachen!"

Als im nämlichen Monat August drei Regimter in Nancy, weil die adeligen Offiziere den Sold unterschlugen, Meuterei gemacht hatten, aber vom General Bouillé vermittelst der Metzer Garnison und National=garde niedergeworfen worden waren, veröffentlichte Marat das Plakat: „Das schreckliche Erwachen!" Da das Pariser Volk in Bouillé mit Recht einen royolistischen Verschwörer erblickte, kam es in Paris zu Unruhen, die jedoch durch Lafayette bemeistert wurden.

Am 14. September 1790 erfuhr Lafayette durch seine Spione, daß Marat gegen ihn eine besondere Nummer des „Volksfreunds" veröffentlichen wollte. Daher rückten am 15. September früh 1 Uhr 300 zu reaktionären Bataillonen gehörige Nationalgardisten in die Straße, wo die Marat'sche Druckerei war, und besetzten alle Ausgänge. Ein Spitzel klopfte dreimal an die Thür der Druckerei. Auf die Frage: „Wer ist da?" antwortete er mit zuckersüßer Stimme: „Gutfreund, Gut=freund!" Daraufhin wurde die Thür der Druckerei geöffnet. Sofort stürzten die Nationalgardisten ins Innere der Druckerei und da sie die Arbeiter gerade mit dem Abziehen der gefürchteten Nummer beschäftigt fanden, nahmen sie alle Exemplare sammt den Formen weg, setzten dem Chef der Druckerei das Bajonnet auf die Brust und zerhieben mit Aexten die Pressen. Dem Drucker Andrée, der ins Gefängniß abgeführt werden sollte, wenn er den Aufenthaltsort Marat's anzugeben sich weigern würde, wurde endlich ein den nächtlichen Ueberfall anord=nender Befehl vorgezeigt, welcher von Bailly und Lafayette unter=zeichnet war.

Marat hielt sich während dieser Zeit meistens in Kellern versteckt. Bisweilen wechselte er den Aufenthaltsort. Seine Haupt-Quartiergeber waren Boucher-Saint-Sauveur und der Fleischer Legendre. Einmal retteten ihn Vanhove und dessen Tochter, ein anderes Mal die Schau=

spielerin Fleuri. Doch seine Hauptstütze war Simonia Evrard, seine Geliebte, die ihm die Geldmittel zur Fortsetzung seines Blattes lieferte.*) Man hielt sie gewöhnlich für seine Schwester.

Lafayette war ohne Zweifel in der Zeit vom August 1790 bis zum Oktober 1791 der mächtigste Feind der Revolution, weil er die bewaffnete Macht der Pariser Kommune befehligte. Auch wurde er von Marat aufs Heftigste angegriffen. Marat faßte den Kampf zwischen Revolution und Reaktion einfach als Krieg auf. Daher begnügte er sich nicht mit leeren Siegen, wenn solche vom Volke errungen waren, sondern forderte immer zur Unschädlichmachung der feindlichen Führer auf, gleichwie ja auch die Reaktion die revolutionären Führer unschädlich zu machen suchte. So schrieb er in Nummer 155 des „Volksfreunds" vom 6. Juli 1790: — „Von jenen Leuten ist keine Bekehrung zu hoffen; solange sie auf den Beinen sind, werden sie gegen uns machiniren. Warum sollen wir sie also schonen, wenn der Tod allein uns von ihnen befreien kann?" — Besonders war Lafayette auf Marat wüthend, weil dieser den Nationalgardisten seit einiger Zeit auseinandersetzte, warum sie ihrem Führer keinen blinden Gehorsam schuldig wären.

Daß Marat 270,000 Köpfe gefordert habe, ist eine Fabel, die immer ein reaktionärer Geschichtsschreiber dem andern gedankenlos nachgeplappert hat. Später, am 28. Januar 1793, schrieb Marat in dieser Beziehung im Journal de la République française (Nr. 109): „Wenn es mir möglich wäre, hier die Gründe zu entwickeln, welche mich zu diesem oder jenem Akte der Strenge bewogen haben, den die vernagelten oder kleinlichen Menschen als Kopfabhackerei (comme des coupes de tête) betrachtet haben, und zwar den von mir gegebenen Rath, für die verrätherischen Mitglieder der Konstituante 800 Galgen zu errichten, nicht ausgenommen: so zweifle ich nicht, daß sie diese Rathschläge bald als Pfeile der Weisheit, berechnet auf die Umstände und die öffentliche Meinung und als Mittel ansehen würden, **auf die Geister starke Eindrücke hervorzubringen und jede falsche Sicherheit zu zerstören.** Dieß zu beweisen, mache ich mich anheischig, wenn ich jemals die Muße finden sollte, in Glossen zu meinem „Volksfreund" die Beweggründe anzugeben, welche mich bei jedem meiner Seitensprünge bestimmt haben."

In dem Maße, in welchem die Anschläge der Reaktion zu Tage traten, wurden auch die besseren Mitglieder der Pariser Munizipalität für die Revolution gewonnen und an sie befestigt. Mehrere derselben wurden Mitglieder des Jakobiner-Klubs, der sich aus einem von Mirabeau zur Zeit der Notablen-Versammlung gebildeten Kränzchen zu einem der mächtigsten politischen Vereine entfaltet hatte. So kam es, daß von der Kommune im Januar 1791 der „Monarchische Klub", der vorher sich der „Klub der Unparteiischen" genannt hatte, polizeilich geschlossen wurde, weil er häufigen Anlaß zu unruhigen Auftritten gab.

---

*) Als Simonia Evrard in Folge des Attentats der Höllenmaschine gegen Napoleon Bonaparte am 30. Dezember 1800 verhaftet war, wurde ihr Signalement genommen. Sie war 1 Meter 62 Centimeter hoch, ihr Haar war braun, der Mund groß, das Kinn rund, die Nase gebogen, das Gesicht oval.

Unterm 10. Januar 1791 stellte sich Marat. Der Maire Bailly war erschienen, um selbst über ihn zu Gericht zu sitzen. Da ruft der Schriftsteller Mandar*) aus dem Zuhörer-Raum dem Maire zu: „Sie, mein Herr, sind in der Sache des Volksfreunds inkulpirt, Sie dürfen nicht zu Gericht sitzen." — Bailly, blieb erst stumm; dann sagte er: „Weil das Publikum soeben durch den Mund eines citoyen den Wunsch zu erkennen gegeben hat, daß ich nicht präsidiren soll, ziehe ich mich zurück." — Auf diese Weise endete die Sache mit einem Triumphe Marat's. Selbst die anwesenden Soldaten riefen ihm zu: „Niemals werden wir unsere Waffen wider Sie gebrauchen."

Marat war der Einzige, der in seinem Blatte die Sache der Arbeiter führte.

Durch die Revolution war, während die Theurung zugleich fortdauerte, ein Stocken der Geschäfte eingetreten. Zwar waren durch die Errichtung der Nationalgarde die Schneider, die Posamentirer, die Waffenschmiede und andere zur Ausrüstung der Bürgerwehr beitragende Arbeiter stark beschäftigt worden, allein in den meisten andern Geschäften gab es Arbeitsstockung. Die Folge hiervon war, daß die Arbeiter murrten und sich zusammenschaarten. So versammelten sich die Schuhmacher in den elysäischen Feldern 5—6000 Mann stark, die Zimmerleute hielten Zusammenkünfte im Erzbisthum ab, und andere unzufriedene Gewerke, wie Schlosser, Maurer, Buchdruckergehülfen u. s. w., bestürmten die Munizipalität mit Petitionen: worauf von der Munizipalität an die Nationalgarde der Befehl erging, die Zusammenrottungen der Arbeiter aus einander zu jagen. Weil die Bauunternehmer zur Nationalgarde gehörten und viel Einfluß bei der Munizipalität hatten, wurden die hungrigen Arbeiter, welche schon die Forderung des Arbeitsertrages erhoben, wie Aufrührer behandelt. Der Maire Bailly ließ folgende charakteristische Bekanntmachung in Paris plakardiren:

„Alle Menschen sind gleich an Rechten, aber sie sind es nicht an Fähigkeiten, Talenten und Mitteln. Es ist daher unmöglich, daß sie sich schmeicheln dürften, alle den nämlichen Gewinn zu machen. Ein Gesetz, welches ihnen den Preis der Arbeit (den Arbeitslohn) wegnähme und ihnen die Hoffnung raubte, daß die einen mehr als die anderen gewinnen könnten, wäre also ein ungerechtes Gesetz. Eine Arbeiter-Koalition behufs der Festsetzung der Arbeitstage zu gleichförmigen Preisen und behufs Nöthigung der Arbeiter vom nämlichen Gewerk, sich dieser Festsetzung zu unterwerfen, würde somit ihren wahren Interessen entgegen sein. Eine solche Koalition wäre ferner eine Verletzung des Gesetzes, wäre die Vernichtung der öffentlichen Ordnung, wäre eine Benachtheiligung des allgemeinen Interesses, sowie das Mittel, Diejenigen,

---

*) Michel Philipp Mandar, genannt Theophilus (Gottlieb), geboren den 19. September 1759 zu Marines bei Pontoise, hatte am 13. Juli 1789 den Befehlshaber der Schweizer Bezenval überredet, seine Truppen vom Marsfelde zurückzuziehen, sodaß das Volk sich Waffen aus dem Invaliden-Hôtel holen konnte. Er that sich auch bei den Aufständen vom 20. Juni und 10. August 1792 hervor, fiel aber dann von der Revolution ab und stand unter dem Kaiserreiche im Solde der Regierung. Er starb 2. Mai 1823 zu Paris.

welche sie gebildet hätten, durch das gänzliche oder vorübergehende Aufhören der Arbeiten, das hierdurch unfehlbar hervorgerufen würde, in Dürftigkeit zu bringen: — sie wären ein wahres Vergehen."

Nun wandten sich die Arbeiter mit einer sehr gemäßigten Petition an die National-Versammlung. Aber hier fuhren sie nicht besser, als bei der Munizipalität. Auch hier wurden ihre Vereinigungen als aufrührerisch angesehen. Der Berichterstatter Chapelier erblickte in den Arbeiter-Vereinigungen das Wiederaufleben der abgeschafften Zünfte; doch erkannte er die Staatshülfe und das Recht auf Arbeit an. Er sagte: „Die Arbeitervereine bringen die durch die Konstitution abgeschafften Zünfte wieder ins Leben, folglich sind sie unkonstitutionell; allerdings muß es allen citoyens gewisser Professionen gestattet sein, sich zu versammeln, aber niemals um über ihre vorgeblichen gemeinsamen Interessen zu berathen; es gibt im Staate keine Zunft mehr. Es gibt bloß noch das Einzel-Interesse jedes Einzelnen und das allgemeine Interesse. Sie (die Arbeiter) führen an, daß sie sich vereinigen, um ihren kranken oder arbeitslosen Kameraden Unterstützung zu verschaffen; allein es liegt der Nation ob, den Gesunden Arbeit und den Kranken Unterstützung und ihren Kindern Erziehung zu gewähren. Daher muß man bis aufs Prinzip zurückgehen; es kommt der freien Uebereinkunft zwischen Individuum und Individuum zu, den Tagelohn jedes Arbeiters zu bestimmen, ohne zu untersuchen, wie hoch billigerweise die Bezahlung des Arbeitstages sein sollte. Ich gebe bloß zu, daß sie etwas beträchtlicher sein sollte, als sie gegenwärtig ist, denn bei einer freien Nation müssen die Arbeitslöhne beträchtlich genug sein, sodaß der sie Empfangende außerhalb jener absoluten Abhängigkeit, welche die Entbehrung der nothwendigsten Lebensnothdurft erzeugt, gestellt sei und die die Abhängigkeit vom Hunger ist."

Demgemäß erließ am 14. Juni 1791 die National-Versammlung ein Dekret, welches alle Arbeitervereine und Arbeiter-Assoziationen verbot. Sie konnte dieß um so leichter thun, als in den von ihr verkündeten Menschenrechten das Vereinrecht fehlte.*)

„Von diesem Augenblicke an", heißt es in dem keineswegs sozialistischen Werke: De la condition des ouvriers de Paris, „begann ein Vernichtungskampf zwischen Unternehmern der öffentlichen und privaten Arbeiten, den Arbeitermeistern, Architekten einerseits und den Arbeitern andrerseits. Die hartnäckigsten Arbeiter wurden von ihren gewöhnlichen Beschäftigern bei der Munizipalität angegeben, sie wurden verhaftet und füllten die Gefängnisse. Da die Arbeiter glaubten, daß die Revolution, zu welcher sie mächtig beigetragen hatten und welche Alles reformiren und vervollkommnen sollte, folglich auch ihr Loos verbessern müßte, forderten sie nicht bloß eine Lohnerhöhung, sondern sagten, daß die Meister mit ihren Kollegen, nämlich mit den Arbeitern, verrechnen und mit ihnen den Gewinn theilen müßten."

Indem die enttäuschten Arbeiter sich an Marat richteten, schrieben

---

*) In der Verfassung dagegen war im Titel I das Versammlungs- und Petitionsrecht gewährleistet.

sie ihm: „Theurer Prophet, wahrer Vertheidiger der Klasse der Bedürftigen! Gestatten Sie Arbeitern, Sie mit den Schändlichkeiten unserer Blutsauger bekannt zu machen. Nicht damit zufrieden, auf Kosten der armen Handarbeiter enorme Vermögen aufgehäuft zu haben, haben diese habsüchtigen Unterdrücker die Unmenschlichkeit so weit getrieben, daß sie sich an die Gesetzgeber gewandt haben, um ein Dekret zu erlangen, welches uns dazu bringt, Hungers zu sterben; von Reichthümern vollgestopft, besitzen dieselben eine äußerste Gier und Härte. Die Arbeiter denunziren zehn alte Kameraden, jetzige Maurermeister, die als Handlanger anfingen und sich jetzt gegen die armen Arbeiter am Grausamsten zeigen. Nun mit dem Uniform-Kleide der Nationalgarde, oft mit schönen Epauletten angethan, möchten sie jetzt, da sie die stärksten zu sein glauben, uns unter das härteste Joch beugen."

Marat nahm sich der Arbeiter aufs Wärmste an. Mit ihrer Hülfe wurde in der Folge der Thron umgeworfen, eine zweite Revolution gemacht.

Ueber den Zensus, der die Arbeiter von der Wahl ausschloß, schrieb Marat schon in Nummer 149 des „Volksfreunds", also im Frühsommer des Jahres 1790, folgendermaßen:

„Um uns das winzige Privileg der Anerkennung als Mitglieder des Staats zuzugestehen, des Staats, dessen sämmtliche Lasten wir getragen haben, dessen sämmtlicher peinlicher Pflichten wir uns entledigen, dessen sämmtliche abstoßende, ungesunde, gefährliche Verrichtungen wir vollziehen, dessen Ketten wir soeben mit Lebensgefahr und um den Preis unseres Blutes gebrochen haben, fordert Ihr von uns das Opfer dreier Tage von einer Arbeit, die uns kaum Brot geben kann, gleich als ob Ihr uns im Elend umkommen lassen wolltet. Um uns das traurige Privileg zu gewähren, unsere Stimmen Denjenigen zu geben, welche die Ehre haben sollen, uns herunter zu hunzen, und das Glück, sich auf unsere Kosten kraft Eurer Dekrete zu mästen! ... Was für ein schreckliches Loos haben wir doch! Für uns war der Himmel immer unerbittlich, und jetzt, in allen Euren Bestimmungen für Nichts geachtet, ist uns selbst alle Hoffnung benommen! Soll uns Euer Mitgefühl verschlossen sein? Väter des Vaterlandes, Ihr habt Euch der Güter der Armen bemächtigt, um die Sardanapale des Hofes zu bezahlen, die Günstlinge der Königin, die Pensionäre des Königs, die Wucherer, die Agioteure, die Gelderpresser, die Leuteschinder, die Staatsgelderveruntreuer, die Verprasser, die Blutsauger des Staats, und nicht damit zufrieden, daß Ihr uns in dem schrecklichsten Mangel lasset, nehmt Ihr uns auch unser Recht, um uns für die Verbrechen der Schlechten und für die Barbarei des Geschicks zu strafen. Müssen wir etwa erst unsere Dienste geltend machen, um uns der Unterdrückung zu entziehen? Erinnert Euch an jene stürmischen Krisen, als man zu den Waffen griff, um blutdürstige Söldnerhorden zurückzuwerfen, den Despotismus niederzuschlagen und das dem Untergange nahe Vaterland zu retten. Wir waren überall, wohin uns die Gefahr rief, bereit, unser Blut für Eure Vertheidigung zu verzenden; und drei volle Monate hinter einander haben wir allein die Beschwerden eines mühevollen Feldzuges aus=

gehalten, täglich der Sonne, dem Hunger, dem Durst ausgesetzt, während die in ihren unterirdischen Gemächern versteckten Reichen nur nach den Zeiten der Krise hervorkamen, um sich des Kommandos, der Ehrenstellen und der behördlichen Aemter zu bemächtigen. Wir haben uns also für Euch geopfert, und jetzt haben wir als Lohn für unsere Opfer nicht einmal den Trost, als Mitglieder dieses Staates, den wir gerettet haben, betrachtet zu werden. Was können denn Eure Gründe sein, uns so unwürdig zu behandeln? Der Arme ist Staatsbürger so gut wie der Reiche: Ihr gesteht es zu. Aber Ihr behauptet, daß er eher verkäuflich ist. Wirklich? Schaut Euch in allen Monarchien der Welt um: sind es nicht etwa die Reichen, welche den feilen Schwarm der Höflinge ausmachen? Sind es nicht die Reichen, welche die unzähligen Legionen Ehrgeizige bilden, welche sich in Gunst zu setzen suchen mit jeder Art von Mitteln und deßhalb ihre Ehre opfern? Sind es nicht die Reichen, welche die Stützen des Despotismus sind im Senate, im Kabinette, in den Gerichtshöfen, selbst im Heere? Sind es nicht die Armen, welche an allen Orten zuerst gegen die Tyrannei reklamiren und gegen ihre Bedrücker aufstehen? Wenn sie sich gern verkauften und nur Gold wollten, würden sie solches nehmen, wenn sich dazu die Gelegenheit bietet. Wer hat sie denn daran verhindert, in den ersten Tagen des Aufstandes Eure Häuser zu plündern? Wer hat sie daran gehindert, aus denjenigen, welche sie den Flammen übergaben, die darin vorhandenen Sachen fortzutragen? Hat man etwa einen Einzigen mit Beute beladen davon laufen gesehen? Aber nicht im Namen der Erkenntlichkeit und der ewigen Gerechtigkeit, nein, im Namen der gemeinsamen Wohlfahrt flehen wir Euch an, die Natur nicht zu beleidigen, sondern Euch daran zu erinnern, daß wir Staatsbürger sind so gut wie Ihr, wenn Ihr auch vergessen habt, daß wir Eure Brüder sind."

Die vielen Tausende hungriger, immer zu Aufständen bereiten Arbeiter jagten den Besitzenden solchen Schrecken ein, daß die National-Versammlung auf den Antrag der Pariser Kommune **15 Millionen Francs zur Errichtung von National-Werkstätten** bewilligte. Diese Staats-Werkstätten hießen damals Ateliers de charité (Liebeswerkstätten oder Wohlthätigkeitswerkstätten) und wurden in den verschiedenen Stadttheilen von Paris errichtet. Sie beschränkten sich jedoch keineswegs auf die Pariser Arbeiter, sondern die Arbeitslosen der Provinz, von ihren Gemeinden mit regelmäßigen Pässen versehen, kamen von allen Gegenden unter dem Gesange Ça ira nach Paris gezogen, wurden hier auf die Empfehlung ihrer Deputirten in die National-Werkstätten aufgenommen und vermehrten das ohnehin sehr beträchtliche revolutionäre Arbeiter-Heer. Wie stark die Zahl der revolutionären Arbeiter in Paris war, läßt sich daraus entnehmen, daß allein in der National-Werkstätte des Stadttheiles Montmartre nicht weniger als 17,000 Mann mit einem Aufstande drohten, den Lafayette durch persönliches Erscheinen noch rechtzeitig beschwichtigte.

Die Unzufriedenheit der Arbeiter brach immer wieder hervor, weil sie in Assignaten bezahlt wurden und weil ihre Löhne zu den Lebensmittelpreisen in keinem billigen Verhältnisse standen. In einer Bekanntmachung des Maires Bailly, datirt unterm 29. April 1791, wurden darum die Arbeiter ermahnt, daß sie doch ihre patriotische Vergangenheit nicht Lügen strafen, sondern Ruhe und Ordnung halten möchten. Was Lafayette anbetrifft, so verlor derselbe seine Popularität, nachdem er seinen Kopf zum Pfande gesetzt hatte, daß der König nicht flüchten würde. Schon im März 1791 hatte Ludwig XVI. einen Fluchtplan wiederum fertig und wollte sich, um denselben auszuführen, bald darauf nach St. Cloud begeben. Marat kam ihm zuvor und verhinderte nochmals die Flucht, indem er am 27. März im Volksfreund schrieb: „.... Diese Schreckens-Szenen werden beginnen, nachdem der König, seine Frau und sein Sohn die Flucht ergriffen haben: also ist's um uns geschehen, wenn wir sie nach St. Cloud gehen lassen. Es ist um die Freiheit, ums Vaterland geschehen, wenn wir dulden, daß die königliche Familie die Tuilerien verläßt."

Weil der von einer Kammerfrau der Königin schon lange von der bevorstehenden Flucht benachrichtigte Maire Bailly nebst seinem Freunde und Gesinnungsgenossen, dem General Lafayette, ihre Pflicht nicht thaten, gelang es endlich der königlichen Familie, in der Nacht vom 21. Juni 1791 glücklich zu entkommen. Schon war sie bis nach Varennes gelangt und glaubte sich bereits sicher, als sie arretirt und nach Paris zurücktransportirt wurde. Die Wuth des Volkes gegen Lafayette war im ersten Augenblicke groß. Danton rief im Jakobiner-Klub: „Wir müssen die Person des Königs oder den Kopf des kommandirenden Generals haben!"

Was hatte die königliche Familie mit ihrer Flucht bezweckt? Ohne Zweifel hatte sie sich ins Ausland begeben wollen, um mit Hülfe des österreichischen und preußischen Heeres, der Emigrirten und der Armee Bouillé's der Revolution den Krieg zu erklären und alle revolutionären Errungenschaften des französischen Volkes rückgängig zu machen. Der Bruder des Königs, mit dem Titel Regent, der auf anderem Wege gereist war, war allein in Brüssel, wo das Rendez-vous sein sollte, angekommen. Während 290 Mitglieder der National-Versammlung gegen die Beschlüsse derselben protestirten, um der feindlichen Invasion einen Vorwand zu geben, desertirten die Offiziere in Masse aus dem französischen Heere und der verschwörerische General Bouillé schrieb der National-Versammlung einen Drohbrief. Also lag der königliche Hochverrath klar vor. Demnach hätte man den König, als er zurückgebracht war, sofort unter Anklage stellen und bestrafen sollen. Indeß wurde Ludwig einstweilen nur von seinem königlichen Amte suspendirt und in den Tuilerien durch die Nationalgarde bewacht.

In der National-Versammlung war die Partei der monarchistischen Intriganten, welche der königlichen Bestechung zugänglich waren oder auch in der konstitutionellen Monarchie herrschen zu können hofften, so stark, daß dort am 16. Juli mit Mehrheit beschlossen wurde, die Reise des Königs und eine von demselben bei seiner Flucht zurückgelassene Denkschrift, worin er alle seine Zugeständnisse widerrief, begründeten kein Vergehen gegen die Nation und zögen nicht die Absetzung nach sich. Diese Intriganten sind schuld daran, daß in der Folge die Revolution so

blutig wurde. Da sie den dummen heimtückischen König, der immer
wieder in neue Komplotte sich einließ, nebst seiner ränkesüchtigen Gattin
nicht absetzten, mußte er durch die entfesselte Volkskraft vom Throne
geworfen und unter das Messer der Guillotine geschickt werden. Zu
diesen kurzsichtigen Intriganten gehörten auch Lafayette und Bailly.

Die Flucht des Königs hatte eine republikanische Partei hervorgerufen. Als die Versammlung den erwähnten Beschluß faßte, wollten
aufgeregte Volkshaufen in das Sitzungsgebäude eindringen: sie wurden
aber durch Lafayette, d. h. durch die von ihm befehligte Nationalgarde,
daran verhindert. Am nämlichen Tage wurde im Jakobiner=Klub eine
vom Gironde=Deputirten Brissot und von Laclos, dem Sekretär des
Herzogs von Orleans, verfaßte Petition, welche die Absetzung des Königs
forderte, aufgelegt. Sie wurde an die Mauern von Paris angeschlagen
und sollte den folgenden Tag auch auf dem Marsfelde in Masse unter=
zeichnet werden. Am 17. Juli verlegte die Polizei Bailly's, um der
Demonstration nahe zu sein, ihren Sitz in das Hôtel der Invaliden.
Eine große Menschenmenge fand sich auf dem Marsfelde zur Unter=
zeichnung der Adresse ein. Zwei Polizisten, die sich als Invaliden ver=
kleidet hatten, wurden vom Volke niedergemacht und ihre Köpfe auf
Piken gesteckt, um in den Straßen von Paris herumgetragen zu werden.
Da erschien Lafayette auf dem Marsfelde mit einer Abtheilung National=
garde. Dieselbe wurde mit Steinwürfen empfangen und auf Lafayette
selber ward ein Schuß abgefeuert. Nachdem die Attentäter verhaftet,
aber vom Volke wieder befreit worden waren, zerstreute endlich die
Nationalgarde den Volkshaufen. Ebenso wurde eine Zusammenrottung
auf dem Bastille=Platze durch die Nationalgarde aus einander getrieben.
Hierauf beschlossen die Republikaner, einzeln nach dem Marsfelde zu
gehen. Mittlerweile ertheilte die National=Versammlung den Ministern,
den Gerichten und der Pariser Munizipalität den Befehl, ihrem Beschlusse
Respekt zu verschaffen und sich der Unterzeichnung der Petition mit allen
Mitteln zu widersetzen.

In Folge hiervon setzte sich der munizipale Körper, geführt von
Bailly mit Lafayette und 1200 Mann Nationalgarde, der einige Schwa=
dronen Reiterei und drei Kanonen vorausgingen, nach dem Marsfelde
in Marsch. Der Maire hatte die rothe Fahne entfalten lassen und forderte der
gesetzlichen Vorschrift gemäß die versammelte Menge, welche Nichts weiter
that, als daß sie eine Petition unterschrieb und einige Reden anhörte,
zum Auseinandergehen auf. Da das Volk sich nicht entfernte, sondern
mit Steinen warf, wurde erst ein blinder und dann ein ernster Angriff
auf dasselbe gemacht. Die Zahl der Todten wird verschieden angegeben:
auf 30, auf 400 und auf mehrere Tausend. (Nach St. Just waren es
4000.) Das konstitutionelle Königthum war einstweilen gerettet. Bailly
führte nun die Komödie des Rücktritts auf. Er ward von Neuem durch
die Bourgeoisie gewählt.

In Nr. 519 des „Volksfreundes" schreibt Marat: „Bailly, der
ausgezeichnete Schurke, läuft, nachdem er diese schauderhafte Metzelei an
der Spitze seiner Munizipalen ausgeübt hat, in den Senat, um die von
ihm ausgesonnenen unglücklichen Ereignisse zu bejammern."

Indem die Königlichen rings Schrecken verbreiten und ihren Sieg ausnutzen wollten, sollten alle Volksführer verhaftet werden. Selbige waren jedoch meist klug genug, sich bis zur Amnestie, die beim Verkünden der Konstitution auf den Vorschlag Lafayette's eintrat, zu verbergen. Vom 20. Juli bis zum 10. August konnte Marat keinen Drucker für sein Blatt mehr finden. Da man ihn selbst nicht entdeckte, verhaftete man seine Expedientin, das muthige Fräulein Colombe. Selbige schrieb an Bailly unterm 22. Juli: „Dank Ihrer väterlichen Sorgfalt, mein Herr, befinde ich mich hier in Fesseln mitten unter Verruchten und lüderlichen Frauenzimmern. Auf diese Weise also, Sie ungerechter Richter, werfen Sie Unschuldige mit Missethätern zusammen! Beschleunigen Sie meine Aburtheilung und verlängern Sie meine Gefangenschaft nicht! Nur den Schutz des Gesetzes rufe ich an, den Ihrigen verschmähe ich." — In einem zweiten Briefe schrieb sie: „Wenn Sie noch etwas Scham haben, so legen Sie die Hand aufs Herz und sagen Sie mir, wie Sie den zur Schau getragenen Respekt vor den Gesetzen mit der Frechheit, womit Sie dieselben verletzen, vereinigen können. Vergessen Sie nicht, daß ich unschuldig, gleichwohl aber in Fesseln bin."

Unterm 29. August bekennt Marat im „Volksfreund" (Nr. 540): „Ja, ich sage es mit der Aufrichtigkeit meines Herzens, daß ich sobald als möglich den Ausbruch des Bürgerkrieges wünsche, weil auf dem Bürgerkriege unsere einzige Hoffnung beruht."

Die Konstitution, welche von der National-Versammlung ausgearbeitet worden war, mußte schon deßhalb untauglich sein, weil sie das Zusammengehen des Volks mit dem unwürdigen, der Treulosigkeit, Wankelmuth und Hinterlist überführten Könige voraussetzte. Die Vertreter der Bourgeoisie hatten sich in eine Sackgasse verrannt, aus welcher nur der Bürgerkrieg, nur Volksaufstände, kurz eine neue Revolution, den Ausweg boten.

Sechszig Deputirte überbrachten dem Könige die Verfassung. Damit er sich frei erklären könnte, ob er dieselbe annehmen wollte oder nicht, wurde seine Ueberwachung und Suspension aufgehoben. Nach zehn Tagen erklärte er erst schriftlich und dann mündlich in der Versammlung, daß er die neue Verfassung im Innern aufrecht erhalten, sie gegen Angriffe von Außen vertheidigen und sie mit allen ihm zu Gebote stehenden Mitteln vollziehen lassen wollte. „Ich verzichte", sagte er, „auf die von mir geforderte Vereinbarung bei dieser Arbeit, und da nur ich allein der Nation verantwortlich bin, so hat, wenn ich darauf verzichte, kein Anderer das Recht, sich darüber zu beklagen."

Die Bourgeoisie begrüßte die Annahme der Konstitution mit blindem Jubel und feierte Freudenfeste. Inzwischen setzte die königliche Familie im Geheimen ihre Umtriebe gegen den neuen Zustand der Dinge fort. Drohend sagte die Königin zum General Dumouriez: „Sie müssen einsehen, daß weder der König noch ich alle diese Neuerungen und die Konstitution dulden können. Ich erkläre Ihnen freimüthig: Nehmen Sie Sich in Acht!" — Gleichwohl versicherte der König lügnerisch bei der Annahme der Verfassung den Deputirten: „Hier stehen meine Frau und meine Kinder, welche meine Gesinnungen theilen." — Madame

Campan,*) die erste Kammerfrau der Königin, berichtet in ihren Memoiren, daß der König öffentlich seine Brüder zur Rückkehr aufforderte, während er im Geheimen Emissäre an sie und die auswärtigen Fürsten schickte und in vertraulichen Briefen das Gegentheil schrieb.

Am 31. September ging die konstituirende National-Versammlung auseinander und am folgenden Tage trat an ihre Stelle die Gesetzgebende Versammlung. Lafayette legte seine Stelle als Kommandant der Nationalgarde nieder und zog sich in die Auvergne nach seinem Gute zurück. Auch Bailly gab, als die Konstitution fertig war, seine Entlassung, ward aber von der Bourgeoisie bewogen, noch bis zum 18. November an der Spitze der Munizipalität zu bleiben.

Ebenso wollte Marat vom öffentlichen Wirken zurücktreten. In Nr. 549 seines Blattes vom 9. September schrieb er einen Brief an die Deputirten der Konstituante: „Dank der hehren Konstitution, welche Sie, meine Herren, Frankreich gegeben haben, kann sich der rechtschaffene Mann nicht mehr halten. Und da man bei der Vertheidigung der Rechte der Nation nur die Galeeren gewinnen kann und, wenn man dem Herrn Capet (dem Könige) die traurige Wahrheit sagt, den Strick befürchten muß, hat der Volksfreund die Ehre, Ihnen mitzutheilen, daß er im Begriffe steht, auf das närrische Unternehmen, sich dem öffentlichen Wohle zu widmen, zu verzichten und nur noch daran zu denken, sein Vermögen wieder herzustellen, da er sich beim Verfolgen dieses unsinnigen Projektes an den Bettelstab gebracht hat und sogar von einigen citoyens, die er um einen sichern Aufenthaltsort angefleht hatte, ausgeplündert worden ist."

Am 20. September schreibt er: „Vielleicht verwende ich einen Tag darauf, die Geschichte meiner Gefangenschaft zu Papier zu bringen, während der Ruhe, die ich in einem fremden Lande suche und in dem geknechteten Vaterlande nicht zu finden hoffen kann."

Den 21. September (in Nr. 556) sendet Marat dem Vaterlande den letzten Abschied. „Ich würde protegirt, karessirt, fetirt worden sein, hätte ich nur stillgeschwiegen, und wie viel Gold würde man nicht an mich verschwendet haben, hätte ich meine Feder entehren wollen. Ich habe das Korruptions-Metall zurückgewiesen, ich habe in Armuth gelebt und mein Herz rein erhalten. Ich würde jetzt Millionär sein, wäre ich weniger delikat gewesen und hätte ich nicht immer an mich zuletzt gedacht. Anstatt der Reichthümer, welche ich nicht habe, besitze ich einige Schulden, welche mir die untreuen Manipulatoren, denen ich zuerst den Druck und Vertrieb meines Blattes anvertraut hatte, aufgehängt haben. Ich will diesen Gläubigern die Trümmer von dem Wenigen, was mir übrig bleibt, überlassen, und ohne Geld, ohne Unterstützung, ohne Hülfsmittel gehe ich fort, um zu vegetiren in dem einzigen Winkel der Erde, wo mir im Frieden zu athmen noch erlaubt ist, überholt von der Verleumdung, verlästert von den öffentlichen Schurken, denen ich die Maske abgerissen habe, beladen mit den Verwünschungen aller Vaterlandsfeinde, verabschiedet von den Großen und Angestellten, und notirt in allen

---

*) Geborene Genneft. — Memoiren, Ausgabe Baudouin, 2. Band, Seite 172.

ministeriellen Kabinetten wie ein Ungeheuer, das erdrosselt werden muß; vielleicht wird's auch nicht ausbleiben, daß ich vom Volke, dessen Wohle ich mich geopfert habe, vergessen werde; glücklich, wenn mich das Bedauern der Patricten begleitet; doch nehme ich das ehrenhafte Zeugniß meines Gewissens mit mir und werde ausgestattet sein mit der Achtung der starken Seelen.... Ich habe ohne Unterlaß bis auf den heutigen Tag gekämpft und wollte die Bresche nicht verlassen, bis der Platz erstürmt wäre. Wenn es in Frankreich einen einzigen gebildeten und entschlossenen Mann gibt, der mir vorzuwerfen wagt, daß ich an dem öffentlichen Wohle zu bald verzweifelt habe und der Beständigkeit ermangele, so mag er kommen und meinen Platz einnehmen und ihn nur acht Tage behaupten!"

Seine Nummer vom 22. September ist von Clermont im Beauvoisischen datirt. Die Nummer 558 ist von Breteuil datirt, Nr. 559 von Amiens.

Den 27. September war er wieder in Paris. Er erzählt nun in seinem Blatte, daß einer der Emigranten, mit denen er im Postwagen zusammengetroffen, ein Mouchard gewesen sei und ihn erkannt habe. Er berichtet:

„Zu Amiens im Hôtel d'Angleterre abgestiegen, hört er auf die Denunziation des Polizeimanns einen Agenten neben sich sagen: Das ist er, ich erkenne ihn! Ohne Zweifel gab es Amnestie, allein der „„Volksfreund"" wußte recht gut, daß er immer ein guter Fang sein würde. Er thut daher, als ob er Nichts hörte, spaziert langsamen Schrittes weiter und verschwindet plötzlich in der Menge, rettet sich querfeldein und versteckt sich hinter einer Hecke. Ein Schäfer kommt vorbei, Marat bittet ihn, daß derselbe ihn auf die Straße, welche nach Paris geht, auf Umwegen zurückführen möge. Dieser Schäfer verschafft ihm einen Patrioten als Führer, einen Alten von der französischen Garde. Der brave Mann ist ganz willig zur Führung, der Volksfreund (Marat) zieht Bauernkleider an und dann machen Beide sich auf den Weg. Das Unglück fügt es so, daß der Flüchtling einen falschen Tritt thut und sich eine Verrenkung zuzieht. Mit großer Mühe muß daher ein Karren aufgetrieben und dieser bestiegen werden. Zu Beauvais bringt man ihn in ein Kabriolet (einen zweirädrigen Wagen), und den folgenden Tag befand sich Marat wieder in Paris." (L'Ami du Peuple, Nr. 560.)

Marat schreibt einstweilen fort.*) Die Legislative tritt jedoch

---

*) Wahrscheinlich hat die Reise von Paris nach Amiens und von da zurück nach Paris gar nicht stattgefunden. Hätte Marat nach England reisen wollen, so würde sein Blatt, das er ganz allein schrieb, einstweilen eingegangen sein. Nach unserer Ansicht fingirte Marat die abenteuerliche Reise, theils um seinen augenblicklichen Aufenthaltsort zu verbergen und Geld für sein Blatt aufzutreiben, theils um zu sehen, welchen Eindruck die Nachricht von seiner Abreise auf Freund und Feind machen würde. Die zwei wirklichen Reisen, die er nach London unternahm, dienten ihm zur Erholung und zur Wiederherstellung seiner durch den Aufenthalt in feuchten, düstern, unterirdischen Verstecken abgeschwächten Gesundheit, verhinderten aber gleichwohl nicht, daß sich sein ganzer Körper mit Flechten bedeckte. Wenn seine Schwester Albertine in der Broschüre: Réponse aux détracteurs de

in die Fußstapfen der Konstituante. Zornig sagt Marat: „Die zweite Legislatur ist nicht minder faul, als die erste." (L'Ami du Peuple, Nr. 608.)

In Nr. 613 fordert er als einziges Mittel der Rettung, daß die ganze Nation aufstehen soll. Sie soll alle Rädelsführer der öffentlichen Feinde beim Kragen nehmen, mit dem Schwamme über die Dekrete der versammelten Väter fahren, den Despoten nebst den Seinigen vertreiben, alle Staatsbürger bewaffnen und einen gesunden Kopf mit dem Vorschlage einer neuen Konstitution beauftragen.

Der Aufstand kommt nicht. Marat verzweifelt.

Am 14. Dezember 1791 schreibt er: „O mein Vaterland! Welches schreckliche Geschick behält dir die Zukunft auf. Warum habe ich dir doch die Augen nicht öffnen können! Heute ist kein Mittel mehr vorhanden, deinen Ruin zu verhindern, und dein treuer Freund kann dir keinen andern Dienst mehr thun, als über deine allzu langen Mißgeschicke blutige Thränen zu weinen!"

Am 15. Dezember 1791 veröffentlichte Marat seine letzte Nummer und reiste nach London ab. Im Exile schrieb er die „Schule des citoyen."

Hiermit fällt die in verschiedenen Revolutions-Geschichten stehende, von Ferdinand Freiligrath in Verse gebrachte Fabel, daß Marat bis ans Meer und auf ein Schiff gekommen, aber aus patriotischer Sehnsucht und revolutionärer Leidenschaft wieder nach Paris zurückgekehrt sei.

Die Konstitution des Jahres 1791 enthält im Titel II., Artikel 8—10, folgende Bestimmungen über die Kommunen:*)

„Die französischen citoyens, betrachtet in Betreff ihrer lokalen Beziehungen, die aus ihrer Vereinigung in Städten und in gewissen Bezirken des Landgebiets entspringen, bilden die Kommunen. Der gesetzgebende Körper wird die Ausdehnung des Bezirkes jeder Kommune festsetzen können. Die jede Kommune ausmachenden citoyens haben das Recht, auf Zeit und gemäß den durchs Gesetz vorgeschriebenen Formen aus ihrer Mitte Diejenigen zu wählen, welche unter dem Titel Munizipal-Beamte mit der Führung der besondern Angelegenheiten der Kommune betraut sind. Den Munizipal-Beamten können einige auf das allgemeine Interesse des Staates bezügliche Funktionen übertragen werden. Die Regeln für die Munizipal-Beamten bei Ausübung der munizipalen Funktionen, wie auch bei Ausübung der ihnen wegen des allgemeinen Interesses übertragenen, werden durch die Gesetze bestimmt."

---

l'Ami du peuple (Paris, 8°), die sie im September 1793 herausgab, die Reise nach Amiens als wirklich vorgefallen schildert, so muß bemerkt werden, daß Albertine bis zum Tode ihres Bruders in Genf lebte und somit nicht als Zeugin, sondern nur nach Hörensagen schrieb.

*) S. Constitutions françaises décrétées aux années 1789, 1790, 1791 et 1793, an III et an VIII de la République. Paris 1848, Verlag von Bouyer.

Drittes Kapitel.

Der Durchbruch der Revolution.
(Vom November 1791 bis zum 10. August 1792.)

Nachdem der General Lafayette das Kommando der Nationalgarde niedergelegt hatte, wurde kein neuer Oberbefehlshaber ernannt, sondern die sechs Legions=Chefs der Pariser Nationalgarde wechselten mit einander im Oberbefehl ab, indem jeder von ihnen denselben allemal zwei Monate lang führte.

Lafayette, den später Napoleon Bonaparte einen niais (Einfaltspinsel) nannte, war keineswegs gewillt, sich vom öffentlichen Leben zurückzuziehen. Im Gegentheil suchte er an Stelle Bailly's Maire von Paris zu werden. Nun war allerdings die Macht des Pariser Maire's nicht mehr bedeutend, da durch das Umsichgreifen der Demokratie das Hauptgewicht der Munizipalität in den Sektionen und im Generalrathe lag, wie auch der Einfluß des Prokurators und seiner Substitute sich mehr und mehr geltend machte: woher es denn kam, daß sich bei der Maires=Wahl in der Folge eine verhältnißmäßig schwache Betheiligung zeigte; allein Lafayette, der bei dem reaktionären Theile der Nationalgarde in Ansehen stand, würde, wofern er zum Maire gewählt worden wäre, als bornirter konstitutionell=monarchistischer Parteigänger immerhin den demokratischen Revolutionären einigermaßen zu schaffen gemacht haben. Glücklicherweise unterlag er bei der Wahl seinem Gegner Petion, einem Anhänger der Republik. Da die Königin den General Lafayette persönlich haßte, sich nicht durch einen konstitutionell gesinnten Adeligen retten lassen mochte und die Jakobiner den Gemäßigten vorzog, so verwandte der Hof den geringen Einfluß, der ihm noch geblieben war, auf die Durchsetzung der Wahl Petion's. Während die Königin den kleinlichen Ehrgeiz Lafayette's fürchtete, sprach sie die Ansicht aus, daß Petion ein Dummkopf wäre, der sich nicht zum Parteiführer qualifizirte. Petion erhielt bei der Wahl, an der sich 10,632 Wahlberechtigte betheiligten, 6708 Stimmen, und Lafayette blieb somit in der Minderheit. Zum Prokurator der Munizipalität wurde Manuel, ebenfalls ein Anhänger der Republik, durch die wahlberechtigte Bourgeoisie gewählt, und einer seiner beiden Substituten wurde der gefährliche Agitator Danton, auf dessen Korruption der Hof rechnete.

Die 16 Administratoren, wovon ein jeder ein besonderes Attribut hatte und in deren Versammlungen der Maire den Vorsitz führte, der aus 32 Mitgliedern bestehende Munizipalrath, der sich alle vierzehn Tage mindestens einmal versammelte, der Generalrath, bestehend aus 96 Notabeln, und der General=Prokurator nebst seinen zwei Substituten, zusammen 147 Mann, bildeten jetzt, wie wir schon oben sahen, die Pariser Kommune. Der Maire durfte den Munizipalrath außergewöhnlich einberufen und er war hierzu verpflichtet, wenn die Hälfte der Rathsmitglieder eine außerordentliche Einberufung verlangte. Der Generalrath trat nur dann zusammen, wenn der Maire, die Majorität der Administratoren und die Majorität des Munizipalraths seine Einberufung für nöthig erachteten.

Durch die 48 Sektionen, in die Paris eingetheilt war, wurde die Munizipalität immer mehr ihrer Macht beraubt. Alle das Stimmrecht besitzenden citoyens bildeten die Sektions=Versammlungen. Die Polizei lag in ihren Händen. Jede Sektion wählte einen Polizei=Kommissär und sechzehn andere Kommissäre, die diesen Polizei=Kommissär zu überwachen hatten. Die sechzehn Kommissäre sollten auf die Vollstreckung der Anordnungen der Munizipalität halten und derselben Mittheilungen und Instruktionen zukommen lassen. Sie versammelten sich alle 8 Tage mindestens einmal und in ihren Versammlungen hatte der ihnen untergeordnete und dienstbare Polizei=Kommissär nur eine berathende Stimme. Wenn fünfzig citoyens die Einberufung der General=Versammlung der Sektion verlangten, mußte diese einberufen werden, und wenn acht Versammlungen die Zusammenberufung aller Sektionen von Paris forderten, so mußte die Munizipalität dieser Forderung durch Einberufung derselben entsprechen. Somit lag die Souveränität von Paris nicht in der Munizipalität, geschweige denn im Maire, sondern in den Sektionen, wo unaufhörlich agitirt wurde.

Außerdem wurde die Macht der Munizipalität auch durch die Volksversammlungen eingedämmt. Ein Gesetz=Artikel bestimmte: „Die aktiven Bürger besitzen das Recht, sich friedlich und unbewaffnet zu versammeln in besondern Versammlungen, um Adressen oder Petitionen abzufassen, unter der Bedingung, daß sie die Munizipal=Behörde davon benachrichtigen und nicht über zwanzig citoyens abordnen, um die Adressen und Petitionen zu überbringen und zu überreichen."

Die Departemental=Verwaltung von Paris, sagt der reaktionäre Geschichtschreiber De Barante,*) war nicht mit einer wirklichen Macht mehr bekleidet, wohl aber mit vielem Ansehen verbunden. Da dieses Amt den Mitgliedern der konstituirenden Versammlung nicht untersagt worden war, waren mehrere der notabelsten gewählt worden. Der Herzog de la Rochefoucauld, der vertraute Freund des Generals Lafayette,

---

*) Histoire de la Convention nationale. Par M. de Barante de l'Académie française. Erster Band, Brüssel 1851, S. 42.

war Präsident dieser Verwaltung, bei der sich v. Tailleyrand, Germain Garnier, Desmeuniers, Desfaucherets u. a. m. befanden.

Der neue Maire von Paris charakterisirte sich dadurch, daß er mit den Jakobinern liebäugelte und, soviel er konnte, die Dinge ihren Gang gehen ließ.

Jerome Petion de Villeneuve*) war 1753 zu Chartres geboren und in seiner Heimath beim Ausbruch der Revolution Advokat. In die Versammlung der Reichsstände als Vertreter des dritten Standes gewählt, gehörte er hier nebst Robespierre zur äußersten Linken. Da er sich brav hielt und sich nicht bestechen ließ, nannte ihn das Volk den tugendhaften Petion, während Robespierre den Beinamen „der Unbestechliche" erhielt. Er trat mehrmals Mirabeau entgegen und schlug denselben in der Frage bezüglich der sofortigen Erklärung der Menschenrechte.**) Auch sprach er gegen das absolute Veto des Königs. Nach dem Schmause der Leibgarde und der Offiziere des flandrischen Regiments zu Versailles griff Petion das Betragen der Königin aufs Heftigste an und schien hierdurch das Signal zum Pariser Aufstande vom 5. Oktober 1789 gegeben zu haben. Indem er in glühenden Worten für die Freigebung der in den französischen Kolonien befindlichen Neger eintrat, trug er zum späteren Neger-Aufstande bei. In Uebereinstimmung mit Barnave und Alexander Lameth betonte er, daß das Recht, Krieg oder Frieden zu machen, der Nation allein zustände. Seine desfallsige Rede war so meisterhaft und sein Triumph so vollkommen, daß er am Ende des Jahres 1790 zum Präsidenten der konstituirenden Versammlung ernannt wurde. Er provozirte ein Gesetz gegen die landesflüchtigen Reaktionäre und widersetzte sich dem perfiden Antrage des vom Hofe bestochenen Mirabeau auf Revision, das heißt: auf Verschlechterung, der Konstitution. Im Monat Juni 1791 wurde er zum Präsidenten des zu Paris eingesetzten Kriminal-Gerichts ernannt, bei welchem Robespierre vom Juni 1791 bis zum April 1792 als Staatsanwalt fungirte, trat aber sein Amt nicht an. Als der König auf der Flucht in Varennes arretirt worden war, war Petion einer von den Kommissären, die den gefangenen Monarchen nach Paris zurückbringen mußten. Petion benahm sich bei dieser Gelegenheit gegen die treulose königliche Familie, wie es einem Volksvertreter und Republikaner geziemt. Nach seiner Rückkunft in Paris unterstützte Petion im Jakobiner-Klub Brissot und Laclos, die Hauptanstifter der republikanischen Demonstration für Absetzung des Königs, jener Demonstration, welche in die blutige Niederlage der Republikaner auf dem Marsfelde auslief. In der konstituirenden National-Versammlung that er jetzt seine Pflicht, indem er in kräftigen Worten forderte, daß Ludwig Capet wegen seiner Flucht abgeurtheilt würde. Auch setzte er den Antrag durch, wonach für die Deputirten der Wahlzensus abgeschafft wurde. Als den 30. September 1791 die konstitui-

---

*) Er schrieb seinen Namen ohne Akzent, doch wurde derselbe Pétion ausgesprochen.

**) S. Nouvelle Biographie Générale, redigirt von Dr. Höfer. — Regnault-Warin, Vie de Petion, maire de Paris, Bar-le-Duc, 1796, 8°.

rende Versammlung aus einander ging, brachte das Volk den beiden
braven Deputirten Robespierre und Petion eine große Ovation dar.
So beschaffen war die Laufbahn des neuen Pariser Maires, unter dessen
Verwaltung viele entscheidende Ereignisse vorfielen.

Die Hauptperson in der Pariser Munizipalität war Danton, der
Substitut des General=Prokurators.

Georg Jakob Danton, geboren zu Arcis am Aube den 28. Oktober
1759, war bei der Einberufung der Reichsstände königlicher Raths=
Advokat. Unbekannt, ohne Vermögen, auch ohne merklichen Ehrgeiz,
leicht und locker in seinen Sitten, beherrscht von heftigen Leidenschaften,
ließ er damals Nichts von seiner künftigen Größe ahnen. Sein Aus=
sehen erinnerte an Mirabeau, mit dem er zu Anfange der Revolution
befreundet war. Mit Mirabeau hatte er auch geistige Verwandtschaft:
die Genußsucht und das Agitations=Talent. Wie dieser war er von
riesiger Länge und Stämmigkeit. Während Mirabeau einem Löwen
glich, machte Danton den Eindruck einer Dogge. Danton's kolossale
Gestalt dominirte in den Volks=Tumulten. Die öffentlichen Plätze, die
Straßenkreuzungen waren die Orte, wo er seine Rednerbühne aufschlug.
Seine donnernde Stimme beherrschte die Massen. Die Reden Danton's
waren kurz und unrhetorisch, aber um so stürmischer. Innerlich ruhig,
spie er Feuer wie ein Vulkan, und seine wilde, ungeordnete Beredt=
samkeit glich einer brennenden Lava, riß Alles mit sich fort. Bei der
anfänglichen Theilung der Stadt in Distrikte wurde er Präsident des
Distrikts der Cordeliers, wo er mit Marat und Desmoulins einen Klub
schuf, der sehr entschlossene Revolutionäre enthielt. Als Marat im
Januar 1790 arretirt werden sollte, widersetzte sich Danton der Voll=
ziehung des Haftsbefehls, bis die Konstituante sich für die Legalität
der Verhaftung aussprach. Einem gegen ihn selbst ausgestellten Hafts=
befehl bot er Trotz und nöthigte das Châtelet dadurch zur Rückgängig=
machung desselben. Einige Monate nachher erschien Danton in der
National=Versammlung an der Spitze der Pariser Sektionen, um die
Entlassung und Anklage dreier Minister zu fordern. Erst nach der
Flucht des Königs jedoch erregte Danton Furcht. Er stellte den General
Lafayette vor die Alternative: „Entweder sind Sie ein Verräther, der
die Flucht des Königs begünstigt hat, oder Sie sind unfähig zum Kom=
mando, weil Sie die Flucht des Ihrer Obhut anvertrauten Königs nicht
haben verhindern können." — Danton war es, der sich an die Spitze
der republikanischen Demonstration auf dem Marsfelde stellte und hier
vom „Altare des Vaterlandes" hinab dem versammelten Volke die
Nothwendigkeit der Absetzung des Königs in eindringlichen Worten dar=
legte. Da dieser Versuch fehlschlug, wurde Danton in Anklagezustand
versetzt: was ihn, wie Camille Desmoulins und Legendre, bewog,
bis zu der im September verkündeten Amnestie zu verschwinden. Ein
weiterer Haftsbefehl wegen Schulden verhinderte ihn nicht, sich bei
den Gemeindewahlen als Kandidat zu präsentiren und seine
Wahl zu erwirken. Bei Hofe schilderte man ihn als einen lüderlichen,
äußerst unsittlichen Menschen, gierig nach Reichthümern und Ver=
gnügungen, immer bereit, für Geld seine republikanische Gesinnung

zu verkaufen. Er wurde daher zu bestechen gesucht. Herr von Lessart, Minister der äußern Angelegenheiten, schloß mit ihm einen Handel ab, demzufolge Danton über hunderttausend*) Thaler erhielt. Indeß verzehrte Danton das ihm willkommene Geld, kümmerte sich aber wenig um die Stipulationen des mit dem Ministerium abgeschlossenen Vertrages. Als die Bezahlung aufhörte, weil der Hof sah, daß das von dieser Bestechung erhoffte Resultat nicht erreicht wurde, zeigte sich Danton bald wieder als einer der grimmigsten Feinde des Königs.**) Diese Feindschaft zeigte sich im Jahre 1792.

Da Petion der fortgeschrittenen Partei angehörte und Liebling des Volks war, verlief die erste Zeit seines Bürgermeisteramtes sehr glatt. Nachdem die Gesetzgebende Versammlung eine Amnestie zu Gunsten der Soldaten des Schweizer-Regiments von Chateauvieux, die zu offener Empörung gegen ihre Offiziere geschritten waren, ausgesprochen hatte, wollten die Jakobiner diesen Ungehorsam der Soldaten gegen aristokratische Verschwörer durch ein besonderes Fest feiern: worauf im Monat April 1792 die Pariser Kommune, bestimmt von Petion, den begnadigten Rebellen die Ehren eines öffentlichen Triumphes beschloß. Bald darauf bezeichnete der Maire von Paris in einem Briefe die Eigenthümer als „neue Aristokraten", und um diese flegelhaften Burschen etwas im Respekt zu halten, führte die Gesetzgebende Versammlung, worin die Girondisten über die Mehrheit verfügten, in der Nationalgarde mit Piken bewaffnete Proletarier ein. Diese Umwandlung der Nationalgarde wurde vorgenommen, weil die Bourgeoisie noch Sympathie für den mit den Reaktionären intriguirenden König hegte und weil die Girondisten, um die Herrschaft in ihre Hände zu bekommen, das Volk zur Einschüchterung und Abschwächung des Königthums brauchten.

Gegen die refraktären, die Leistung des konstitutionellen Staatsbürgereids verweigernden und Volksunruhen in den Provinzen hervorrufenden Priester hatte die Gesetzgebende Versammlung schon am 29. Dezember 1791 ein Dekret beschlossen. Der König hatte aber sein Veto dagegen eingelegt, indem er gesagt hatte: „Eher soll man mir das Leben entreißen, als daß ich mich zwingen lasse, es zu sanktioniren." Ebenso hartnäckig verweigerte er die Sanktion eines neuen Dekrets vom 27. Mai 1792, welches die aufrührischen Priester mit Deportation bedrohte. Die Weigerung Ludwig's rührte aus der Beschränktheit seines Verstandes, aus seinem religiösen Aberglauben her. Denn er sanktionirte Dekrete gegen die Emigranten und gegen seine eigenen Brüder. Nachdem er

---

*) Der écu oder französische Laubthaler hatte 6 Francs = 4,8 Mark. Es gab aber auch kleine Laubthaler von 3 Francs.

**) Zufolge Tissot's Revolutions-Geschichte wurde Danton durch den Minister Montmorin und Lafayette gewonnen. Zu gleicher Zeit hatte Danton ein Einverständniß mit Alexander Lameth und dessen Brüdern, die damals mit dem General Lafayette uneinig waren. Mit ihrem Wissen erhielt zufolge dieser Version Danton Geld vom Hofe aus den Händen Montmorin's. — Siehe auch Histoire de Robespierre, de la Convention nationale et des Comités. Paris 1846. Zweites Bändchen. Dieses Geschichtsbuch trägt manche Spuren der Nachlässigkeit. — Die Quellen, wo der Leser das Nähere über die Bestechung Danton's nachsehen kann, geben wir im dritten Abschnitt, Kapitel vier, an.

ein theilweise girondistisches Ministerium, worin sich der Finanzminister
Clavière, der Minister des Innern Roland, der Kriegsminister Servan
und der stellenjägerische Minister des Aeußern Dumouriez befanden, ein-
gesetzt hatte, wurde am 20. April 1792 gegen den Habsburger Franz II.,
König von Ungarn und Böhmen, den späteren deutschen Kaiser, der in
Verbindung mit den Fürsten des deutschen Reichs, sowie Spaniens,
Savoyens, Schwedens und Rußlands, den neuen Zustand der Dinge in
Frankreich bedrohte, der Krieg beschlossen. Ein von Dumouriez geplanter
Einfall in Belgien, welches damals zu Oesterreich gehörte, mißglückte
am 28. April. Die Reaktionäre in Frankreich jubelten. Die Gesetzgebende Versammlung verabschiedete nun die auf 6000 Mann erhöhte
Leibgarde des Königs,*) traf die erwähnte Maßregel gegen die aufrührerischen Priester, führte die Pikenmänner bei der Nationalgarde ein
und beschloß die Errichtung eines 20,000 Mann starken, bei Paris zu
zu errichtenden Feldlagers. Der König, über diese Maßregeln aufgebracht,
entließ die Minister Servan, Roland und Clavière, ja sogar etwas nachher auch den intriganten Dumouriez, und nahm an die Stelle derselben
aus der reaktionären konstitutionell-monarchistischen Partei der Feuillants ein neues Ministerium.

Um den König ins Bockshorn zu jagen, wurde eine revolutionäre
Demonstration geplant. Vierzigtausend Mann sollten am 20. Juni, dem
Jahrestage des Ballhaus-Schwures, der Gesetzgebenden Versammlung
und dem Könige Petitionen, worin die Sanktion der mit dem königlichen
Veto belegten Dekrete verlangt wurde, überreichen. Zu diesem Behufe
fanden vorbereitende geheime Versammlungen statt, an denen der Maire
Petion, der Kommune-Prokurator Manuel, Santerre, Sillery, Carra und
Andere theilnahmen.

Als die Vorbereitungen getroffen waren, wurde dem Generalrathe
der Kommune die Mittheilung gemacht, daß die citoyens der Arbeiter-
vorstädte St. Antoine und St. Marceau der Versammlung und dem
Könige Petitionen überreichen und alsdann auf der Terrasse der Feuillants, in der Nähe der Tuilerien, einen Freiheitsbaum pflanzen wollten.
Die Petitionäre suchten bei der Munizipalität um die Ermächtigung nach,
in Waffen erscheinen zu dürfen. Da der Rath der Kommune die Ermächtigung hierzu nicht zu ertheilen wagte, erklärten die Petitionäre,
daß sie auf diese Erlaubniß verzichteten. Um sich den Rücken zu decken,
setzte Petion von dem Beschlusse der Munizipalität die Departements-
Verwaltung in Kenntniß. Diese befahl dem Maire, daß er im Verein
mit der Munizipalität und dem Befehlshaber der Nationalgarde sofort
alle Maßregeln, welche zur Verhinderung jedes ungesetzlichen Volksauf-
laufes, sowie zur Zurückhaltung und Unterdrückung der Störung des
öffentlichen Friedens dienen könnten, ergreifen sollte. Den Vorschlag
Petion's, die Petitionäre durch die regelmäßig bewaffnete Nationalgarde

---

*) Die Konstitution bestimmte ausdrücklich (Kapitel II., Sektion I., Artikel
12): Abgesehen von der Ehrengarde, die ihm durch die citoyens Nationalgardisten
seines Residenz-Ortes geliefert wird, wird der König eine aus den Geldern seiner
Zivilliste bezahlte Garde haben; selbige darf die Zahl von 1200 Mann zu Fuß und
600 Mann zu Pferde nicht übersteigen.

begleiten zu lassen, verwerfen die Departements-Administratoren. Die Verordnung des Departements wurde an die Mauern von Paris angeschlagen.

Am 20. Juni früh 5 Uhr versammelten sich die Petitionäre bewaffnet auf dem Bastille-Platz. Zuerst erschienen bloß 1500 Mann. Nach und nach aber wuchsen sie zu einer ziemlich starken Macht an. Sie wurden von dem Marquis de Saint-Huruge, einem hinabgekommenen Landedelmann aus dem Maconnesischen, und von Santerre geführt.

Die Sitzungen der französischen National-Versammlung wurden, seitdem die Konstituante von Versailles nach Paris übergesiedelt war, in einer großen Reitschule auf einer Stelle, welche jetzt zur Rivoli-Straße gehört, in der Nähe der in den Tuilerien-Garten führenden Passage abgehalten. Dort war die Terrasse der Feuillants, und man stieg auf einigen Stufen von der erwähnten Passage auf das Niveau der Reitschule hinab.

Als die Petitionäre in der Versammlung angemeldet wurden, sträubte sich die konstitutionelle monarchistische Minderheit gegen ihre Vorlassung. Allein die Girondisten entschieden die Mehrheit für ihren Empfang. Als Sprecher diente den Petitionären Sulpiz Huguenin, ein Lothringer. Selbiger war 1750 geboren, hatte in Nancy als Advokat fungirt, war aber wegen angeblicher Lüderlichkeit hinuntergekommen und unter die Carabiniers gegangen, von denen er desertirt war. Hierauf war er als Oktroi-Beamter in Paris angestellt worden. Bei Ausbruch der Revolution war er einer der Führer in der Vorstadt St. Antoine geworden und hatte sich am Tage des Bastille-Sturmes hervorgethan.

Dieser jetzt als Sprecher der Petitionäre an der Barre der Gesetzgebenden Versammlung erscheinende Huguenin verlangte die Wiedereinsetzung des entlassenen Ministeriums, führte über das langsame Zuwerkgehen des Obergerichts Beschwerde und drohte mit der Selbsthülfe des Volks.

Nachdem er geredet hatte, wurde den Petitionären gestattet, durch den Versammlungssaal zu defiliren. An der Spitze des Zuges, der aus etwa 30,000 Köpfen bestand und auch einige Weiber und Kinder in seiner Mitte zählte, marschirte eine Musikbande. Selbige stellte sich unter der Tribüne des Präsidenten auf. Die beiden Führer Santerre und Huguenin, Pistolen im Gürtel und Säbel in der Hand, hielten beim Defiliren die Ordnung aufrecht. Die Leute des Zuges waren mit Flinten, Piken, Aexten und Küchenmessern bewaffnet. Sie führten Fahnen und Banner bei sich, worauf Inschriften wie die folgenden standen: „Das Volk ist des Leidens müde!" — „Die Freiheit oder den Tod!" — „Zittre, Tyrann!" — „Nieder mit dem Veto!" — „Es leben die Sansculotten!" Ganz hinten am Zuge kam ein Mann mit einer Pike, woran ein frisches Ochsenherz stak. Dieses Herz trug die Aufschrift: „Aristokraten-Herz!" — Man sang den Refrain: Ça ira und rief unaufhörlich: „Es leben die Sansculotten!" — Das Defiliren dauerte drei Stunden. Dann überreichte Santerre zum freundschaftlichen Andenken dem Präsidenten im Namen der citoyens des Faubourg St. Antoine eine Fahne und dankte der Versammlung.

Die Petitionäre hatten sich, nachdem sie durch die Reitschule defilirt waren, draußen auf dem Caroussel=Platze angesammelt und erschienen am Eingange des Tuilerien=Schlosses, wo sie unter großem Geschrei verlangten, daß die dort aufgestellte Nationalgarde ihnen den Eintritt gewähren sollte.

Ein Munizipal=Beamter beklagte sich beim Könige, daß die Tuilerien verschlossen und die Kanonen gegen das Volk gerichtet waren. „Solche Maßregeln", bemerkte er, „sind eher geeignet, das Volk zu reizen, als es zufrieden zu stellen. Es ist dringend nöthig, daß Eure Majestät den Befehl geben, das Thor zu öffnen." — Nach einigem Zögern sagte der König: „Ich willige ein; aber Sie müssen den Zug längs der Terrasse defiliren lassen, ohne daß er in den Garten hinabsteigt, und er muß durch die Thür, welche auf den Hof der Reitschule geht, abmarschiren." — Hierauf gaben zwei Munizipal=Beamte den Befehl zum Oeffnen des Thores.

Die Menge strömte in den Hof ein, nahm aber nicht den vom König vorgezeichneten Weg, sondern drang ins Schloß. Da sie die verschlossenen Thüren mit Axthieben zu öffnen suchte, ertheilte Ludwig den Befehl, ihr die Pforten zu öffnen. Vor dem die Zimmer über= fluthenden Volke flüchtete er in eine Fensternische, indem er sich auf einen Stuhl setzte, der auf einen Tisch gestellt worden war. Vier Grenadiere der Nationalgarde schützten ihn; denn neckisch hieb und stach man nach ihm. Stürmisch verlangte man die Sanktion der mit dem Veto belegten Dekrete. Der Fleischer Legendre, Quartiergeber Marat's und Freund Danton's, rief ihm zu: „Sie, Herr, hören Sie uns an; Sie sind dazu da, um uns anzuhören. Sie sind ein Verräther, Sie haben uns immer betrogen, Sie betrügen uns wieder. Nehmen Sie Sich in Acht! Das Maß ist voll; das Volk ist es müde, Ihr Spiel= zeug zu sein!"

Ueber diese unehrerbietigen Worte schauderte Ludwig zusammen. Gleichwohl gab er die Sanktion zu den Dekreten nicht. Uebrigens war in dem furchtbaren Tumulte und Gedränge an eine Verhandlung mit mit dem Könige nicht zu denken. Man überreichte auf einer Pike ihm die rothe Mütze und er setzte unter großem Jubel dieselbe auf. Als er nun auch ein ihm von einem halbtrunkenen Arbeiter angebotenes Glas Wein austrank, verwandelte sich der Grimm des Volks in Beifalls= geschrei. Dieser schnelle Umschlag der Stimmung der Pariser Arbeiter ins Gegentheil, weil der König mit einem von ihnen ein Schmollis zu trinken schien, zeigt hinlänglich, wie politisch unwissend und roh sie noch waren. Mittlerweile war in einem andern Zimmer die Schwester des Königs in Gefahr gerathen. Man hielt sie für Marie Antoinette und rief: „Da ist die Oesterreicherin!" Als man endlich die Königin ent= deckte, erschien Santerre und nahm dieselbe in Schutz. Auch dem kleinen Kronprinzen zog man eine rothe Mütze über die Ohren; allein Santerre, der bei der Königsfamilie den Wichtigen spielen wollte, nahm dem Kleinen die Mütze ab, indem er sagte, daß sie das Kind erstickte. Schon vor dem Einzuge der bewaffneten Revolution ins Schloß hatte Santerre feig gesagt: „Ihr seid meine Zeugen, daß ich mich weigere, an Eurer Spitze in die Gemächer des Königs zu marschiren!" *)

Nachdem das königliche Ansehen zu Grunde gerichtet war, erschien Nachmittags ½5 Uhr auch der Maire Petion im Schlosse. Derselbe stellte sich auf eine Bank und ermahnte das Volk, friedlich abzuziehen: worauf dasselbe sich verlief.

Der am 12 April 1792 aus London nach Paris zurückgekehrte Marat scheint an der Demonstration vom 20. Juni keinen direkten Antheil genommen zu haben. Derselbe hatte in Nr. 646 seines Blattes geschrieben: „Vor mehr als einem halben Jahre habe ich vorausgesagt, daß die drei Generäle (Rochambeau, Lafayette und Luckner), die alle gleich niedrige Bedienten des Hofes sind, die Nation verrathen und unsere Gränzen überliefern werden; bald werden sich diese düstern Prophezeiungen erfüllen. Meine einzige Hoffnung beruht darauf, daß die Armee endlich die Augen öffnen und merken wird, daß ihre Befehlshaber die ersten Opfer sind, welche dem öffentlichen Wohle dargebracht werden müssen." — Darauf hin war unterm 4. Mai 1792 ein neuer Haftsbefehl gegen Marat ergangen. Letzterer befand sich also wieder im Versteck, als die Demonstration vom 20. Juni gemacht wurde. Uebrigens ist zu bemerken, daß Marat die Priester immer geschont hat. In seinem „Kriminal-Gesetzgebungs-Plan", der während der Revolution neu aufgelegt wurde, hat er auch die „Verbrechen gegen die Religion" behandelt. Wörtlich heißt es daselbst: „Ohne Zweifel ist es dem Staate nützlich, wenn seine Glieder an Gott glauben; allein es ist noch nützlicher, wenn sie sich nicht verfolgen. — Solange der Gottesleugner Nichts weiter thut, als daß er für sich urtheilt, soll er in Ruhe gelassen werden; allein, wenn er, anstatt sich an den Zweifler-Ton zu halten, deklamirt, wenn er Behauptungen aufstellt, wenn er Andere zu seiner Ansicht zu bekehren sucht: dann macht er, indem er zum Sektirer geworden ist, von seiner Freiheit einen gefährlichen Gebrauch und soll sie verlieren. Er soll daher auf beschränkte Zeit in ein bequemes Gefängniß (dans une prison commode) eingeschlossen werden."

Die Religion war Marat's schwache Seite. Man hat ihn daher im Verdacht gehabt, daß er sich von der Geistlichkeit, gegen welche die erwähnten, mit dem Veto des Königs belegten Dekrete gerichtet waren, habe gewinnen lassen.

Ludwig XVI. beschuldigte den Maire Petion, daß dieser zur Verhinderung der Demonstration Nichts gethan hätte. Um sich hierfür schadlos zu halten, ließ Petion einen an die Einwohner von Paris gerichteten Brief, worin er ihnen seine Unterhaltung mit dem Könige erzählte, öffentlich anschlagen. Die Departements-Administratoren nebst ihrem Vorsitzenden, dem Herzog von Larochefoucauld, sämmtlich konstitutionell-monarchistische Reaktionäre, waren der gleichen Ansicht wie der

---

*) Santerre, général de la république française: sa vie politique et privée. Par A. Carro. Paris 1847. Seite 111.

König und glaubten jetzt ihre von der sittlichen Entrüstung ihrer schwachen Partei getragene Macht bethätigen zu müssen, indem sie den Maire Petion und den Kommune-Prokurator Manuel von den Aemtern suspendirten. Inzwischen eilte zur Rettung des Königthums auch Lafayette herbei. Dieser eingebildete General hatte schon unterm 16. Juni an die Gesetzgebende Versammlung einen Brief gerichtet, worin er sie in seinem Namen und im Namen seiner Armee aufgefordert hatte, die Pariser republikanischen Klubs zu schließen und den Thron zu befestigen. Die Versammlung hatte zwar diesen Brief zu vertuschen gesucht; allein derselbe war bekannt geworden und hatte bei den Konstitutionellen von 75 Departements Anklang gefunden. Jetzt erschien am 28. Juni Lafayette plötzlich in der Gesetzgebenden Versammlung zu Paris, bekannte sich ausdrücklich zu seinem Briefe und wiederholte die darin gestellten Forderungen. Seine Petition, die gegen die Konstitution verstieß, weil die Armee, in deren Namen er sprach, laut dem Gesetze nicht berathen durfte, wurde mit Nachsicht aufgenommen und einer außerordentlichen Kommission überwiesen, obschon Guadet in der Versammlung den Schritt des Generals scharf kritisirte. Als Lafayette sah, daß er hier Nichts ausrichtete, wandte er sich an den Hof und ersuchte die königliche Familie, sich unter den Schutz seiner Armee zu stellen. Allein er wurde abgewiesen. Nachdem auch sein Versuch, eine Revüe über die National-Gardisten abzuhalten, gescheitert war, wollte er wenigstens mit den reaktionären Kompagnien der Nationalgarde ein Rendez-vous veranstalten und mit ihnen die demokratischen Klubs überfallen; doch stellten sich nur 30 Mann zu seiner Verfügung. Er erzielte also weiter Nichts, als daß er sich lächerlich und verächtlich machte. Seine Staatsretterei legte seine Selbstüberschätzung, sowie die Schwäche der Monarchisten bloß, und ärgerlich über die Verkennung seines guten Willens kehrte er zum Heere zurück. Als die Armee Lafayette's bei der neuen Stellung, die sie zwischen dem Meere und Montmedy einzunehmen hatte, bis auf 20 Stunden Compiegne nahekam, ersuchte Lafayette den König nochmals, sich freimüthig für die Konstitution auszusprechen und sich zu ihm zu begeben. Indeß ertheilte ihm der Hof, der Nichts von aufrichtiger Einhaltung der Konstitution wissen wollte, den Rath: er möge sein Geschäft als General ordentlich erfüllen, das sei das erste Mittel, dem Könige zu dienen. Als die Jakobiner durch Collot-d'Herbois in der Gesetzgebenden Versammlung die Anklage Lafayette's forderten, wurde der betreffende Antrag am 8. August mit 446 gegen 224 Stimmen verworfen; doch wurden die Freunde Lafayette's beim Herausgehen aus der Versammlung vom Volke insultirt. Desgleichen wurde Lafayette in effigie im Palais-Royal vom Volke verbrannt und einige Zeit darauf die Medaille, welche ihm die Stadt Paris 3 Jahre vorher votirt hatte, auf Requisition Danton's durch Henkershand öffentlich zerbrochen.

Die Suspension des Maires und des Prokurators der Pariser Kommune erzeugte große Aufregung und ließ einen neuen Volksaufstand befürchten. Eine Deputation des Generalraths der Kommune reklamirte gegen die wider den Maire und die Munizipalität eingeleitete Untersuchung, welche auf Anordnung der Departemental-Verwaltung den

Gerichten überwiesen war. Die Gesetzgebende Versammlung ersuchte nun die Exekutiv-Gewalt, über die ergriffenen Maßregeln Rechenschaft abzulegen, während der König unter der Erklärung, daß er persönlich betheiligt sei, die Versammlung um Entscheidung anging. Da aber Letztere gemäß den Vorschriften der Verfassung (Kapitel 4, Sektion II., Artikel 5 – 8,) sagte, daß zunächst die Exekutiv-Gewalt über ihre Untergebenen zu entscheiden habe, so übermittelte ihr am 12. Juli der Justizminister eine Proklamation, durch welche die Suspension des Maire und des Prokurators bestätigt wurde. Petion und Manuel wurden jetzt der Versammlung vorgeführt. Sie wurden freigesprochen und zu den Ehren der Sitzung zugelassen. Sonach setzten die Girondisten in der Gesetzgebenden Versammlung den Beschluß durch, daß ihre beiden Freunde am 13. Juli wieder in ihre Aemter eingesetzt wurden. Da am folgenden Tage der Jahrestag von der Erstürmung der Bastille gefeiert wurde, erschien Petion auf diesem Revolutionsfeste im vollen Stolze der Volksgunst und im hellstrahlenden Glanze seiner bürgermeisterlichen Würde. Wo immer er sich blicken ließ, wurde gerufen: „Hoch lebe die Nation und der Maire Petion! Petion oder den Tod! Nieder mit dem Veto!"

Mittlerweile ging der Versammlung seitens der Marseiller Munizipalität eine Petition zu, worin die Abschaffung des Königthums gefordert wurde. Es wäre Zeit, hieß es in derselben, daß die Nation sich selbst regierte. Während nach den in der Konstitution verzeichneten Menschenrechten alle citoyens zu allen Aemtern gleich zulässig wären: wie hätten da die Konstituanten festsetzen können, daß das Königthum erblich übertragen werden sollte? Die Nationen wären nicht dazu bestimmt, um auf diese Weise geopfert zu werden. Ein solcher Artikel in der Konstitution wäre infam und verbrecherisch. Dann, was könnte der Gleichheit vor dem Gesetz mehr zuwider sein, als ein unverletzlicher König? Jeder Einwohner des Staates müßte unter dem Schwerte der Gesetze stehen. Warum sollte der König hiervon ausgenommen sein? — „Also, Gesetzgeber", so schloß die Petition, „wenn Ihr Etwas sein und dem Wunsche der Nation entsprechen wollt, so schafft ein Gesetz ab, welches sie nicht länger leiden kann!"

Aber der Süden Frankreichs ließ es nicht bei bloßen Worten bewenden, sondern die Städte Marseille, Toulon, Avignon, Montpellier und Nimes schickten der Pariser Kommune eine aus ihren verwegensten Gesellen gebildetes Bataillon Nationalgardisten nebst zwei Kanonen. Selbiges sollte den König entthronen helfen.

Schon zum Feste des 14. Juli waren aus allen Departements Nationalgardisten herbeigekommen. Das die Bildung eines Lagers von 20,000 Mann anordnende Dekret der Gesetzgebenden Versammlung erhielt auf diese Weise trotz des königlichen Vetos seine Ausführung. Indeß wurden diese Föderirten nach dem Rathe, den früher der intrigante Minister Dumouriez dem Könige gegeben hatte, nach einem bei Soissons errichteten Lager abgeführt, angeblich, um sie zu disziplinieren, in Wahrheit aber, um sie von Paris zu entfernen und sie zu paralysiren. Paris, die Hauptstadt der Revolution, sollte von Vertheidigern entblößt sein. Zugleich schrieb der verlogene König an die Gesetzgebende Versammlung, daß er sich zu den Föderirten begeben werde, um ihren Eid zu empfangen, damit die Uebelwollenden sich überzeugten, wie innig der König und die Versammlung in dem nämlichen Geiste geeint wären und in Uebereinstimmung den Sieg der französischen Waffen durch Aufrechterhaltung der innern Ruhe vorbereiten wollten.

Die königliche Familie wiegte sich jetzt in der Hoffnung, daß binnen Kurzem die Revolution niedergeschmettert und der alte Absolutismus wieder eingeführt sein würde. Sie wollte dann an Allen, die sich nur irgendwie an der Revolution betheiligt hatten, eine exemplarische Rache nehmen. Daher wies sie die Hülfe der konstitutionell gesinnten Herren v. Montmorin und v. Liancourt zurück, welche gleich Lafayette sich zu ihren Rettern aufwarfen; denn auch die Konstitutionellen sollten gezüchtigt werden. Das vom Herzoge von Braunschweig unterm 25. Juli erlassene, von französischen Emigrirten verfertigte Manifest bestärkte sie in ihrem bösen Willen. In diesem Manifest hieß es u. A.:

„Die Nationalgarden, welche die Truppen der Alliirten bekämpfen, werden wie Rebellen gegen ihren König und wie Störer des öffentlichen Friedens bestraft werden.... Die Stadt Paris und alle ihre Einwohner ohne Unterschied sind gehalten, sich zu unterwerfen, dem Könige seine Freiheit zurückzugeben, ihm die Unverletzlichkeit und den Respekt zu sichern, die Pflichten der Unterthanen gegen ihren Landesherrn. Ihre kaiserlichen und königlichen Majestäten machen, bei kriegsgerichtlicher Strafe und ohne Hoffnung auf Gnade, persönlich verantwortlich die Mitglieder der National-Versammlung, des Distrikts, der Munizipalität, der Nationalgarde und Alle, die es sonst angeht. Wenn das Schloß der Tuilerien forcirt oder insultirt wird, wenn ihren Majestäten die geringste Gewalt, der geringste Schimpf angethan wird, wenn nicht sofort für ihre Erhaltung, ihre Freiheit gesorgt wird, so erklären die alliirten Fürsten auf Treue und auf Kaiser- und Königswort, daß sie dafür eine exemplarische, ewig denkwürdige Rache nehmen wollen, indem sie die Stadt Paris einer militärischen Hinrichtung und einer totalen Verwüstung überliefern."

Die Königin, welche bei Hofe das Regiment führte, wurde durch das vorzeitige Krähen der europäischen Reaktion so übermüthig, daß sie eine royalistische Schilderhebung auf den 12. August plante. An diesem Tage sollten vom zwanzigstündigen Umkreise um Paris Alle, welche mit dem Könige hielten, bewaffnet in der Hauptstadt erscheinen und sich daselbst mit den Adeligen und mit der Schweizergarde zum Kampfe gegen die Demokratie vereinigen. Der Hof rechnete von Außen auf 18,000 und im Innern von Paris auf 15,000 reaktionäre Kämpfer. Behufs dieser monarchistischen Schilderhebung wurden mehrere Tausend Einladungsbriefe gedruckt und in den ersten Tagen des August versendet. Santerre versichert, daß er mehrere solche Briefe gesehen und gelesen hat. Da ihm der Größenwahnsinn in den Kopf gestiegen war, übernahm er die Donquixotte-Rolle, den König, mit dem er nach der Flucht von Varennes als Bataillons-Chef der Nationalgarde persönlich bekannt geworden war, warnen zu wollen. Durch den Ritter du Puget, den ihm befreundeten Unter-Gouverneur des Kronprinzen, ließ er sich am

7. August Abends zum König führen und stellte diesem das Verderbliche der beabsichtigten monarchistischen Erhebung vor. Der unselbstständige König begab sich ins Zimmer zu seiner Frau. Santerre, welcher in einem zu ebner Erde liegenden Zimmer des Schlosses allein geblieben war, hörte oben die Königin leidenschaftlich schreien: „Sire, eure Majestät ist besudelt worden, das muß gerächt werden, und Alles ist bereit." — Santerre's guter Rath wurde durch die Königin zornig von der Hand gewiesen. Diese geheime Beziehung Santerre's zur königlichen Familie liefert die Erklärung, warum er beim nächsten Aufstande keine Lust bezeigte, mitzuwirken.

Unter diesen Umständen mußte es bald zum Entscheidungskampfe kommen. Entweder mußte das absolute Königthum mit seiner alten Willkür, Lüge und Tücke, oder es mußte die Republik siegen.

Inzwischen gingen der Gesetzgebenden Versammlung von allen Theilen Frankreichs Petitionen zu, worin die Absetzung des Königs verlangt wurde. Am 3. August erschien auch der Maire Petion an der Barre der Versammlung und überreichte eine Adresse des Generalraths der Pariser Kommune. Diese Adresse, eine lange Anklage-Akte gegen den König, schloß mit den Worten: „Der Chef der vollziehenden Gewalt ist der erste Ring in der gegenrevolutionären Kette; er scheint an den Komplotten von Pillnitz betheiligt zu sein. Sein Name kämpft täglich gegen den der Nation; sein Name ist das Signal der Zwietracht zwischen dem Volke und dessen Behörden, zwischen den Soldaten und deren Generälen. Weit davon entfernt, sich durch einen formellen Akt den äußeren und inneren Feinden widersetzt zu haben, ist sein Betragen vielmehr ein förmlicher fortwährender Akt des Ungehorsams gegen die Konstitution. Mit einem Uebermaße von Nachsicht hätten wir gewünscht, nur auf solange, als die Gefahr des Vaterlands dauert, die Suspension Ludwigs XVI. fordern zu können; allein die Konstitution steht dem entgegen.*) Ludwig XVI. beruft sich unaufhörlich auf die Konstitution; wir berufen uns auch auf dieselbe, indem wir seine Absetzung fordern. Ist einmal diese große Maßregel vollzogen, so verlangen wir, daß solidarisch verantwortliche Minister, von der Versammlung, aber nicht aus ihrer Mitte, mit namentlicher Abstimmung ernannt, provisorisch die vollziehende Gewalt ausüben, bis — sobald die Sicherheit des Staates dieß erlaubt — der Wille des Volkes, unseres und Eures Souveräns, gesetzlich in einem National-Konvent ausgesprochen wird."

Diese Adresse des Generalraths der Kommune, wodurch sich die Pariser Bourgeoisie für die Absetzung des Königs aussprach, wurde einer Kommission überwiesen, und es wurde beschlossen, daß die Diskussion über die Absetzung am 9. August stattfinden sollte.

Die Sektionen von Paris gingen im gleichen Sinne, gewöhnlich

---

*) Die Konstitution bestimmte im zweiten Kapitel (Sektion I, Artikel 6): „Wenn der König sich an die Spitze einer Armee stellt und ihre Kräfte gegen die Nation richtet, oder wenn er sich nicht durch einen formellen Akt einer solchen in seinem Namen geschehenden Unternehmung widersetzt, soll er so angesehen werden, als ob er abgedankt habe."

nur noch schärfer, vor. Sie drohten mit der Selbsthülfe. So theilte die Sektion des Gravilliers der Versammlung im Namen von 30,000 citoyens des Faubourg St. Antoine mit: „Wir verlangen von Euch die sofortige Erklärung, daß Grund zur Anklage gegen Ludwig XVI. vorliegt. Wir lassen Euch noch die Ehre, das Vaterland zu retten; allein wenn Ihr es zu thun Euch weigert, dann werden wir uns dazu verstehen müssen, uns selbst zu retten."

Als sich die Monarchisten der Sektion Filles-Saint-Thomas mausig machen wollten, sagte der Girondist Brissot: „Die Sektion Filles-Saint-Thomas, in der ich wohne, enthält zwei Parteien; die eine derselben, die respektable, besteht aus Patrioten, aus jenen Männern, welche man mit dem Namen Sansculotten bezeichnet; die andere, der vom Krebs angefressene Theil der Sektion, besteht aus Finanzleuten, aus Börsen-Agenten, aus Wucherern, welche den Erfolgen der Freiheit mehr geschadet haben, als die preußische und österreichische Armee. Aus diesem Herde der Gegenrevolution ist die soeben verlesene Reklamation hervorgegangen. Die Kommissäre, welche zur Adresse der Munizipalität beigetragen haben, verlangen gehört zu werden."

Die neue Deputation der Sektion forderte das allgemeine Stimmrecht und die Abschaffung des Zensus für die Sektions-Berathungen. Am nächsten Tage stand das Verlangen des allgemeinen Stimmrechts auf der langen Liste, durch welche der Wille der Föderirten, der Marseiller und der Pariser citoyens ausgedrückt wurde. Zwanzig Delegirte erschienen mit einer Fahne, woranf eine rothe Mütze stak und welche die Aufschrift trug: „Abschaffung der vollziehenden Gewalt!" in der Versammlung. Ihr Redner erklärte die Akte der Versammlung seit der Flucht von Varennes für nichtig und verlangte einen National-Konvent. Er forderte das Wahlrecht für jeden citoyen, der nicht ein Stromer, nicht ein Vagabund wäre, für jeden, der eine öffentliche Steuer zahlte, für jeden, der das heilige Eigenthum seiner Arbeit besäße und dem Vaterlande irgend einen Dienst leistete. Alle Stäbe der Armee sollten entlassen werden, kein Adeliger General-en-Chef sein können, Lafayette in Anklage versetzt werden. Er verlangte eine Aushebung von 1 Mann auf 10, die Wiedereinsetzung der entlassenen Minister, die Absetzung aller Platz-Kommandanten, sowie strenge Gesetze gegen den Wucher und das Monopol.

Die Marseiller Föderirten waren bei ihrer Ankunft in Paris den 30. Juli durch Petion in das Gebäude der Cordeliers einquartirt worden, wo Danton sie mit Wein und allen möglichen Vergnügungen bewirthete. Der Generalstab der Pariser Nationalgarde aber war abgesetzt worden, weil er des Einverständnisses mit Lafayette verdächtig war.

Der Hof hatte mittlerweile die angestrengtesten Versuche gemacht. Die Kasse der königlichen Zivilliste war erschöpft. De Barante, den wir als einen reaktionären Geschichtsschreiber in dieser Hinsicht mit Vorliebe zitiren, schreibt hierüber: „Der Graf von Narbonne beabsichtigte ein gutes Einverständniß mit den Girondisten. Er suchte einige derselben mit Geld zu gewinnen. Vielleicht wurde er durch die Bestechungsmäkler, welche sich mit der Unterhandlung in dieser Angelegenheit befaßten, getäuscht. Auf der von ihm später dem Konvente geschickten Liste befand sich nur ein einziger Mann dieser Partei, nämlich Gensonné, der nicht als ein käuflicher Mensch betrachtet wurde; die übrigen waren heftige Jakobiner. Das Geld ging durch die Hände von Lacroix, der bei vielen solchen Käufen verwandt wurde."

Der König war nicht mehr mit Geld zu retten. Der Aufstand vom 10. August brachte die Entscheidung.

Der Maire Petion suchte sich wieder den Rücken zu decken. Am Tage vor der Volkserhebung sagte er zum Jakobiner Chabot: "Wehe Euch, wenn Ihr Aufstand macht! Ich kenne Euren Einfluß; allein auch ich besitze Einfluß und werde gegen Euch handeln." — Chabot entgegnete ihm: "Sie werden arretirt werden, und man wird ohne Sie handeln." —

Danton präsidirte in der Nacht vom 9. auf den 10. August im Klub der Cordeliers. Um 12 Uhr ließ er Sturm läuten.

In einem noch vorhandenen Briefe schreibt Camille Desmoulins seinem Vater, daß Danton in eigener Person am 10. August die Marseiller zur Attake des Schlosses führte und daß Camille mit Danton zusammen den Schuß auf dem Carousssel-Platze abgefeuert hat. Danton hatte kurz vorher wieder vom Hofe Geld empfangen und sich in seine Heimath zurückgezogen, um dasselbe ruhig zu genießen; indeß hatten die Revolutionäre Verdacht gefaßt und ihn zur Rückkehr in die Hauptstadt aufgefordert, worauf er am 9. August, am Tage vor dem Aufstand, in Paris eingetroffen war. Um seinen Ruf und Einfluß nicht zu verlieren, betheiligte er sich trotz des vom Hofe erhaltenen Geldes am Aufstande.

Oberbefehlshaber der Nationalgarde war in der Nacht vom 9. auf den 10. August Johann Anton Galyot Marquis de Mandat, ein früherer Hauptmann der französischen Garde, der jetzt konstitutionell monarchisch gesinnt war. Derselbe hatte die Nacht vorher von dem bevorstehenden furchtbaren Aufstande gehört und sich vom Maire Petion, der ins Schloß beordert und daselbst festgehalten worden, den schriftlichen Befehl ausfertigen lassen: im Falle daß das Schloß angegriffen würde, die Gewalt mit Gewalt zu vertreiben. Mandat traf demnach seine Dispositionen und verständigte sich mit Herrn von Maillardoz, dem im Schlosse liegenden Kommandanten der Schweizergarde. Im Schlosse erschienen 120 Aristokraten mit Hofdegen, Pistolen und Stutzerbüchsen. Diesen Vertheidigern fügte Mandat einige Bataillone ihm zuverlässig scheinender Nationalgardisten hinzu. Im Uebrigen traf er draußen seine Anordnungen zur Vertheidigung des Königs, indem er den Aufständischen in den Straßen und auf den Brücken den Weg verlegte.

Unterdessen wurde die alte Kommune gestürzt. Der oben erwähnte Huguenin erschien an der Spitze der aufständischen Sektionen im Stadthause und setzte, indem die Wähler das Mandat von ihren Beamten zurücknahmen, die bisherige Munizipalität ab. Er wurde zum Präsidenten der neuen Kommune ernannt und ließ den Maire Petion gefangen nehmen. Der Maire war nämlich auf folgende Weise aus dem Schlosse befreit worden. Als seine Freunde in der Gesetzgebenden Versammlung vernommen hatten, daß er bei Hofe festgehalten wurde, stellten sie in der Versammlung den Antrag, den Maire vorzufordern, damit er über den Zustand der Stadt der Versammlung Rechenschaft ablegen sollte. Indem dieser Antrag zum Beschluß erhoben wurde, sah man sich bei Hofe genöthigt, den Maire abziehen zu lassen. Man tröstete sich damit, daß der Oberbefehlshaber der Nationalgarde den schriftlichen Befehl von ihm zum bewaffneten Einschreiten gegen den Aufstand in seinen Händen hatte. Petion begab sich von der Gesetzgebenden Versammlung ins Stadthaus, wo er verhaftet wurde, damit er außer aller Verantwortlichkeit wäre.

Der Nationalgarde-Kommandant Mandat wurde nun früh 5 Uhr nach dem Stadthause vorgefordert. Er zauderte anfangs, dem Befehle nachzukommen, ging aber doch noch auf Zureden des Departements-Prokurators Röderer. Zu seinem großen Erstaunen fand er im Stadthause eine neue Munizipalität installirt. Der Präsident Hugenin fragte ihn, mit welchem Rechte er die Anordnungen bezüglich der Nationalgarde und der Truppen getroffen habe. Mandat antwortete: er habe von Petion dazu den Befehl erhalten. Als er sich weigerte, diesen Befehl herauszugeben, wurde er körperlich durchsucht. Indeß fand man den Befehl nicht bei ihm selbst, da er denselben unvermerkt seinem ihn begleitenden zwölfjährigen Sohne zugesteckt hatte. Im nämlichen Augenblick wurde auf dem Bureau des Generalraths der Kommune ein Schreiben niedergelegt, welches folgendermaßen lautete:

„Der kommandirende General befiehlt dem auf Dienst in der Stadt befindlichen Bataillons-Kommandanten, die Zusammenrottungs-Kolonne, wenn sie aufs Schloß marschiren will, sowohl mit der Nationalgarde, wie auch mit der Gendarmerie zu zerstreuen, indem er sie im Rücken angreift. Gezeichnet: Der kommandirende General Mandat."

In Folge dieses Schreibens erklärte die Kommune auf der Stelle Mandat für verhaftet, ernannte Santerre zu seinem Ersatzmann und befahl, Mandat nach dem Abtei-Gefängnisse abzuführen. Als Hugenin den Befehl zur Abführung ertheilte, machte er mit der Hand eine horizontale Bewegung. Mandat wurde beim Hinabgehen auf den Stufen des Stadthauses durch einen Pistolenschuß niedergestreckt und mit Piken und Säbeln vollends getödtet. Petion ist ohne hinlänglichen Beweis beschuldigt worden, dieses Attentat provozirt zu haben. Man vergißt nur zu leicht, daß der Revolutionskrieg nicht bloß seine Kriegsregeln, sondern auch, wie der privilegirte Krieg, seine Kriegslisten und Ueberfälle aufzuweisen hat.

Nachdem einmal eine zur regelmäßigen Leitung des Aufstandes dienende Munizipalität hergestellt und der energische königsfreundliche Oberbefehlshaber der Nationalgarde beseitigt worden war, wurden die dem Angriffe aufs Schloß entgegenstehenden Schwierigkeiten leicht bewältigt. Die Departements-Verwaltung hatte auf der „Neuen Brücke" Truppen aufgestellt, um zu verhindern, daß die Insurgenten der beiden Seiten der Seine sich vereinigten. Die revolutionäre Kommune bewirkte, daß diese Truppen mit ihren Kanonen abzogen. Die Aufständischen hatten sich, nachdem um Mitternacht Sturm geläutet und die Alarm-Kanone abgeschossen worden war, in den Vorstädten die Nacht hindurch organisirt und am Morgen erbrachen sie das Zeughaus, wo sie sich vollends mit Waffen versorgten. Aus dem Faubourg St. Antoine rückten ohngefähr 15,000, aus dem Faubourg St. Marceau 5000 Mann mit Kanonen vor. Ihre Avantgarde bildeten die Marseiller und bretonischen Föderirten, geführt vom Revolutions-Chef Westermann, einem früheren Unteroffizier.

Eine Revüe, die der König in Begleitung seiner Gattin, seiner Schwester und seines Sohnes früh 5 Uhr über seine Vertheidiger abhielt, zeigte ihm, daß die Nationalgarde mit Ausnahme der beiden Bataillone Filles-Saint-Thomas und Petits-Pères theils unzuverlässig, theils geradezu feindlich war. Vier Bataillone derselben nahmen eine drohende Stellung ein und richteten ihre Kanonen gegen das Schloß. Dieselbe Erfahrung machte Röderer, der Prokurator der Departements-Verwaltung. Selbiger suchte vergebens die Marseiller und bretonischen Föderirten, die jetzt auf dem Carousel-Platze angelangt waren, zur friedlichen Absendung einer aus 20 Mann bestehenden Deputation an den König zu bereden. Ermuthigt kehrte er ins Schloß zurück. Hier, wo der König mit seiner Gattin und den Ministern sich berieth, war vor ihm ein Munizipal-Beamter mit der Meldung angelangt, daß die aufständischen Kolonnen sich den Tuilerien näherten. Auf die Frage des Justizministers Joly: „Nun, was wollen die denn?" hatte er geantwortet: „Die Absetzung!" Als der Minister erwidert hatte: „So möge die Versammlung sie aussprechen!" war ihm die Königin ins Wort gefallen: „Aber was wird nach der Absetzung kommen?" und hierauf hatte sich der Munizipale stillschweigend verneigt. Der jetzt hereintretende Röderer vermehrte den Schrecken, indem er die Gefahr als höchst bedrohlich darstellte und der königlichen Familie anrieth, sich um ihrer Sicherheit willen in die Gesetzgebende Versammlung zu retten. Verzweifelt rief die Königin: „Lieber lasse ich mich hier an die Mauer annageln, als daß ich aus dem Schlosse hinausgehe!" und sie reichte dem Könige eine Pistole, indem sie sagte: „Wohlan denn, mein Herr, jetzt müssen Sie Sich zeigen!" Der König, offenbar nicht heroisch gesinnt, blieb stumm. Da sagte Röderer: „Madame, Sie wollen Sich also für den Tod des Königs, für Ihren eigenen, für den Ihrer Kinder und für den Tod aller Derer, die zu Ihrer Vertheidigung hier sind, verantwortlich machen?"

Diese Worte Röderer's bewogen den König, jeden Gedanken an Widerstand aufzugeben und sich mit seiner Familie nebst einigen Hofdamen, gedeckt durch 300 Schweizer und 300 Nationalgardisten, in die Gesetzgebende Versammlung, wo er unter den Verwünschungen der um das Sitzungsgebäude angehäuften Menschenmassen anlangte, zu bergen. Er ließ sich hier auf einem Fauteuil neben dem Präsidenten nieder. Da aber die Konstitution im dritten Kapitel (Sektion IV, Artikel 8) bestimmte, daß die Gesetzgebende Versammlung in Gegenwart des Königs nicht berathen dürfte, mußte er sich nebst seiner Begleitung in die zum

Niederschreiben der Verhandlungsberichte hergestellte enge Logographen=
Loge zurückziehen. Hier, wo er gleichsam in einem Käfige stak, sah
und hörte er die seine Absetzung fordernden Deputationen und hörte
die mit seiner einstweiligen Enthebung vom königlichen Amte endenden
Verhandlungen.

In den Tuilerien kam es trotz der Entfernung des Königs
zwischen den dort zurückgebliebenen 600 Schweizern und den Marseillern
und Bretonen zum Kampfe, der zur Niedermetzelung dieser Schweizer=
truppen führte. Am folgenden Tage wurde gegen die Tuilerien ein
zweiter Angriff unternommen, sie wurden mit einer Batterie von 6 Ka=
nonen bombardirt, und die Gebäudereihen, welche die drei Höfe der=
selben bildeten, in Brand gesteckt. Die zum Löschen erschienenen
Feuerwehrleute wurden mit Schüssen vertrieben und die Gebäude der
Höfe vollständig in Asche gelegt, sodaß aus den drei Höfen der Tuilerien
ein einziger entstand. Selbiger wurde dann durch einen Plankenverschlag
vom Caroussel=Platze getrennt.

In den beiden Tagen des Aufstandes wurden an Schweizern
getödtet 700 Gemeine und 22 Offiziere. Ferner fielen 20 royalistische
Nationalgardisten, 3 Kommandanten der Nationalgarde, 40 Gendarmen,
100 Leute aus der königlichen Dienerschaft, 20 zur Vertheidigung des
Königs herbeigeeilte Edelleute, sowie eine Patrouille. Etwa 200 andere
Edelleute, die ebenfalls zur Vertheidigung des Königs herbeigeeilt
waren, aber nicht mehr ins Schloß hatten eindringen können, wurden
gefangen genommen und gelyncht. Auch wurde der reaktionäre General
Clermont=Tonnerre niedergemetzelt. — Die bewaffneten Aufständischen
verloren 500 Mann. Aus dem unbewaffneten Volk waren ungefähr
3000 auf dem Caroussel=Platze, in den Schloßhöfen und im Tuilerien=
Garten befindliche Personen durch die Vertheidiger des Königs mit
Kanonenschüssen und Kleingewehrfeuer getödtet.

Nach dem 11. August zogen in Paris aufständische Haufen umher,
um die monarchistischen Götzenbilder zu zerstören. Die königlichen Wap=
pen und Sinnbilder wurden zertrümmert, die Bildsäulen Heinrich's IV.,
Ludwig's XIII., Ludwig's XIV. und Ludwig's XV. umgestürzt. Beim
Falle der Statue Ludwig's XIV. auf dem Vendome=Platze wurde ein
Mann erschlagen. Auch die lakaienhaften Straßenbenennungen wurden
bald durch würdigere ersetzt. So verfuhr die radikale Bourgeoisie in
ihrem Kampfe gegen das unbotmäßige Königthum!

Die Republikaner hatten sehr geschickt operirt, um den Sturz des
Königthums zu vollenden. Wie Barante mittheilt, sind die Girondisten
von Soulavie, einem damaligen Publizisten, gelobt worden, daß sie
„mit dreitausend Arbeitern die Revolution des 10. August gegen das
ganze Reich der Feuillants (der Monarchisch=Konstitutionellen), gegen
die Mehrheit der Hauptstadt und gegen die Mehrheit der Versammlung
gemacht" hätten. Wenn auch dieses Lob fehlgegriffen ist, weil der
König zum Falle reif war und weil uns die geringe Zahl seiner Ver=
theidiger zeigt, daß die Mehrheit sowohl in der Hauptstadt wie in der
Versammlung nicht mehr am Könige hing: so muß doch die gute Be=

rechnung und das entschlossene Handeln der Republikaner anerkannt werden. Daß die Mehrheit des Landes mit der Absetzung Ludwig's einverstanden war, zeigte sich in der nächsten Folgezeit. Ja selbst die Armee stimmte der Revolution des 10. August zu. Denn die Generäle sahen sich genöthigt, der neuen Ordnung der Dinge sich zu unterwerfen. Nur Lafayette machte einen Aufstandsversuch und bewirkte, daß die Kommissäre der Gesetzgebenden Versammlung in Sedan seitens der dortigen Munizipalität verhaftet wurden; allein er fand sich bald dermaßen isolirt, daß er nach Belgien, wo er in österreichische Gefangenschaft gerieth, flüchten mußte. Die allgemeine Uebereinstimmung mit der That der Pariser Kommune beweist zur Genüge, daß damals die Zahl der Republikaner nicht so gering war, wie die reaktionären Geschichtschreiber in ihrer Unaufrichtigkeit und blinden Einseitigkeit zu behaupten gewagt haben.

Zweiter Abschnitt.
Die Allmacht der revolutionären Kommune.

Erstes Kapitel.
Die Verwerthung des Sieges und der demokratische Staatsstreich.
(Vom 10. August bis zum 2. September 1792.)

Indem die Sektionen von Paris die bisherige Munizipalität abgesetzt hatten, waren sie nicht rebellisch, sondern streng nach dem demokratischen Recht verfahren. Denn, wie allseitig damals anerkannt wurde, konnten jederzeit die Kommittenten die Vollmachten ihrer gewählten Beamten oder Deputirten an sich zurücknehmen. Vor dem souveränen wahlberechtigten Volke mußten sich dessen Beauftragte bescheiden. Nach dem 10. und 11. August waren die Wähler wieder in ihre Sektionen zurückgekehrt. Sie hatten die bisherige Munizipalität nicht vollständig gestürzt, sondern sie nur von unsaubern Elementen gereinigt. Petion blieb Maire, Manuel Prokurator der Kommune. Den Oberbefehl über die Nationalgarde führte von nun an Santerre. An die Stelle der ausgemerzten Monarchisten waren Republikaner eingesetzt worden: Chenier, Camille-Desmoulins, Louvet, Tallien, Billaud-Varennes, Fabre d'Eglantine, Collot d'Herbois. Auch Robespierre war, bis er in den Konvent eintrat, also ungefähr sechs Wochen lang, Mitglied. Da Danton in dem neugebildeten Ministerium Justiz-Minister wurde, kam an seine Stelle Chaumette.

Obwohl Marat, der seit dem 10. August sich öffentlich zeigte und nun sein Kellerleben aufgab, kein Mitglied der Kommune war, hatte er doch auf sie großen Einfluß. Die General-Versammlung der Kommune bewilligte ihm in ihrem Sitzungssaale eine besondere Rednerbühne und ersuchte ihn, eine Schilderung der soeben vorgefallenen revolutionären Ereignisse abzufassen. In einem Plakate, das Marat am Abende des 10. August hatte anschlagen lassen, hatte er die Revolutionäre zur Ausbeutung des Sieges aufgefordert. Er hatte unter Anderm geschrieben: „Dezimirt die gegenrevolutionären Mitglieder der Munizipalität, der Friedensgerichte, des Departements und der National-Versammlung ...

haltet den König, seine Frau und seinen Sohn als Geiseln fest. . . . Kerkert die Ex-Minister ein. Die Gegenrevolutionäre des Stabs müssen hingerichtet, die verfaulten Bataillone entwaffnet werden. Alle citoyens sind mit Munition zu versehen. Das den Motier (Lafayette) unschuldig sprechende Dekret muß man zurücknehmen. Man muß einen National-Konvent berufen. Die fremden und Schweizer-Regimenter, welche sich der Revolution feindlich gezeigt haben, sind zu verabschieden."

Die Revolutionäre würden einen großen Fehler begangen haben, hätten sie die ihnen feindliche Presse fortbestehen lassen. Sie zerstörten daher, gewitzigt durch die bisher gegen die revolutionäre Presse ergangenen Maßregeln, die Druckereien der monarchistischen Blätter und stellten einige den Feinden konfiszirte Pressen dem erprobten Marat, um ihn für die ihm weggenommenen Druckereien zu entschädigen, zur Verfügung. Madame Roland gibt im Appel à l'impartiale postérité die Zahl dieser Pressen auf vier an. Im Ganzen wurden durch die Kommune acht reaktionäre Pressen zerstört.

Die National-Versammlung beschloß unter dem Drucke der Ereignisse des 10. August die Einberufung eines Konventes, der die Souveränität des Volkes, die Herrschaft der Freiheit und Gleichheit, sicher zu stellen habe, und sie räumte die lästige Bedingung, wonach das Wahlrecht an die Entrichtung einer direkten, drei Arbeitstagen gleichkommenden Steuer geknüpft war, hinweg.*) Von jetzt an sollte jeder 25jährige Franzose, der vom Produkte seiner Arbeit lebte, wahlberechtigt sein. Somit war jetzt das allgemeine Wahlrecht eingeführt, aber es war nicht direkt zu üben, weil die Girondisten die Arbeiter für zu ungebildet hielten, um ihnen die direkte Wahl zu gestatten.

Marat war sehr darüber erbost, daß das allgemeine Wahlrecht indirekt sein sollte. In Nummer 678 des „Volksfreunds", der übrigens vom 13. August bis zum 13. September nur viermal erschien, versuchte er vergebens, durch die Pariser Sektionen auf die Gesetzgebende Versammlung einen heilsamen Druck auszuüben, indem er schrieb:

„O Ihr würdigen Mitpatrioten der Sektionen von Paris, Ihr wahren Vertreter des Volkes, hütet Euch vor den Fallen, welche Euch diese untreuen Deputirten stellen; hütet Euch vor ihren Verführungsversuchen! Eurem aufgeklärten und muthigen Rechtssinn (civisme) verdankt die Hauptstadt zum Theil den Erfolg ihrer Bewohner, ihm wird das Vaterland seinen Triumph verdanken. Bleibt am Platze für unsere Ruhe, für unsern Ruhm, für die Wohlfahrt des Reichs! Verlaßt nicht das in Eure Hände gelegte Ruder der öffentlichen Autorität, bis der Konvent Euch von dem Despoten und von dessen unwürdiger Rasse

---

*) Das von der Konstituirenden Versammlung 1789 niedergesetzte Komitee hatte ermittelt, daß der durchschnittliche tägliche Arbeitslohn damals in Frankreich 50 Centimes (= 40 Pfennige) betrug. Von den 26 Millionen Einwohnern Frankreichs gehörten der arbeitenden Klasse 17 Millionen an, während die übrigen Klassen der Bevölkerung nur 9 Millionen ausmachten. In den dreihundert jährlichen Arbeitstagen belief sich die Gesammtsumme der Arbeitslöhne auf 2 Milliarden 550 Millionen Francs. Vgl. Statistique de l'industrie de la France, par M. A. Moreau de Jonnès. Paris 1856. 8º.

befreit, bis er die schauderhaften Fehler der Konstitution, die ewige
Quelle der Anarchie und der Mißgeschicke, verbessert, bis er die öffent=
liche Freiheit auf unerschütterlichen Grundlagen errichtet hat. Aber zu
diesem Behufe laßt das verderbliche Dekret bezüglich der Wahl der
Deputirten, die den Konvent zusammensetzen sollen, zurücknehmen. Klärt
das Volk auf, ruft alle Sektionen deßhalb zusammen! Das Volk ent=
falte seine Macht und schicke hinab ins Grab die Verruchten, welche von
Neuem zu machiniren wagen und sich seinem Glücke entgegenstellen!"

Um die Bewohner der Provinzen über die stattgehabten Ereignisse
zu belehren, wurden auf den Vorschlag Danton's Redner aus der
Pariser Kommune in die Departements abgeschickt; denn das von Con=
dorcet verfaßte Manifest an die Nation mußte den Leuten des Landes
mündlich erläutert werden.

Die Departements=Verwaltung, seither über die Pariser Kommune
gesetzt und aus monarchistischen Reaktionären bestehend, war durch den
republikanischen Aufstand am 10. August beseitigt worden. Als sie nun
gleich den meisten übrigen, ebenfalls aus reaktionären Notabeln bestehen=
den Departements=Verwaltungen erneuert werden sollte, erschien in der
Gesetzgebenden Versammlung eine Deputation der Pariser Munizipalität
und erklärte: „Der Generalrath der Kommune schickt uns zu Euch
wegen eines die öffentliche Wohlfahrt betreffenden Gegenstandes. Nach
der großen That, wodurch das souveräne Volk die Freiheit und Euch
selbst zurückerobert hat, darf nicht länger ein Zwischenglied — ein Ver=
mittler — zwischen dem Volke und Euch bestehen.... Nachdem das
Volk das Vaterland gerettet, nachdem Ihr einen National=Konvent, der
Euch ersetzen soll, angeordnet habt, was habt Ihr da anders zu thun,
als seinem Wunsche zu genügen? Habt Ihr Furcht, Euch auf die
Weisheit des für das Heil des Vaterlandes wachenden Volks, das nur
durch sich selbst gerettet sein will, zu verlassen? Soll sich etwa das
Volk, um sich von einer souveränitäts=räuberischen Gewalt zu befreien,
nochmals mit seiner Rache wappnen?"

Eingeschüchtert durch diese Drohung, beschloß die Versammlung,
daß der Departements=Administration nicht die Befugniß zustehen sollte,
die Handlungen der Pariser Kommune zu überwachen. Im Uebrigen
verordnete die Versammlung die Theilung aller kommunalen Güter. In
Bezug auf die Güter der Emigrirten wurde verlangt, daß dieselben,
um auch die Leute mit geringem Vermögen zu dem Erwerb derselben
zu befähigen, in kleinen Portionen verkauft werden sollten. Doch blieb
es in dieser Beziehung zunächst, bis der Konvent eine desfallsige Ent=
scheidung traf, bei einem frommen Wunsche.

Den 14. August erschien Robespierre im Namen der Sektion des
Vendôme=Platzes an der Barre der Gesetzgebenden Versammlung, indem
er verlangte, daß an der Stelle, wo auf dem genannten Platze die
Bildsäule des Despoten Ludwig XIV. umgestürzt worden war, eine
Pyramide zu Ehren der gefallenen Republikaner errichtet werden sollte.

Doch die Hauptsache im Benutzen des am 10. August errungenen
Sieges lag in anderer Richtung. Vor allen Dingen mußte es sich
darum handeln, die besiegten Feinde vollends unschädlich zu machen und

die Volksmörder zu bestrafen. Hätten die Königlichen gesiegt, so wären ohne Zweifel an den Republikanern Massenhinrichtungen vollzogen worden. In dem begonnenen, noch lange nicht mit dem vollständigen Volkssiege gekrönten Revolutionskriege hätten daher jetzt, nachdem der Triumph des 10. August errungen war, die Republikaner einen sträflichen Leichtsinn begangen und eine lächerliche Ungeschicklichkeit an den Tag gelegt, wenn sie nicht das Schwert der Volksgerechtigkeit zu schwingen und die Tausende, die im Kampfe gefallen waren, zu rächen verstanden hätten. Robespierre erschien darum am 15. August wieder vor der Versammlung und sprach im Namen der Pariser Kommune Folgendes:

„Seit dem 10. August ist der gerechten Rache des Volks noch nicht genügt worden. Die Verordnung, durch welche Ihr verfügt habt, daß Diejenigen, welche aufs Volk zu schießen befohlen haben, vor ein Kriegsgericht gestellt werden sollen, ist unzureichend; selbige erklärt nicht die Natur und den Umfang der Verbrechen, welche das Volk bestrafen soll. Es ist darin nur von den Verbrechen des 10. August die Rede: — das heißt die Rache des Volks zu sehr einengen. Die Schuldigsten unter den Verschwörern haben sich am Tage des 10. August nicht blicken lassen. Lafayette, der vielleicht nicht in Paris war, aber doch hier sein konnte, würde also wohl der nationalen Rache entgehen? Das Volk bedarf eine seiner würdige Regierung. Es braucht neue, aus den Zeitumständen hervorgegangene Richter. Würdet Ihr uns die alten Richter geben, so würdet Ihr nur die pflichtvergessenen Beamten wiederherstellen.... Wir bitten Euch, diejenigen bestehenden Behörden, welche unser Zutrauen nicht besitzen, uns vom Halse zu schaffen. Hinweg mit dem doppelten Jurisdiktions-Grade, welcher durch die mit ihm verbundene Verschleppung die Ungestraftheit sichert! Wir verlangen, daß die Schuldigen durch aus jeder Sektion entnommene Kommissäre souverän und in einziger Instanz abgeurtheilt werden."

Die Girondisten waren Heuchler. Sie wünschten ein Revolutions-Tribunal, wollten aber dazu gedrängt erscheinen und beschlossen auf den Vorschlag Brissot's zuvörderst nur eine Adresse an die Einwohner von Paris, durch welche dieselben zur Treue gegen die Konstitution ermahnt wurden. Eine aus ihrer Mitte genommene Kommission schlug jedoch die Wahl einer Jury und die Abschaffung des Kassations-Rekurses vor. Nachdem eine jede Sektion vier Geschworene gewählt haben würde, sollte aus der Liste dieser Gewählten, wie Brissot's heuchlerische Adresse verordnete, zuerst die Anklage-Jury und hierauf die urtheilende Jury ernannt werden. Schon vorher hatte die von den Girondisten beherrschte Versammlung die politische Revolutions-Polizei geschaffen. Sie hatte nämlich die Untersuchung der politischen Verbrechen und Vergehen den Verwaltungsbehörden zugewiesen. Letztere sollten sich der Person des Angeschuldigten versichern, aber die Akten an einen durch die Versammlung niedergesetzten Sicherheits-Ausschuß einschicken. Dieser Ausschuß unterhielt mit den Verwaltungsbehörden einen unausgesetzten Briefwechsel. Diejenigen Städte, welche über 20,000 Einwohner hatten, durften mit Genehmigung der Oberbehörden bezüglich politischer Ver=

gehen eigene Polizei-Reglements machen, aber in den zu verhängenden Strafen ein Jahr Gefängniß nicht überschreiten.

Am 17. August erschien vor der Versammlung ein neuer Abgesandter der Kommune und drückte sich so aus:

„Als citoyen (Bürger des Rechtsstaats), als Volksbeamter will ich Euch ankündigen, daß heute Abends um Mitternacht die Sturmglocke geläutet und Generalmarsch geschlagen werden wird. Das Volk ist es müde, daß man es nicht rächt. Fürchtet, daß es sich selbst Recht verschafft. Ich ersuche Euch, ohne Aufschub und ohne Umstände zu verordnen, daß durch jede Sektion ein citoyen behufs Einführung eines Kriminal-Gerichts ernannt werde. Ich ersuche Euch, daß dieses Tribunal seine Sitzungen im Schlosse der Tuilerien abhält. Ich ersuche ferner, daß Ludwig XVI. und Marie Antoinette, die so sehr nach Volksblut lechzen, gesättigt werden mögen, indem sie das Blut ihrer infamen Trabanten fließen sehen."

Nachdem die Wahl der Geschworenen-Liste beendet war, entdeckte man, daß in der oben erwähnten Adresse der Versammlung keine Bestimmung über die Richter für dieses Volks-Tribunal getroffen war. Der Redner einer dritten Deputation der Kommune sprach, indem er zur Eile antrieb, daher zur Versammlung Folgendes:

„Ich komme im Namen der Geschworenen, um Eure Bedenken aufzuklären; denn Ihr scheint noch ganz im Dunkeln zu sein über das, was in Paris vorgeht. Nur eine sehr kleine Anzahl Richter genießt das Zutrauen des Volks. Wenn in zwei bis drei Stunden der Richter — der Direktor der Jury — nicht ernannt ist, wenn wir zu handeln uns außer Stande sehen, werden in Paris große Unglücksfälle passiren. Wir ersuchen Euch, nicht in den schleppenden Gang der alten Rechtspflege zu gerathen. Mit Euren Zimperlichkeiten habt Ihr das Volk zum Aufstande genöthigt. Einzig durch seine eigne Thatkraft hat sich das Volk gerettet. Erhebt Euch, Repräsentanten! Seid groß, wie das Volk, um sein Zutrauen zu verdienen!"

Nun wurde ein von Herault-de-Sechelles vorgelegter Entwurf für die Zusammensetzung und das Verfahren des Revolutions-Tribunals zum Dekret erhoben. Ihm zufolge wurden die Richter in einer Wahl mit zwei Graden gewählt. Dieselben waren acht an Zahl und hatten ebensoviele Ersatzmänner. Das Tribunal zerfiel in die Anklage-Sektion und in die aburtheilende Sektion. Die gleichfalls durch Wahl ernannten Direktoren der Anklage-Jury versahen die Funktionen der Instruktions-Richter. Die Fristen für die Wahl der Richter und fürs Inslebentreten des Tribunals waren so kurz als möglich angesetzt, woher es kam, daß noch am nämlichen Tage, an welchem das Dekret beschlossen wurde, die Wahlmänner der Sektionen zur Wahl der Richter schritten. Der zuerst gewählte Richter war Maximilian Robespierre; er lehnte die Wahl ab, weil er einsehen mochte, daß das Tribunal dem revolutionären Bedürfnisse zu genügen nicht im Stande war.

In dem neuen Dekrete war besonders Artikel V anstößig, welcher bestimmte, daß jede Sektion einen Wahlmann ernennen und daß dann im zweiten Wahlgange die Wahlmänner unter und aus sich die Richter wählen sollten. Die indirekte Wahl, angewandt bei dieser wichtigen Institution, welche die Revolution rächen und selbige von ihren Feinden befreien sollte, machte viel böses Blut. In Nummer 680 des „Volksfreunds" (vom 19. August) zog Marat los gegen „dieses Gerichtsbeamten- und Advokaten-Geschmeiß, angefressen vom Brande der Aristokratie." Er schrieb in besagter Nummer:

„Worin besteht also die Pflicht des Volkes? — Man kann zwei Verfahren einschlagen. Das erste derselben ist dieses: es wird Gericht gehalten über die in der Abtei gefangen sitzenden Verräther, die Gerichte und die (Gesetzgebende) Versammlung werden umringt, und die Verräther, wenn dieselben etwa weiß gewaschen werden, sind nebst dem neuen Gerichtshofe und den verbrecherischen Abfassern des perfiden Dekrets zu massakriren. — Das zweite Verfahren, das weiseste und sicherste, besteht darin: man rückt bewaffnet nach der Abtei, reißt die Verräther heraus, besonders die Schweizer Offiziere und ihre Mitschuldigen, und läßt sie über die Klinge springen. Welche Narrheit, ihnen den Prozeß machen zu wollen! Der ist schon gemacht! Ihr habt sie ergriffen, als sie die Waffen gegen das Vaterland führten, Ihr habt die gemeinen Soldaten massakrirt: warum solltet Ihr wohl ihre Offiziere schonen, die doch unvergleichlich schuldiger sind? Die Dummheit besteht darin, daß man auf die Einschläferer gehört hat, welche anriethen, sie zu Kriegsgefangenen zu machen. Es sind Verräther, welche man auf der Stelle hätte hinschlachten müssen; denn sie können unter keinem andern Gesichtspunkte betrachtet werden."

Das Revolutions-Tribunal brachte in politischen Sachen zum ersten Male die Guillotine in Anwendung. Diese Hinrichtungs-Maschine, deren Erfindung fälschlich dem Arzte Joseph Ignaz Guillotin zugeschrieben worden ist, soll aus Persien stammen und hat somit wohl ein tausendjähriges Alter aufzuweisen. Sie wurde schon während des Mittelalters in Böhmen, Neapel und Genua angewandt. Auch war sie in Holland und Schottland im Gebrauch. In England nannte man sie Fallgalgen und in Schottland maid (Jungfer).*) Guillotin hatte nur in der Konstituirenden Versammlung am 10. Oktober 1789 vorgeschlagen, jede Hinrichtung, um das Vorurtheil bezüglich der entehrenden Strafen zu zerstören, so einzurichten, daß sie nicht entehrend sei, das heißt: sie mit dem Beil zu vollziehen, und er hatte zugleich, ohne jedoch sich auf die Beschreibung eines speziellen Instruments einzulassen, den Wunsch ausgedrückt, daß man an die Stelle des Scharfrichters eine Maschine setzen möchte. Hierauf war am 1. Dezember 1789 von der Versammlung die Gleichheit der Strafen ohne Unterschied des Ranges und Standes beschlossen und 1791 auf Antrag Michel Lepelletier St. Fargeau's die Enthauptung als Hinrichtungsart gewählt worden. Nachdem nun die Gesetzgebende Versammlung Dr. Louis, den perpetuellen Sekretär der Akademie der Chirurgie, zu Rathe gezogen hatte, wurde unterm 20. März 1792 beschlossen, den Artikel des Code pénale, demzufolge die Todesstrafe im Enthaupten bestand, „in der angegebenen Weise und nach dem

---

*) Croker, The Guillotine, an historical essay. London 1850. 8°.

Modus zu vollziehen, der auf schriftliches Gutachten des perpetuellen
Sekretärs der chirurgischen Akademie angenommen worden" sei. Das
Todes=Instrument wurde unter der Direktion des besagten Dr. Louis
von dem deutschen (lothringischen) Mechaniker Schmidt angefertigt und
zuerst Louison (Louischen) oder auch Louissette (Luischen) genannt,
bis das reaktionäre Journal „Die Apostelgeschichte" ein Lied brachte,
betitelt: „Die unnachahmliche Maschine des Arztes Guillotin fürs Kopf=
abschneiden und nach ihm Guillotine benannt." — Somit sind es die
Reaktionäre gewesen, die dem Arzte Guillotin die Erfindung der Guillo=
tine angedichtet und das Mord=Instrument nach seinem Namen benannt
haben. Guillotin, bereits vor der Revolution Rektor der medizinischen
Fakultät an der Pariser Universität, ist friedlich am 26. März 1814
zu Paris gestorben, nicht aber, wie die Reaktionäre ausgesprengt haben,
mit dem von ihm angeblich erfundenen Instrumente selber zu allererst
hingerichtet worden. Der erste mit der Louisette hingerichtete Verbrecher
war ein Weglagerer und Raubmörder, Namens Pelletier, dessen Kopf
am 25. April 1792 fiel.

Der erste politische Verbrecher aber, der unter der Guillotine ver=
blutete, war der Sprachlehrer d'Angremont (Herr von Angermund).
Selbiger hatte früher einmal der Königin Unterricht gegeben und war
überwiesen, daß er am 10. August die Nationalgardisten zu verleiten
gesucht hatte, aufs Volk zu schießen. Seine Verurtheilung und Hin=
richtung geschah am 21. August 1792.

Einen hochbetagten Schweizer=Offizier, Herrn von Affri, sprach
das Revolutions=Tribunal frei. Ihm wurde in den Mund gelegt, daß
er dem Ersuchen der Königin, aufs Volk zu schießen, nicht nachgegeben
habe und daß er überhaupt am 10. August nicht im Schlosse ge=
wesen sei.

Dagegen wurde am 25. August der Erz=Reaktionär Durasoir,
Redakteur des Blattes Ami du roi („Königsfreund"), verurtheilt. Der=
selbe hatte in seinem Blatte die an der Gränze stehenden französischen
Soldaten aufgefordert, sie sollten ins Ausland desertiren und sich da=
selbst der gegen die französische Revolution bestimmten Invasions=Armee
anschließen. Er starb als royalistischer Prahlhans, indem er auf dem
Schaffot sagte: „Es ist schön für einen Royalisten, am Tage des heiligen
Ludwig zu sterben!"

Herr von Laporte, der Intendant der königlichen Zivilliste, wurde
ebenfalls hingerichtet. Er wurde der Bestechung überführt; doch konnte
man ihm nur nachweisen, daß er Zeitungen, Pamphlete und Plakate
bezahlt hatte.*) Die mit der königlichen Zivilliste verübten zahlreichen
Bestechungen von Deputirten und die Geldsendungen ins Ausland
wurden erst durch die im Schlosse von den Beamten der Kommune in

---

*) Um unbestechliche Schriftsteller unschädlich zu machen, waren oft gefälschte
Blätter, Pamphlete und Plakate, worunter man mit gränzenloser Frechheit die
Namen derselben setzte, von der Königspartei angefertigt und unter dem Volke
verbreitet worden. So gibt es z. B. von dem Marat'schen Blatte „Volksfreund"
eine große Anzahl Doppelnummern, d. h. falsche, von der Reaktion angefertigte
und in Umlauf gesetzte, aber für den Kenner leicht entdeckbare Nummern.

Beschlag genommenen Papiere bekannt. Herr von Laporte besaß die unglaubliche Naivetät, auf dem Schaffot den gleißnerischen Wunsch auszusprechen, daß er der letzte unschuldig Hingerichtete sein möge.

Diese wenigen, langsam vor sich gehenden Hinrichtungen waren ein schlechter Ersatz für die vierthalbtausend Opfer, welche der Tag des 10. August dem Volke gekostet hatte. Als nun den 26. August die Gesetzgebende Versammlung gegen die widerspänstigen Priester das Dekret adoptirt hatte, wonach dieselben ihren Wohn=Distrikt binnen 24 Stunden, ihr Departement binnen 3 Tagen und das französische Gebiet binnen 14 Tagen zu verlassen hatten und wonach sie im Falle der Rückkehr nach Cayenne transportirt werden sollten, füllten sich die Gefängnisse am Ende des Monats mit Pfaffen. Diejenigen Priester, welche sechzig Jahre alt waren, wurden nicht verbannt, sondern im Hauptorte des Departements internirt und daselbst in einem besondern Hause unter der Aufsicht der zuständigen Munizipalität gefangen gehalten. In Folge dieses Dekrets brachte die wachsame Pariser Kommune binnen drei Tagen Hunderte von Pfaffen ins Abtei=Gefängniß, ins Karmeliter=Gefängniß und nach St. Firmin.

Während die Sachen für die Revolution im Innern Frankreichs nicht ungünstig standen, war dagegen ihr Verhältniß nach Außen durchaus kein günstiges. Das Kriegsglück war gegen sie. Das österreichisch=preußische Heer hatte die französische Gränze überschritten und rückte in bedächtigem Schritt auf Paris los, wo es die alten Zustände restauriren und an den Revolutionären kriegsgerichtliche massenhafte Morde vollziehen wollte. Die Festung Longwy fiel widerstandslos in die Hände der Feinde. Schon wurde durch die preußische Armee des Herzogs von Braunschweig Verdun belagert. Die Reaktionäre im Innern Frankreichs jubelten; denn sie hofften bald ihr Müthchen kühlen zu können. Nachdem bereits am 5. Juli das Vaterland seitens der Gesetzgebenden Versammlung in Gefahr erklärt und ein Aufruf an die aktiven Bürger erlassen worden war, wurde jetzt zu Paris auf den Vorschlag Danton's in jeder Sektion eine Liste der hülfsbedürftigen, militärtauglichen Männer angefertigt. Letztere sollten eine Löhnung erhalten und aus ihnen womöglich ein Heer von 60,000 Mann gebildet werden. Wirklich brachte die Pariser Kommune binnen wenigen Tagen 40,000 Mann auf die Beine, equipirte sie und sandte sie gegen den Feind.

Aber es war mit großer Wahrscheinlichkeit anzunehmen, daß die in Paris versteckten zahlreichen Reaktionäre zusammt den in den Gefängnissen sitzenden Royalisten, weil ihnen durch die preußischen Siege der Kamm geschwollen war, nach dem Abmarsch der waffenfähigen Mannschaft einen siegreichen Aufstand unternähmen. Dieser Eventualität mußten die Revolutionäre um jeden Preis vorbeugen. Da nun das eingesetzte Revolutions=Tribunal viel zu formell verfuhr, um durch rasche Schläge in dem hartnäckigen erbitterten Kampfe zwischen Revolution und Reaktion die innern Feinde einschüchtern und betäuben zu können, und da auch der Vorschlag Marat's, auf kurze Zeit behufs Niederschmetterung der inneren Reaktion einen Diktator zu erwählen, bei den für die Freiheit begeisterten Republikanern keinen Anklang fand, so blieb nur das eine Rettungsmittel übrig: das summarische Volksgericht oder — mit andern Worten — der demokratisch=revolutionäre Staatsstreich.

Ein solcher demokratisch=revolutionärer Staatsstreich war nur möglich, wenn die entschlossenen Revolutionäre mit einander Hand in Hand giengen. Das geschah denn auch; denn die ihnen allen drohende Gefahr vereinigte sie und bewirkte, daß sie von der Macht, über die sie verfügten, Gebrauch machten. Selbst Marat, der an Danton Vieles auszusetzen hatte, versöhnte sich mit diesem und beide umarmten sich vor ihren Freunden im Stadthause. Da die Pariser Kommune unter der Leitung der Revolutionäre stand und Danton im Ministerium seine Kollegen durch seine geistige Ueberlegenheit beherrschte, trafen die Minister in Verbindung mit den einflußreichsten Männern der Kommune die nöthigen Maßregeln und der Staatsstreich wurde im Justizministerium unter dem Vorsitz Danton's ausgearbeitet. Nur der Minister Roland, der dem Innern vorstand, hielt sich davon fern, weil er als Girondist das Volk wohl benutzen, aber ihm nicht zu sehr die Zügel schießen lassen wollte. Auch Robespierre, dem es, wie Marat sich ausdrückt, an staatsmännischer Kühnheit und Einsicht fehlte, wurde bei Seite gelassen.

Zunächst verordnete der Generalrath der Kommune, daß alle Pariser Einwohner, die sich von ihrer Wohnung entfernt hielten, in dieselbe zurückkehren und daß die Häuser des Nachts erleuchtet sein sollten. Er gab den Sektionen auf, ihre Urversammlungen einzustellen, aber vorher die Kommissäre zu ernennen, welche die verdächtigen Personen zu arretiren hatten. Wenn diese Kommissäre Waffen konfiszirten, hatten sie ein genaues Verzeichniß derselben anzufertigen, damit sie regelmäßig vertheilt werden konnten. Die Thore der Hauptstadt blieben geschlossen. Alle irgendwie verdächtigen Häuser wurden durchsucht und hier, sowie in den Gärten, auf den Straßen und auf den öffentlichen Plätzen Verhaftungen vorgenommen. Nachdem die Verhafteten in ein großes Gefangenen=Depot, welches sich in der Nähe des Mairie=Gebäudes befand, eingeliefert worden waren, wurden sie vorläufig durch Kommissäre verhört und, wenn ihre Unschuld offenbar war, freigelassen; andernfalls wurden sie in die für sie bestimmten Gefängnisse übergeführt. Die Listen, worauf die Verhafteten verzeichnet waren, wurden ins Justiz-Ministerium abgeliefert: woher es geschah, daß verschiedene, selbst bedeutend gravirte Personen sowohl durch die willkürliche Nachsicht Danton's, wie auch durch die Verwendung anderer einflußreicher Männer dem ihnen drohenden Schicksal entgingen.

Dann setzte der Generalrath der Kommune ein besonderes Ueberwachungs= und Polizei=Komitee nieder, damit selbiges während der bevorstehenden Ereignisse über die öffentliche Wohlfahrt wachte. Dieses Komitee tagte im Stadthause und bestand aus den Revolutionären Panis, Duplain, Sergent, Lenfant, Jourdeuil, Marat, Desforgues, Leclerc, Duffort und Cally.

Vergebens mucksten die Reaktionäre in der Gesetzgebenden Versammlung über das Zuwerkegehen der Pariser Kommune. Eine Deputation der Kommune, geführt vom Maire und vom General-Prokurator, vertheidigte ihre Maßregeln. Auch Tallien, eins ihrer Hauptmitglieder, rechtfertigte sie. Der Antrag, die Gesetzgebende Versammlung und die Exekutiv-Gewalt in eine Provinzialstadt zu verlegen, ward verworfen. Der Justiz-Minister Danton aber sprach zur Versammlung die bezeichnenden Worte: „Der 10. August hat uns in Republikaner und Royalisten geschieden; die ersteren sind wenige, die andern zahlreich. Bei diesem Schwächezustande sind wir Republikaner zwischen zwei Feuer, zwischen die äußeren Feinde und die im Innern befindlichen Royalisten, gestellt. Es besteht ein royalistisches Direktorium, welches geheim in Paris sitzt und mit der preußischen Armee korrespondirt. Ihnen zu sagen, wo es sich versammelt und wer es bildet, ist den Ministern unmöglich. Um seine Pläne zu vereiteln, muß man — — nun muß man den Royalisten Furcht machen!" (Bei diesen Worten beschrieb Danton mit der Hand eine solche Bewegung, welche andeutete, daß die Royalisten um einen Kopf kürzer gemacht werden müßten.)

Danton übertrieb die Gefahren der Republikaner keineswegs. Erst am 22. August hatten in Châtillon-sur-Sèvres 8000 Bauern die Fahne der Reaktion für die Vendée erhoben. Die Republikaner wurden zu Montauban, zu Arles, zu Avignon durch die Reaktionäre hingeschlachtet. Die Königlichen mordeten, wo sie nur konnten. Selbst Santerre wurde zweimal zu vergiften gesucht.

Nachdem nun am 1. September aufregende Nachrichten über das Vorrücken der preußischen Armee in Paris bekannt geworden waren, wurde am folgenden Tage um 2 Uhr Sturm geläutet und Generalmarsch geschlagen. Danton sagte am 1. September zur Versammlung: „Der Sturm, welcher geläutet werden wird, ist kein Alarm-Signal; es ist der Angriff auf die Feinde des Vaterlands. Um dieselben zu besiegen, meine Herren, bedürfen wir Kühnheit, wiederum Kühnheit, nochmals und immer wieder Kühnheit: dann ist Frankreich gerettet!"

Drei Kanonenschüsse gaben das Zeichen zum Losbruch. Sobald das Signal zum revolutionären Staatsstreich erschallte, fiel das Volk über die in den Gefängnissen befindlichen Reaktionäre her. In der Abtei wurden die Pfaffen niedergemacht. Von da ging es nach der Karmeliter-Kirche, von wo 180 eingesperrte Geistliche, nachdem sie dreimal verlesen und in den ummauerten Garten geführt worden waren, aus diesem irdischen Jammerthale ins bessere Jenseits in ziemlich wilder Jagd mit Spießen, Schwertern und Flinten versetzt wurden. Nur etwa vier derselben entkamen über die Mauer und blieben im irdischen Leben. Von da ging's in die Abtei zurück; denn hier saßen noch Anfertiger falscher Assignaten und 150 Schweizersoldaten. Wenn die Pfaffen ohne Weiteres getödtet worden waren, wurde doch nicht so mit den übrigen reaktionären Gefangenen verfahren. Ueberall — in der Abtei, im Châtelet, in der Force, in Bicêtre, in der Kapelle, in der Conciergerie, in St. Firmin — bildete das Volk Geschworenen-Gerichte und stellte mit den Gefangenen, die einzeln vorgeführt wurden, ein summarisches Verfahren an. Der Präsident saß mit gezogenem Säbel da; ihm zur Seite saßen ein Dutzend Geschworene. Wurde der Angeklagte für unschuldig befunden, so streckte der Vorsitzende die Degenspitze in die Höhe. Dann wurde der Gefangene abgeführt, gelangte in Freiheit und blieb am Leben. Wurde dagegen der Angeklagte für schuldig befunden, so wurde die Degenspitze gesenkt und der Präsident sagte: „Bringt den Herrn da nach der Force!" oder: „Man kann den Gefangenen hinauslassen!" oder: „In die Abtei!" oder auch: „Nach Koblenz mit ihm!" — Dann erfaßten den Gefangenen zwei oder drei Mann, ein Gefängnißwärter öffnete die Thür, und sobald der Gefangene hinaustrat, ward er niedergemacht. Den das Hinrichtungswerk vollziehenden „Tödtern" (tueurs) wurde nachträglich für ihre Arbeit ein hohes Taggeld bezahlt.

Marat schreibt im „Journal de la Republique française" unterm 6. Oktober 1792:

„Ich befand mich im Ueberwachungs-Komitee, als man dort meldete, daß das Volk soeben mehrere widerspänstige, wegen Umtriebe angeschuldigte und vom Komitee in die Force geschickte Priester den Händen der Wache entrissen und sie getödtet hatte, und daß das Volk nach den Gefängnissen zu ziehen drohte. Bei dieser Nachricht riefen Panis und ich wie durch Eingebung aus: Laßt uns die kleinen Delinquenten, die armen Schuldner, die wegen Schlägereien Eingesperrten retten! — Das Komitee gab sofort verschiedenen Kerkermeistern Befehl, sie von den großen Missethätern, von den revolutionsfeindlichen Verräthern zu trennen, damit das Volk nicht in die Lage käme, Unschuldige hinzuopfern. Die Abtrennung war geschehen, als die Gefängnisse erbrochen wurden; allein unsere Vorsicht zeigte sich unnöthig wegen der Aufmerksamkeit, welche der Volksrichter,*) der das Amt eines Tribuns bei dieser Expedition versah, an den Tag legte, indem derselbe die Gefangenen-Register einsah, um alle Diejenigen loszulassen, welche das Ueberwachungs-Komitee hatte von den Uebrigen trennen lassen: eine Vorsicht, die der Despot gewiß nicht beobachtet hätte, wenn er am 10. August gesiegt hätte. Das sind Thatsachen zur Entgegnung auf die Verleumdung, womit die Berichte über die Ereignisse des 2. und 3. September entstellt worden sind."

Bei der ersten Nachricht von den in den Gefängnissen vor sich gehenden Niedermetzelungen war Robespierre voller Schrecken mit Petion und Barrère zu Danton gelaufen, um diesen zum Einschreiten aufzufordern. Allein Danton antwortete auf die Vorstellungen, die ihm der aus der Monarchie mit in die Revolution herübergenommene beschränkte Unterthanenverstand dieser drei Männer machte, sehr kühl: „Möge immerhin das Gedächtniß an mich untergehen, wenn nur Frankreich gerettet wird!" Auch der Journalist Michel Philipp Mandar, der Vizepräsident der Sektion des Tempels, lief zu gleichem Zwecke, aber erst am 3. September Abends 6 Uhr, zu Danton. Er traf bei ihm alle Minister mit Ausnahme Roland's, die Sekretäre der Gesetzgebenden Versammlung, Robespierre, Petion, Camille Desmoulins, Fabre d'Eglantine, Manuel und andere Mitglieder der Kommune, sowie die sämmtlichen Präsidenten und Kommissäre der 48 Sektionen von Paris

---

*) Wahrscheinlich ist Maillard gemeint.

unter dem Vorsitze von Lacroix vereinigt, indem sie über die Mittel, das preußische Heer zu entfernen und Paris zu retten, beriethen. Maudar nahm Danton, Petion und Robespierre bei Seite und theilte ihnen mit, daß er die Einsetzung eines Diktators in Vorschlag bringen wolle, fand aber keinen Anklang. Robespierre warnte ihn mit den Worten: „Hüte dich wohl davor, denn Brissot würde Diktator werden!" Der Maire Petion sagte nicht ein einziges Wort.

Was Santerre anbelangt, so hatte sich derselbe nach Versailles zur Inspektion der dortigen Nationalgarde schicken lassen. Die an die Stelle der früheren Pariser Nationalgarde getretenen bewaffneten Sektionen, in denen die Arbeiter für ihren Dienst 2 Francs Tagessold erhielten, würden ihm auch nicht ohne Weiteres gehorcht haben, hätte er sie gegen die Revolution verwenden wollen. Er hatte mit ihnen die Thore besetzt und ihnen die Bewachung des Tempel-Gefängnisses, wo die königliche Familie in Haft saß, aufgetragen. Er kam erst Dinstag, den 4. September, von Versailles nach Paris zurück und erhielt an diesem Tage, nicht aber, wie Thiers in seiner Revolutionsgeschichte angibt, schon am Montag, ein Schreiben von Roland, worin der Minister des Innern ihn für die Sicherheit der Pariser Einwohner verantwortlich machte. Santerre antwortete sofort, daß er den Bataillons-Kommandanten die gemessensten Befehle, Patrouillen zu bilden, sowie dem Kommandanten des Tempels und demjenigen des noch nicht angegriffenen Force-Gefängnisses die Sorge für die Gefangenen eingeschärft hätte. „Ich werde", schrieb er, „meine Bemühungen bei der Nationalgarde verdoppeln und schwöre Ihnen zu, daß, wenn sie in ihrer Trägheit verharrt, mein Körper dem ersten citoyen, den man insultiren würde, zum Schilde dienen soll."

Während Roland das decorum wahrte, bemerkte er gleichwohl: man werde wohl einen Schleier über diese Ereignisse werfen müssen. Ja der Girondist Louvet schrieb in seiner Sentinelle: „Ehre dem Generalrathe: er hat Sturm läuten lassen, er hat das Vaterland gerettet!" Bis zum 6. September, bis wohin noch einige Attentate vorkamen, blieben die Zeitungen über die Metzeleien mäuschenstill. Erst nach dieser Zeit fingen allmählich die Girondisten an, in Bezug auf diesen revolutionären Staatsstreich die sittlich Entrüsteten zu spielen. „Roland", schrieb Marat am 19. September, „ist nur ein Küchendragoner (coupechoux), den seine Frau am Ohre führt; sie ist der eigentliche Minister des Innern unter der Leitung ihres Direktors, des erleuchteten Lanthenas, des geheimen Agenten der Faktion Guadet-Brissot."

Es ist begreiflich, daß in den Tagen dieses furchtbaren Volksgerichts Rohheiten und Ungeheuerlichkeiten vorkamen. Ein Kannibal rühmte sich vor Danton, daß er die Brüste der schönen Prinzessin Lamballe gebraten und gegessen habe, worauf dieser zu ihm sagte: „Du bist ein Schwein!" Marie Louise Madame von Lamballe, Prinzessin von Savoyen, die in der Force sitzende Surintendantin der Königin, sollte gerettet werden, wenn sie Haß gegen den König, die Königin und das Königthum schwören wollte, nachdem sie vor den Geschworenen in Abrede gestellt hatte, daß sie Kenntniß von den Komplotten des Hofes

gehabt hätte. Da sie den verlangten Schwur verweigerte, mußte sie
sterben, und ihr Kopf, sowie ihr Herz wurden auf Piken gesteckt und
vor dem Tempel=Gefängnisse paradirt, um der Königin einen schrecklichen
Anblick zu bereiten.

In den Tempel ließen die Munizipal=Beamten Niemanden ein=
dringen. An dem Eingange wachte ein früherer Abt, d'Anjou mit
Namen, der wegen seiner riesigen Größe der „Abt Sechsfuß" hieß.
Dieser hatte seine Schärpe quer über den Eingang gespannt und stieß
alle vorwitzigen Eindringlinge zurück. Auf der Schärpe standen die
Worte geschrieben: „Citoyens, Ihr, die Ihr mit einer gerechten Rache
die Liebe zur Ordnung zu verbinden wißt, respektirt diese Barrière: sie
ist nothwendig für unsere Ueberwachung und Verantwortlichkeit."

Das Volk machte keinen ernsten Versuch, in den Tempel ein=
zudringen.

Am 2. September, an welchem die Festung Verdun in die Hände
der Preußen fiel, und in den folgenden Tagen wurden insgesammt
966 Reaktionäre massakrirt. In seiner Vertheidigungsrede im Konvente
sagte später Robespierre, ohne daß seine erbitterten Gegner ihm die
Richtigkeit seiner desfallsigen Behauptung bestritten, bezüglich der Sep=
tember=Metzeleien: „Man versichert, daß auch ein Unschuldiger
dabei umgekommen ist. Man hat sich darin gefallen, die Zahl zu
übertreiben; allein ohne Zweifel ist schon ein Einziger zu viel.
Citoyens, beweint diesen grausamen Mißgriff! Wir haben ihn schon
längst beweint. Es war ein guter citoyen, also ein Freund von Euch.
Beweint sogar die für die Rache der Gesetze aufbewahrten schuldigen
Opfer, die unter dem Schwerte der Volksrache gefallen sind. Indeß
möge Euer Schmerz, wie alles Menschliche, eine Gränze haben! Spart
auch einige Thränen auf für rührendere Unglücksfälle: beweint die Hundert=
tausend durch die Tyrannei geopferten Patrioten, beweint die Patrioten,
die unter den in Brand gesteckten Dächern ihrer Wohnungen umgekom=
men sind! ... Die Empfindsamkeit, die fast ausschließlich über den Tod
der Freiheitsfeinde seufzt, ist mir verdächtig."

So sprach der nämliche Mann, der in der Konstituante eine Rede
für Abschaffung der Todesstrafe gehalten hatte! Durch die Ereignisse
war er zur zeitweiligen Erkenntniß gelangt, daß man an die Szenen
der Revolution, in denen das Erhabene sich vom Schrecklichen nicht
trennen läßt, nicht den spießbürgerlichen Maßstab der Alltags=Begriffe
anlegen darf. Mit Zuckerplätzchen oder Marzipan werden große Re=
volutionen weder gemacht, noch aufrecht erhalten, noch weiter entwickelt.
Auch kann es keinem Zweifel unterliegen, daß die Reaktion, hätte sie
um diese Zeit in Paris siegreich ihr garstig häßliches Haupt zu erheben
vermocht, mindestens zehnmal ärger mit den Republikanern umgesprungen
sein würde, als diese, fortwährend zur Selbstvertheidigung aufgestachelt,
in ihrem Kriege mit den verschlagenen, heimtückischen, grausamen Hinter=
läufern. Die Revolutionäre zeigten, daß sie von ihren Feinden Manches
gelernt hatten; daher kamen sie ihren Schlägen zuvor und glichen die
äußeren Niederlagen durch Unschädlichmachung der Feinde im Innern
aus, bis ihnen bald auch das Kriegsglück nach Außen hold wurde.

Die Pariser September-Vorfälle hatten in der Provinz ihr Nachspiel. Die von der Kommune niedergesetzte Ueberwachungs-Kommission der öffentlichen Wohlfahrt erließ an die Kommunen der Departements ein Zirkular, worin es u. A. hieß: „Die Pariser Kommune beeilt sich, ihre Brüder in allen Departements davon zu benachrichtigen, daß ein Theil der in den Gefängnissen sitzenden wilden Verschwörer durch das Volk umgebracht worden ist. Diese Handlungen der Gerechtigkeit schienen dem Volke unumgänglich, um in dem Augenblicke, wo man gegen den Feind zu marschiren im Begriff war, durch den Schrecken die innerhalb seiner Mauern versteckten Legionen Verräther einzuschüchtern. Und ohne Zweifel wird die ganze Nation nach der langen Reihe Verrähereien, welche sie an den Rand des Abgrunds gebracht haben, sich beeilen, dieses so nothwendige Mittel der öffentlichen Wohlfahrt zu ergreifen, und alle Franzosen werden wie die Pariser rufen: Wir marschiren gegen den Feind, lassen aber nicht diese Briganden in unserm Rücken, daß sie unsere Kinder und Frauen erwürgen." — Zugleich versicherte die Pariser Kommune: „Indem sich die Pariser Kommune zu den Grundsätzen der vollkommensten Gleichheit bekennt und nach keinem andern Vorrechte geizt, als zuerst in der Bresche zu erscheinen, wird sie es sich angelegen sein lassen, sich der geringsten Kommune des Staates gleichzustellen, sobald das Vaterland Nichts mehr von den Schwärmen blutdürstiger, auf die Hauptstadt losrückender Satelliten zu fürchten hat." — Die Kommune und Danton schickten Kommissäre in die Provinzen.

Der Herzog von Rochefoucauld wurde auf Befehl der Pariser Kommune zu Forges arretirt und unterwegs durch die Eskorte Santerre's zu Gisors massakrirt. Bei der Uebertragung des Obergerichts von Orleans nach Saumur wurden die dortigen 57 Gefangenen durch Leopold Bourdon, einen Kommissär der Pariser Kommune, an Fournier, genannt der Amerikaner, und an den Polen Lazowski übergeben, welche Beide sie mit einem Detachement Nationalgarde nach Saumur bringen sollten. Indeß wurden 44 Gefangene bei der Orangerie von Versailles durch Leute, welche aus einem Wirthshause herausstürzten, niedergemacht, ohne daß Fournier und Lazowski dieß verhinderten. Sonst fanden kleine Metzeleien statt zu Reims, Meaux, Sens und Lyon.

Welches war nun wohl der soziale Untergrund des soeben geschilderten revolutionären Staatsstreichs? Nichts Anderes, als die Expropriirung der seitherigen Volksaussauger zu Gunsten der rebellisch gewordenen Unterdrückten.

Camille Desmoulins hatte unterm 14. Juli geschrieben: „Wir sind des Triumphes sicher. Wir haben eine zwar noch nicht sichtbare, aber enrolirte und ganz bereite Armee. ... Niemals ist den Siegern eine reichere Beute geboten worden. Vierzigtausend Paläste, Hôtels, Schlösser, zwei Fünftel der Güter Frankreichs zum Vertheilen, werden der Preis der Tapferkeit sein. Diejenigen, welche unsere Bezwinger zu sein behaupten, werden ihrerseits bezwungen werden. Die Nation wird purgirt werden, und die Fremden, die schlechten citoyens, Alle, welche ihr Privat-Interesse dem allgemeinen Interesse vorziehen, werden ausgerottet werden."

Zweites Kapitel.

Die Haft und der Tod des Königs.

(Vom 10. August 1792 bis zum 21. Januar 1793.)

Wir haben oben gesehen, daß der König nebst seiner Familie sich am Tage des 10. August vor dem siegreichen Aufstande in das Sitzungsgebäude der Gesetzgebenden Versammlung geflüchtet hatte und daß er dort nicht abgesetzt, sondern nur bis zur Entscheidung eines vom gesammten französischen Volke zu erwählenden National-Konvents über sein Schicksal, suspendirt worden war. Die Wahlen, wenn auch nicht direkt, fanden doch mit allgemeinem Stimmrecht statt. Die meisten Stimmen in Paris erhielt Robespierre, der zweite nach ihm war Danton, der letzte der Herzog von Orleans, dem die Kommune erlaubt hatte, den Namen „Egalité" (Gleichheit) anstatt des Herzogstitels zu führen. Marat, dessen Wahl der Moniteur unterm 11. September meldete, war der siebente unter den Pariser Deputirten. Panis und Sergent, die mit Marat am 2. September im Wohlfahrts-Ausschuß der Kommune gesessen hatten, wurden gleichfalls gewählt. Sonst wurden in Paris zu Deputirten erkoren: Dussaulx, Osselin, Desmoulins, Fabre d'Eglantine, Boucher, der Maler David u. s. w., die Alle, gleich Robespierre, Nichts mit dem Staatsstreiche vom 2. September zu thun gehabt hatten. Der Konvent hatte am 21. September zusammen zu treten und begann seine Wirksamkeit mit der Proklamirung der Republik.

Da der Maire Petion in den Konvent gewählt war, konnte er ebenso wenig, wie der Minister Danton, nachdem er diese Wahl angenommen hatte, in seinem Amte bleiben. Gleich in der ersten Sitzung des Konvents wurde über die Erneuerung der Verwaltungsbehörden verhandelt; ihre Erneuerung schien um so nothwendiger, weil die meisten Departements-Administratoren aus den Notabeln des Landes ausgelesene, von monarchischer Gesinnung angefressene Leute waren. Bei der Neuwahl des Pariser Maires am 4. Oktober wurde Petion zwar wieder gewählt; allein diese aus Verlegenheit hervorgegangene Wiederwahl war nur ein Kompliment für ihn; denn in der Konstitution war ausdrücklich bestimmt, daß kein Administrator und Munizipal-Beamter Repräsentant der Nation sein durfte. Er war also genöthigt, die Wahl zum Maire abzulehnen.*)

---

*) Herr Professor Adolf Schmidt sagt im ersten Theile seiner „Französischen Zustände" (Seite 66): „Der Gewählte lehnte indeß ab, um sich **ganz dem Konvent, als Mitglied desselben, zu widmen.**" Somit setzt Herr Schmidt voraus, daß Petion, wenn er gewollt hätte, zugleich Deputirter und Maire hätte sein können. Allein die Konstitution von 1791 bestimmt ausdrücklich (Titel III, Kapitel I, Sektion III, Artikel 4): „Seront également tenus d'opter **les administrateurs**, sous-administrateurs, **officiers municipaux**, et commandants des gardes nationales."

Die Funktion eines Pariser Maires war so machtlos geworden, seine Stellung so kritisch, daß verschiedene Personen, welche für die Bürgermeisterwürde auserkoren wurden, das Amt nicht annahmen. So schlug Peter Anton Marquis d'Antonelle, welcher früher Maire in seiner Geburtsstadt Arles gewesen war, die auf ihn gefallene Wahl aus. Antonelle, ein entschiedener Revolutionär, fungirte im Jahre 1793 im Prozesse gegen die Girondisten als Geschworener, wurde 1796 in die Baboeuf'sche Verschwörung verwickelt und im folgenden Jahre in dieser Sache freigesprochen; er hat sich als Schriftsteller einen Namen gemacht und ist am 26. November 1817 zu Arles gestorben. Wie Antonelle, wies auch der geistig sehr beschränkte Heinrich Franz von Paule Le Fèvre d'Ormesson die Ehre, Pariser Maire zu werden, von sich. Derselbe war ein persönlicher Freund Ludwig's XVI. gewesen, hatte seit 1783, bis er durch Calonne ersetzt wurde, der General-Kontrole der Finanzen vorgestanden und war im Anfange der Revolution Pariser Gerichtspräsident geworden. Er verdankte seine Wahl zum Maire nur der Lauheit der Wähler. Obschon nämlich sich die Pariser Revolutionäre lebhaft bei der Wahl der Konvents-Deputirten betheiligt hatten, kümmerten sie sich doch wenig darum, wer jetzt Maire wurde; denn sie wußten, daß das Schicksal der Kommune in den Händen der 48 Sektionen und des Generalraths lag, und daß der Maire fast Nichts weiter als ein mit einem leeren Titel aus der konstitutionellen Periode überlieferter Strohmann war. Nach Ablehnung des Herrn d'Ormesson mußte wegen überaus schwacher Betheiligung der Wähler wiederholt gewählt werden, ehe der Arzt Chambon eine hinreichende Majorität erlangte und Ende November das vakante Amt antreten konnte. Chambon war zwar ein Freund Petion's und den Girondisten zugeneigt, sah sich aber gezwungen, dem souveränen Willen der Sektionen zu entsprechen und sich in der Folge zum Werkzeuge der Revolutionäre zu machen. An der Stelle des gleichfalls in den Konvent gewählten Manuel's*) wurde Chaumette Prokurator der Kommune und seine Substituten wurden Real und Hebert: — lauter entschieden revolutionäre Leute.

Wir lassen einstweilen in anderer Hinsicht den Kampf der Kommune mit dem Konvente bei Seite und beschäftigen uns im gegenwärtigen Kapitel nur mit der Rolle, welche die Kommune gegenüber dem gefangenen Könige spielte. Indem wir dieß thun, müssen wir zum 10. August zurückgehen, also in die Zeit, in welcher Petion noch Maire, Manuel noch Prokurator der Pariser Kommune war.

Die bis zum 20. September 1792 forttagende Gesetzgebende Versammlung dachte ursprünglich nicht daran, den zu ihr geflüchteten und von ihr suspendirten König in ein Gefängniß einzusperren. Im Gegentheil wollte sie ihn, nachdem er mittlerweile im Feuillants-Gebäude untergebracht worden war, in dem prächtigen, geräumigen Luxemburg-

---

*) Petion wurde im Konvente zum Präsidenten gewählt. Durch den unbedachten Eifer Manuel's, der die Präsidentschaft mit fürstlichen Ehren ausgestattet wissen wollte, verlor Petion rasch seine Popularität; denn er erhielt den in revolutionärer Zeit sehr gefährlichen Spitznamen: „der König".

Palaste einquartieren. Weil er aber von hier aus leicht entweichen
konnte, legte die Kommune dagegen ernste Einsprache ein. Hierauf be=
schloß die Versammlung, dem Könige das Justiz=Ministerium auf dem
Vendôme=Platze als Wohnung anzuweisen, ihn unter die Ueberwachung
des Kommandanten der Nationalgarde zu stellen und für den Unterhalt
seines Hauses 5000 Francs zu gewähren. Indeß war auch hiermit die
Kommune nicht einverstanden. Sie verlangte, daß der König ihrer
eignen Obhut anvertraut würde, und ersuchte durch den Prokurator
Manuel die Versammlung, den König in den Tempel bringen zu lassen.
Die Versammlung gab nach und erließ ein desfallsiges Dekret. Die
Transportirung nach dem Tempel schildert Herr v. Barante folgendermaßen:

"Am 13. August, mitten am Tage, fuhren bei den Feuillants
zwei Kutschen vor. In dieselben mußte die königliche Familie einsteigen.
Petion und Manuel überwachten die Ueberfahrt. Petion setzte sich
in die Kutsche des Königs, wie bei der Rückkehr von Varennes. Er
wollte, daß die Fahrt in Paris ein Volkstriumph und eine weitere
Schmach für den König sei. Man wählte einen langen Weg und fuhr
langsam. Nach der Fahrt über den Vendôme=Platz, wo Petion die auf
dem Pflaster liegende Statue Ludwigs XIV. dem Könige zu zeigen sich
angelegen sein ließ, folgte man der Linie der Boulevards. Eine in=
sultirende Menge hatte sich um die Kutschen gesammelt. Neben der
Wagenthür lief ein Mann mit großem Barte, gekleidet in einen Kittel
ziemlich ähnlich einer Kapuzinerkutte. Sein Aussehen war gräulich;
sein wilder Blick wurde jedoch scheu, als er merkte, daß er der Gegen=
stand der Neugier und des öffentlichen Abscheus war. Es war ein gewisser
Truchon, Mitglied der neuen Munizipalität, welcher sich an allen Tagen
des Aufstands bemerklich gemacht hatte. Im Volke hieß er der Nikolaus
mit dem großen Barte, und man verwechselte ihn oft mit Jourdan
(Jordan) dem Kopfabschneider, dessen Anzug und Antlitz fast gleich
waren und der sich bei den nämlichen Gelegenheiten zeigte. An diesem
Tage glaubte die Menge sogar, er sei der Kopfabschneider."—

Die Kommune hatte Recht, als sie die Bewachung des königlichen
Gefangenen weder dem Justiz=Minister Danton, noch dem General
Santerre anvertraut wissen wollte. In so wichtigen Angelegenheiten,
wie die Bewachung des Königs war, darf sich das Volk nicht auf ein=
zelne Männer verlassen. Indeß hatte es die Kommune keineswegs
darauf abgesehen, dem Könige das Leben in der Haft unerträglich zu
machen. Sie wollte ihn nicht quälen. Daher erhielt er anfangs eine
sehr bequeme und sogar fürstlich eingerichtete Wohnung.

Der Tempel (Temple), eine alte Festung, hatte durch den langen
Frieden sich in eine ziemlich prächtige Wohnung der Großpriore des
Malteser=Ordens, denen ein Theil der Güter des 1312 aufgehobenen
Tempelherren=Ordens zugefallen war, verwandelt. Die meist aus fürst=
lichen Familien stammenden Großpriore, gewöhnlich wollüstige Schlemmer,
hatten den Tempel zum Palast gestaltet. Der französische Großprior
der Malteser war jetzt der Herzog von Angoulême, noch ein Kind, dem
sein Vater, der Graf von Artois, den Tempel=Palast hatte fürstlich aus=
möbliren lassen. Die königliche Familie durfte jedoch nur den Tag

über in der prächtigen Wohnung zubringen. Um der Sicherheit willen mußte sie des Nachts im kleinen Thurme schlafen.

Dieser kleine Thurm war ein vierstöckiges, mit zwei Thürmchen flankirtes Gebäude. In jedem Stockwerk befanden sich zwei Zimmer und ein Kabinet. Er stieß an den großen Thurm, war aber nicht von Innen mit demselben verbunden.

Anfangs durfte die königliche Familie auch in den schönen Gärten der Großpriorei spazieren gehen. Allein diese Freiheit mußte beschränkt werden, weil von den benachbarten Häusern aus, deren Fenster auf die Gärten gingen, die Royalisten mit der königlichen Familie Verbindung anzuknüpfen suchten. Sobald nämlich die königliche Familie in den Gärten erschien, wurden jene Fenster mit weißen Tüchern behängt und es ertönten royalistische Lieder. Bald schien eine förmliche Korrespondenz stattzufinden. Um diese Signale der Royalisten sich nicht zu Befreiungs= versuchen entwickeln zu lassen, wurde die königliche Familie ganz in den kleinen Thurm einquartiert und durfte nur noch in einem kleinen, mit hohen Mauern umgebenen und unbepflanzten Raume, wo sie aus den benachbarten Häusern nicht erblickt werden konnte, sich im Freien er= gehen und frische Luft schöpfen. Der kleine Thurm, von Gestalt vier= eckig, war 1222 erbaut worden. Seine Mauern waren 9 Fuß dick und ungefähr 150 Fuß hoch. Seine vier Stockwerke waren sämmtlich gewölbt, dergestalt, daß die Wölbung jedes Stockwerks in der Mitte auf einer dicken Säule ruhte. Ueber den Zinnen und Seitenthürmchen des Thurmes erhoben sich sehr hohe, spitz zulaufende Dächer. Die Kommune ließ längs der Treppe 7 Pförtchen und Guckfenster anbringen. Unten zur ebenen Erde befanden sich die im Dienste wechselnden Munizipal= Beamten, die auch den General Santerre überwachten. Im ersten Stockwerk lagerte eine fortwährend wechselnde und aus den verschiedenen revolutionären Sektionen entnommene Wache, deren einzelne Leute folglich einander fremd waren. Der König bewohnte mit seinem Sohne und dem Kammerdiener Clery das zweite, die Königin nebst ihrer Tochter und Madame Elisabeth, der Schwester des Königs, das dritte Stockwerk. Das vierte blieb unbewohnt. Vor den Zimmern des zweiten und dritten Stockwerks befand sich ein fortwährend mit Wachen besetztes Vorzimmer. Um von der Treppe aus in die Zimmer der königlichen Familie zu ge= langen, mußte man durch zwei feste Thüren passiren. Die eine dieser Thüren, gefertigt aus dickem Eichenholz, war mit großen Nägeln be= schlagen, die andere bestand aus dickem Eisen. Die Fenster der Zimmer waren nicht nur mit starken eisernen Gittern, sondern auch mit Blenden versehen. An den Thüren waren schwere Riegel angebracht.

Die Haft Ludwig's verschärfte sich, als die königliche Partei mehr= mals vor dem Tempel Demonstrationen machte. Wenn dem Könige Neuigkeiten mitgetheilt werden sollten, gingen Royalisten als Zeitungs= verkäufer vor den Tempel und riefen die betreffenden Nachrichten, die der Revolution feindlich waren, in der Straße aus. Man sah sich mehrmals veranlaßt, den Gefangenen das Papier, die Tinte und die Federn wegzunehmen.

Zuerst erhielt die königliche Familie zum Thurmpförtner einen gewissen Rocher, von dem es heißt, er habe am 20. Juni und 10. August den König tödten wollen.

Ursprünglich waren die Prinzessin von Lamballe, Madame von Tourzel und andere an das Haus der Königin attachirte Personen mit dieser im Tempel eingeschlossen; da aber so viele Frauenzimmer für die strikte Ueberwachung lästig wurden, führte man die Gesellschafterinnen der Königin bald in andere Gefängnisse über.

Der Umstand, daß dem Könige bis zuletzt sein Kammerdiener Clery belassen wurde, zeigt hinlänglich, mit welcher Milde und Nachsicht er, insoweit nicht seine Sicherheit auf dem Spiele stand, behandelt wurde. Das geht auch aus den Memoiren hervor, welche die Tochter Ludwig's XVI. später geschrieben hat. Selbige berichtet nämlich:

„Die Tage meiner Eltern verflossen auf folgende Weise. Mein Vater erhob sich um 7 Uhr aus dem Bett und betete bis um 8 Uhr. Dann kleidete er sich, wie auch mein Bruder, bis um 9 Uhr an und erschien bei meiner Mutter zum Frühstück. Nach dem Frühstück gab mein Vater bis um 11 Uhr einigen Unterricht. Hierauf spielte mein Bruder bis um Mittag. Wir gingen dann alle zusammen spazieren, mochte es für Wetter sein, welches es wollte, weil die Wache um diese Zeit aufgezogen wurde und, um sich von unserer Anwesenheit zu überzeugen, uns sehen wollte. Der Spaziergang dauerte bis um 2 Uhr, wo wir dinirten. Nach Tisch spielte mein Vater mit meiner Mutter tric-trac (Puffspiel), oder besser gesagt: sie thaten, als ob sie spielten, um sich einige Worte sagen zu können. Um 4 Uhr ging meine Mutter mit uns hinauf, weil dann der König zu schlafen pflegte. Um 6 Uhr ging mein Bruder hinunter. Mein Vater unterrichtete ihn und spielte mit ihm bis zur Stunde des Nachtessens, bis um 9 Uhr. Nach dieser Mahlzeit kleidete ihn meine Mutter aus und brachte ihn zu Bett. Wir gingen dann hinauf, und der König legte sich erst um 11 Uhr nieder. Meine Mutter machte viel Nadelarbeit und sie ließ mich lernen und oft laut lesen. Meine Tante betete und hielt immer den Gottesdienst ab; sie las viele fromme Bücher."

Demnach genoß die königliche Familie alle möglichen Vergünstigungen. Sie schlief in bequemen Betten und aß keine Sträflingskost. Sie durfte Licht brennen, sich frei beschäftigen, frei unter sich verkehren, durfte alle Tage im Freien Luft schöpfen und spazieren gehen. Selbst Spiel und sonstiger Zeitvertreib war ihr nicht verwehrt. Von Prügeln, wie solche seitens der Monarchisten demokratische Gefangene zu erleiden gehabt haben, von schmaler Gefängnißkost, von Zwangsarbeit, von Züchtlingskleidung war keine Rede, keine Spur. Der König durfte sogar seinen Kammerdiener behalten.

Unter solchen Umständen erscheinen die Klagen über schlechte Behandlung Ludwig's als gehässige Erfindungen und Uebertreibungen. Man redete ihn, nachdem er durch eigne Schuld abgesetzt worden war, nicht mehr „Majestät" oder „Sire" an. Man behielt vor ihm den Hut auf dem Kopfe. Man setzte sich und machte sich's bequem, während der König und die Königin standen. Man rauchte vor der königlichen Familie Tabak. Man sang republikanische Lieder. In der That, wenn einem gefangenen König, der so viele Menschen hat hinmorden lassen, nichts Schlimmeres in seiner Haft passirt, kann er zufrieden sein! Doch Eins hätten wir beinahe vergessen: wenn Lärm auf der Straße entstand, d. h. wenn die Royalisten Demonstrationen vor dem Gefängniß machten, zeigten sich die Kommune-Beamten um die Sicherheit des Königs besorgt. Rocher zog in solchem Falle den Säbel und sagte zu Ludwig: „Wenn sie kommen, tödte ich Dich!"

Ludwig war dermaßen in seinen königlichen Firlefanz vernarrt, daß er sich selbst im Gefängniß mit läppischen Abzeichen seines Königthums aufpuhte und herauswichste. Man mußte ihm diese Kinderei erst noch untersagen. Den 7. Oktober kam Manuel mit ungefähr zwanzig Munizipal-Beamten in den Tempel.

„Wie befinden Sie Sich?" sagte Manuel freundlich zum Könige. „Haben Sie Etwas nöthig?"

„„Ich begnüge mich mit dem, was ich habe,"" antwortete der König.

„Sie sind jedenfalls über die Siege unserer Heere unterrichtet: über die Einnahme von Speier, über die Eroberung Nizza's und Savoyens?"

„„Ich habe vor einigen Tagen diese Herren davon sprechen hören.""

„Wie? Sie lesen keine Zeitungen, die doch so interessant werden?"

„„Ich erhalte keine.""

„Man muß dem Herrn Journale geben," sagte Manuel zu den Munizipalen; „es ist gut, wenn er unsere Erfolge erfährt."

Dann wandte er sich wieder zum König:

„Die demokratischen Grundsätze verbreiten sich; Sie wissen wohl, daß das Volk das Königthum abgeschafft und die republikanische Regierung angenommen hat?"

„„Ich habe davon sprechen gehört und wünsche, daß die Franzosen das Glück finden, welches ich ihnen immer habe verschaffen wollen.""

„Sie wissen wohl auch, daß die National-Versammlung alle Ritter-Orden abgeschafft hat? Man hätte Ihnen sagen sollen, daß Sie die Dekorationen ablegen müssen. In die Klasse der übrigen Staatsbürger zurückgekehrt, müssen Sie ebenso behandelt werden. Uebrigens verlangen Sie, was Ihnen nöthig ist; man wird sich beeilen, es Ihnen zu verschaffen."

„„Ich danke Ihnen, ich brauche Nichts,"" antwortete ärgerlich der König, und er ging wieder an die Lektüre, die er beim Eintritt Manuel's unterbrochen hatte.

Gleich nach dem 10. August hatten sich Namens der Kommune Panis und Sergent daran gegeben, im königlichen Schlosse unter den Papieren nach Beweisstücken zu suchen. In den Bureaux der Zivilliste hatten sie Dokumente gefunden, welche die geheimen Beziehungen Ludwig's zu den aufrührerischen Priestern, zu der Emigration und zu den ausländischen Mächten bewiesen. So hatte er unterm 16. April 1791 an den Bischof von Clermont geschrieben: er würde, wenn er seine frühere Macht zurück erlangte, die alte Regierung wieder herstellen und auch die Geistlichkeit wieder in den früheren Stand setzen. Es war hier schwarz auf Weiß zu lesen, daß er den Krieg gegen das Ausland nur unternommen hatte, um den Marsch seiner angeblichen Befreier zu beschleunigen. Er war in Korrespondenz mit Leuten gewesen, die an ihn geschrieben hatten: „Der Krieg wird alle Mächte dazu zwingen, sich gegen die Faktiösen (Rottirer) und Verruchten, die Frankreich tyrannisiren, zu vereinigen, damit ihre Züchtigung allen Denen als Beispiel dient, welche sich sonst versucht fühlen möchten, den Frieden der Herrscherreiche zu stören… Sie können auf hundertfünfzigtausend Mann sowohl Preußen, wie auch Oesterreicher und Kaiserliche rechnen, und auf eine Armee von zwanzigtausend Emigrirten."*) — Nicht nur waren Papiere gefunden worden, welche die geheime Verbindung des Königs mit seinen Brüdern bewiesen, sondern auch Dokumente, durch die man die vom Hofe erkauften Volksvertreter kennen lernte.

In der Konvent=Sitzung vom 1. Oktober erschien eine Deputation der Kommune und setzte aus einander, daß unter den auf dem Stadthause deponirten Dokumenten auch der Beweis von verschiedenen Verräthereien des Königs aufgefunden worden sei, unter Anderm der Beweis einer Vertheilung von 1,500,000 Francs an die Mitglieder einer Kommission der Gesetzgebenden Versammlung, welche beauftragt gewesen war, die Pension des „militärischen Haushalts" des Königs zu liquidiren. Mehrere Mitglieder dieser Kommission saßen jetzt wieder als Deputirte im Konvent. Der Sprecher der Kommune=Deputation erklärte, daß das Ueberwachungs=Komitee der Kommune, nachdem es diese Beweisstücke unter seiner Obhut gehabt, nicht mehr über sie verfügte, seitdem der Generalrath auf dem Depot, wo sie eingeschlossen waren, Siegel an sie hatte legen lassen. Da unsaubere Deputirte die Aechtheit der Dokumente in Zweifel zu ziehen suchten, bestieg Marat die Rednerbühne und hob alle Schwierigkeiten, indem er der Versammlung vorschlug, daß eine aus ihrer Mitte gewählte Kommission ein Inventar von den in Beschlag genommenen Papieren anlegen sollte. Dieser Antrag wurde angenommen.**) Als aber Marat darauf bestand, daß die fraglichen Beweisstücke sofort gedruckt und veröffentlicht werden sollten, riefen die Girondisten: daß Marat, der sie selber schon in die September=Metzeleien hätte ziehen wollen, auf sie den Zorn des Volkes zu lenken suchte.

Noch schlimmere Beweise gegen den König wurden im „eisernen Schranke" der Tuilerien entdeckt. Wie wir oben mitgetheilt haben, fand Ludwig XVI. an Schlosserarbeiten Vergnügen und stand mit einem Schlosser, Namens Gamin, mit dem er seit zehn Jahren arbeitete, auf vertrautem Fuße. Diesen Schlosser hatte er vom Vorhandensein eines eisernen Schrankes, in welchem er seine geheimen Papiere aufhob, in Kenntniß gesetzt. Gamin hatte davon mit Bekannten gesprochen und die Königin ihn, um ihn aus dem Wege zu räumen, mit Kuchen vergiften wollen.***) Die Königin hatte nun ihren Gemahl angetrieben, die Papiere aus dem Schranke zu entfernen, und der König hatte wirklich einen Theil derselben an Madame Campan, die erste Kammerfrau

---

*) Mignet, Histoire de la Révolution française, Bd. I, S. 340—1.
**) Alfr. Bougeart, Marat l'ami du peuple, Bd. II, Paris 1865, 8°. — Moniteur vom 3. Oktober 1792.
***) Vuillaumé, Histoire de la Révolution française, Paris, 1850, 3. Bd.

der Königin, abgegeben, sodaß sie durch Madame Campan verbrannt werden konnten; allein ein anderer Theil sehr gravirender Papiere war vom Könige im Schranke belassen worden und fiel, da Gamin das Geheimniß bezüglich des Schrankes*) dem Minister Roland entdeckte, seinen Anklägern in die Hände.

Es fragte sich nun, was mit dem Könige, dessen Konspiration gegen die Revolution und dessen Hochverrath gegen das französische Volk klar zu Tage lag, angefangen werden sollte. Zufolge der Konstitution von 1791 war der König, so lange er regierte, unverletzlich; denn er war durch die Verantwortlichkeit der Minister gedeckt. In dieser Konstitution waren die Fälle angegeben, in welchen er so angesehen werden sollte, als ob er abgedankt hätte. Sodann hieß es darin (Tit. III, Kap. II, Art. 8): „Nach der ausdrücklichen oder legalen Abdankung gehört der König in die Klasse der citoyens und kann wie sie wegen der Handlungen **nach** seiner Abdankung angeklagt und verurtheilt werden."

Die Pariser Kommune trieb den Konvent an, schleunig über die Sache zu entscheiden. Ihre Sektionen forderten den Tod des nun wegen eines seiner Altvordern mit dem Familiennamen Capet belegten Königs. Durch den Sitzungssaal wurden auf Sänften Verwundete des 10. August defilirt, welche den Konvent um Rache anriefen. Petitionen und Adressen im gleichen Sinne langten aus Paris und aus den übrigen Städten Frankreichs in Menge an. Die Kommune zeigte sich um so mehr besorgt, als Ludwig Capet während des Novembers einmal ernstlich erkrankte.

Die konsequenten Revolutionäre waren der Ansicht, daß Ludwig aus politischen Gründen als Besiegter und als Feind der Republik ohne Weiteres sterben müßte, ohne daß die Rechtsposse eines Prozesses aufgeführt würde.

Marat, der aber jetzt anders urtheilte, hatte in dieser Beziehung schon 1780 in seinem dem Beccaria nachgeahmten Plan de législation criminelle (Entwurf des Kriminalrechts) geschrieben: „Der Tod eines citoyen kann nur aus zwei Motiven für nothwendig erachtet werden. In Zeiten der Unruhe, wo eine Nation im Begriffe steht, ihre Freiheit wiederzuerlangen oder sie zu verlieren. In den Zeiten der Anarchie, wann an die Stelle der Gesetze die Verwirrung und Unordnung getreten ist, kann der citoyen, auch wenn er seiner Freiheit beraubt ist, doch immer noch durch seine Beziehungen und durch seinen Kredit der Sicherheit des Staates Schaden zufügen; wenn seine Existenz also einen gefährlichen Umsturz der hergestellten Regierung hervorbringen kann, wird der Tod dieses citoyen nothwendig."

Marat war, gleich Robespierre, Couthon, St. Just und vielen andern Revolutionären, Schüler Jean Jacques Rousseau's. Was hatte

---

*) Genau genommen bestand der Schrank in einem geheimen Fach, angebracht in der Mauer eines innern Korridors im Zimmer des Königs. Nur die mit einer Tapete bedeckte Thür desselben war von Eisen. — A. Carro, S. 153.

nun Rousseau in dieser Hinsicht verkündet? Er hatte in seinem Contrat social (Buch II, Kap. V) ausdrücklich den patriotischen Satz aufgestellt:

„Ist es dem Staate dienlich (expédient), daß du stirbst, mußt du sterben: weil du nur unter dieser Bedingung bis dahin in Sicherheit gelebt hast, und weil dein Leben nicht mehr bloß eine Wohlthat der Natur, sondern ein bedingungsweises Geschenk des Staates ist."

Rousseau's „Gesellschafts-Vertrag" (oder „Sozialer Vertrag") war für die Schreckenszeit maßgebend; er wurde es auch für den Tod des Königs. Robespierre sprach die Konsequenzen der Rousseau'schen sozialen Philosophie am Klarsten aus, als er im Konvente sagte: „Die Versammlung ist von der eigentlichen Frage weit abgekommen. Es ist kein Prozeß erst zu machen. Ludwig ist kein Angeklagter. Ihr seid keine Richter. Ihr seid und Ihr könnt nur Staatsmänner, nur die Vertreter der Nation, sein. Ihr habt keinen Urtheilsspruch zu fällen, sondern nur eine Maßregel des öffentlichen Wohls zu ergreifen, eine Handlung nationaler Fürsorge zu vollziehen. Was schreibt, damit die aufsprießende Republik erstarke, die gesunde Politik vor? Die Einprägung des Hasses gegen das Königthum in die Herzen des Volks, betäubende Schläge gegen die Anhänger des Königs, sodaß dieselben vor Schrecken starr werden. Wenn also der Welt sein Verbrechen immer noch wie etwas Ungewisses, seine Sache wie der Gegenstand der wichtigsten, andächtigsten, schwierigsten Diskussion dargestellt wird, so ist das geradezu die Entdeckung des Geheimnisses, ihn immer noch für die Freiheit gefährlich zu machen. Ein entthronter König in einer Republik kann nur nach zwei Richtungen hin wirken: entweder stört er die Ruhe des Staates und erschüttert die Freiheit, oder er kräftigt sie Beide. Ludwig war König und die Republik ist gegründet. Die samose Frage, welche Euch beschäftigt, ist durch die Worte entschieden, daß Ludwig durch sein Verbrechen entthront worden ist. Ludwig beschuldigte das französische Volk, daß es rebellisch sei; der Sieg und das Volk haben entschieden, daß nur er selber rebellisch ist. Ludwig kann daher nicht gerichtet werden: er ist schon verdammt, oder die Republik ist nicht freigesprochen."

Bei der Einführung der Republik hatte Marat den Titel seines Blattes verändert. Dasselbe trug jetzt die Aufschrift: Journal de la République française, par Marat, l'Ami du peuple, député à la Convention nationale, mit dem charakteristischen Motto: Ut redeat miseris, abeat fortuna superbis (Armen kehre zurück und Stolzen entgeh' das Vermögen).

Marat fiel es schwer, an die Haltbarkeit der Republik zu glauben. In Nr. 50 seines Journals (unterm 19. November 1792) schrieb er: „Ich werde erst an die Republik glauben, wenn der Kopf Ludwig's XVI. von seinen Schultern herunter ist."

Indeß handelte die Mehrheit des von den Girondisten geführten Konvents nicht nach der Logik der Thatsachen. Die Girondisten waren zu feine Staatskünstler und zu eingefleischte Schönredner, als daß sie den geraden Weg gegangen und mit Offenheit verfahren wären. Das zur Prüfung der königlichen Angelegenheit eingesetzte Komitee sprach sich in seinem Bericht unterm 7. November dafür aus, daß dem Könige der Prozeß zu machen sei und daß der Konvent Ludwig richten müsse. Der Berichterstatter Mailhe machte geltend, daß Ludwig durch die Konstitution nur insofern unverantwortlich und unverletzlich gewesen sei, als er konstitutioneller König gewesen sei, das heißt nur insofern, als seine Minister für ihn die Verantwortlichkeit getragen hätten. Indem er gegen die Nation konspirirt und seine Handlungen nicht durch die Minister gedeckt habe, habe er nicht als konstitutioneller König, sondern als Privatmann gehandelt und sei den Gesetzen unterworfen. Auf ihn müsse die Bestimmung des Strafrechts bezüglich der Verschwörer und Verräther in Anwendung gebracht werden. Da ein außergewöhnlicher Fall vorliege, könne die Sache nicht durch ein gewöhnliches Gericht entschieden werden. Dagegen sei der Konvent kompetent, weil er die ganze Nation und folglich alle Interessen in sich schließe, denn die Gesammtheit der Interessen bilde die Gerechtigkeit.

Die Verhandlungen des Konvents über die Verurtheilung des Königs begannen den 13. November und schleppten sich über zwei Monate hin. Die unsaubern Deputirten hatten jetzt nicht nur Gelegenheit, glänzende Reden zu halten, sondern auch, sich bestechen zu lassen. So z. B. war allein dem spanischen Gesandten Hrn. v. Ocariz von seiner Regierung ein Kredit von zwei Millionen Francs behufs Rettung des Königs angewiesen. Aus dergleichen Rettungsversuchen erklärt sich hauptsächlich die Länge der Diskussionen des Konventes. Doch hatte die Länge und Ausführlichkeit der Verhandlungen für die Revolution den großen Vortheil, daß die Ansichten der den Tod des Königs fordernden Revolutionäre, da sie konsequent waren, in Paris und im ganzen Lande um sich griffen, und daß sich hierdurch die Zahl der Republikaner beträchtlich vermehrte.

Am 11. Dezember, um 1 Uhr Nachmittags, erschienen beim Könige im Tempel Chambon, der neue Maire von Paris, nebst zahlreichem Gefolge. Der König wußte schon, was sie wollten; denn sein Kammerdiener Clery hatte mit der Außenwelt eine Verbindung hergestellt.

Der Maire verlas das Dekret, welches verfügte, daß Ludwig Capet vor die Schranken des Konvents geführt werden sollte. Der König antwortete: „Capet ist nicht mein Name; es ist der Zuname eines meiner Altvordern. Ich hätte, mein Herr, gewünscht, daß die Kommissäre die zwei Stunden, während deren ich auf sie gewartet habe, mir meinen Sohn gelassen hätten. Uebrigens ist diese Behandlung nur eine Fortsetzung von Dem, was ich seit vier Monaten erlitten habe.... Ich will Ihnen folgen, nicht um dem Konvente zu gehorchen, sondern weil meine Feinde die Macht in Händen haben."

Der König stieg in die Kutsche des Maires, und der Zug setzte sich unter dem Befehle Santerre's in Marsch. Das Volk von Paris war für den Tod des Königs. Daher war die Bedeckung des Zuges verhältnißmäßig sehr gering. Man wußte, daß die wenigen Anhänger des Königs keine Störung, keinen Befreiungsversuch wagen würden. Bloß 600 Mann Militär umgaben die Kutsche. Voran ging und folgte

einige Kavallerie mit drei Kanonen. Der Weg durch Paris nach dem
Konvent dauerte lange. Die Bevölkerung verhielt sich still, obschon sich
ungeheure Menschenmassen auf dem Wege drängten. Die große Mehr=
zahl des Pariser Volks war revolutionär.

Santerre trat in den Sitzungssaal des Konvents und meldete den
Deputirten: „Ich habe die Ehre, Sie zu benachrichtigen, daß ich Ihr
Dekret in Ausführung gebracht habe. Louis Capet erwartet Ihre
Befehle."

Ludwig, in einen weißen Ueberrock gekleidet, wurde vorgeführt.
Ihn begleitete Santerre, der General Verruher und zwei Munizipal=
Beamte. Die Wache blieb an der Saalthür stehen. Der Vorsitzende
Barère sagte zu ihm: „Louis, die französische Nation klagt Sie an.
Die National=Versammlung hat verfügt, daß Sie von ihr abgeurtheilt und
vor ihre Schranken geführt werden sollten. Ich will Ihnen die Anklage=
Akte verlesen." In Unterwürfigkeit dastehend hörte Louis Capet die An=
klage an. Dann durfte er sich setzen, und das Verhör begann. Die vor
die Annahme der Konstitution fallenden Handlungen entschuldigte er damit,
daß er damals nicht durch ein Gesetz beschränkt gewesen sei, die andern
entschuldigte er mit der Verantwortlichkeit der Minister. Hauptsächlich
aber verlegte er sich in sehr unwürdiger Weise aufs Längnen. So be=
stritt er die Aechtheit der ihn gravirenden Papiere und stellte sogar mit
sehr unkluger Frechheit die Existenz des eisernen Schrankes in Abrede.

Auf dem Rückwege nach dem Tempel hörte er das Volk in den
Straßen seinen Tod fordern und vielfache Rufe ertönen: „Es lebe die
Republik!" — Am nächsten Tage wurde ihm das Dekret des Konvents
zugestellt, welches ihm gestattete, sich einen Vertheidigungsrath zu er=
wählen. Er wählte Target und Tronchet. Ersterer schützte jedoch Un=
päßlichkeit vor und lehnte ab. Dagegen bot sich der frühere Minister
Malesherbes zu seiner Vertheidigung an, und diesen beiden Vertheidigern
wurde noch Desèze hinzugefügt.

Die Kommune sah sich genöthigt, jetzt den Verkehr des Königs
mit seiner Familie nicht mehr zu gestatten, damit sich die Complicen
nicht mit einander verabreden konnten. Sie hielt diese nothwendig ge=
wordene Strenge aufrecht, trotzdem daß die Freunde des Königs im
Konvente darüber Lärm schlugen und die Aufhebung derselben provo=
zirten. Indeß durfte Ludwig mit seinen Vertheidigern frei verkehren,
ohne daß diese beim Ein= und Ausgange einer körperlichen Durchsuchung
unterworfen wurden. Auch wurden dem Könige Schreibmaterialien zur
Verfügung gestellt.

Als man am 19. Dezember Ludwig das Frühstück brachte, sagte
er: „Es ist heute Fasttag." Der Munizipal=Beamte Dorat Cubières
erstattete hiervon der Kommune Bericht, indem er bemerkte: „Wißt Ihr
es schon? Ludwig ist ein Frömmler! Karl IX. und Heinrich III.
waren ebenfalls Pietisten, und das waren Ungeheuer!" — Den näm=
lichen Tag hatte Ludwig verlangt, daß man ihm Nachricht über seine
Tochter geben sollte. Er hatte unter Thränen gesagt: „Es ist ihr
Geburtstag, und es ist mir nicht gestattet, sie zu sehen." Auch hierüber
erstattete der genannte Beamte der Kommune Bericht, indem er hinzu=

fügte: „Wir gingen hinauf in die Wohnung seiner Familie und brachten ihm zufriedenstellende Nachrichten."

Den 26. Dezember, Morgens 9 Uhr, wurde Ludwig wieder vor die Schranken des Konvents geführt. Ihn begleitete der Maire Chambon und der Kommandant Santerre, sowie seine drei Vertheidiger. Der Vorsitzende Defermon eröffnete ihm: „Louis, der Konvent hat entschieden, daß Sie heute definitiv vernommen werden sollen!" worauf Ludwig Capet antwortete: „Mein Rath wird Ihnen meine Vertheidigung verlesen." Nun ergriff Desèze das Wort. In der Vertheidigung kam mit Bezug auf die Kommune die Stelle vor: „Den 3. August kam der Maire an der Spitze der Munizipalität, um die Absetzung zu verlangen; bald wurde sie gebieterisch gefordert. Versammlungen von Sektionen kündeten an, daß das Volk aufstehen würde. Vorsichtsmaßregeln waren also nothwendig."

Als die Freunde des Königs im Konvente nach und nach herausfanden, daß die Mehrzahl der Deputirten für den Tod stimmen würde, suchten sie den König dadurch zu retten, daß sie verlangten, das Urtheil des Konvents sollte dem Volke in den Urabstimmungen zur Bestätigung oder Verwerfung vorgelegt werden. Hierdurch hofften sie die Sache nicht nur von Neuem zu verschleppen und zur Rettung des Königs Zeit und Gelegenheit zu gewinnen, sondern schlimmstenfalls den Bürgerkrieg im Herzen der Republik zu entzünden. Nach der Flucht von Varennes war es gerade Robespierre gewesen, der bezüglich der Absetzung des Königs die Berufung ans Volk verlangt hatte. Aber Robespierre war inzwischen durch die Erfahrung gewitzigt und hielt jetzt folgende denkwürdige Rede:

„Die **Nation** waren die anständigen Leute und weiland Bevorrechteten; das **Volk** sind die arbeitenden, armen Klassen. Nun würden die anständigen Leute und die Intriganten die Urversammlungen, zu welchen der Landmann nicht kommen könnte, beherrschen, denn dieser würde eben so wenig sein Feld verlassen, wie der Handwerker seine Arbeit nicht im Stiche lassen würde. Die Vertheidiger des Vaterlandes, welche für dasselbe ihr Blut vergießen, würden gleichfalls diesen von der schlichten, darbenden Tugend verlassenen Versammlungen nicht beiwohnen. Letztere würden beherrscht werden von der Hefe der Nation, von den feigen, verdorbenen Menschen, von den Reptilien der Schikane, von den aufgeblähten Bourgeois, den vormaligen unter der Maske der Staatsbürgertugend versteckten Bevorrechteten, den Menschen, welche dazu geboren sind zu kriechen und unter einem Könige zu unterdrücken. Das Volk will den Tod des Tyrannen, wenn Ihr unter dem Worte Volk den zahlreichsten, unglücklichsten und reinsten Theil der Bevölkerung versteht: denjenigen Theil, welcher die Verbrechen des Eigennutzes und der Tyrannei zu tragen hat. Diese Majorität hat ihren Wunsch in dem Augenblicke, als sie das Joch Eures weiland Königs abschüttelte, kundgegeben; **sie hat die Revolution angefangen,**

hat dieselbe aufrecht erhalten. Sie hat Sitten, diese Majorität; sie hat Muth; aber sie besitzt weder Verschmitztheit, noch Beredtsamkeit; sie zerschmettert die Tyrannen, aber läßt sich oft von den Hallunken hinters Licht führen." U. s. w.

Die langen Verhandlungen des Konvents über das Schicksal des Königs setzten das Pariser Volk in nicht geringe Aufregung. Die Monarchisten, obschon gering an Zahl, bekannten sich öffentlich in den Kaffeehäusern zu der Monarchie und sangen in den Straßen royalistische Lieder. Besonders aber suchten sie in den Theatern, wo sie leicht das Uebergewicht erlangen konnten, lärmende Demonstrationen zu Gunsten des Königs zu machen. Das Volk bildet sich ebenso wenig durch das Anschauen von Theater-Aufführungen, wie durch das Lesen von Romanen in demokratischer Gesinnung aus. Denn durch dieselben lernt es nicht selbständig denken und handeln. Nur gute Zeitungen und Broschüren, nur gute Reden in Volksversammlungen, nicht aber das Mitträumen von künstlich zugeschnittenen Theaterstücken, wirken in revolutionärer Zeit aufs Volk aufklärend und anregend. Die Revolution ist wirkliches, ernstes, frisches Leben und hat Nichts gemein mit den Komödien und Tragödien der Theater-Dichter und Schauspieler. In den Pariser Theatern dominirten die Aristokraten. Im Vaudeville applaudirten sie stürmisch eine Stelle der Chaste Suzanne ("Keusche Susanne"): "Wie könnt ihr zugleich Ankläger und Richter sein?" — In der Comédie Française amüsirte sie ein Stück: Amis des Lois ("Freund der Gesetze") wegen verschiedener monarchistischer Anspielungen. Zwei Pariser Sektionen verlangten von der Munizipalität, daß sie die Darstellung des letztgenannten Stückes untersagen sollte. Die Kommune schritt ein. Santerre wurde jedoch im Theater insultirt, auf den Maire wurde nicht gehört. Man wandte sich an den Konvent, und dieser verfügte, daß die von der Munizipal-Behörde verfügte Suspendirung des Stückes aufgehoben werden sollte. Unter dem lärmenden Beifalle des Parterres wurde, als der Entscheid des Konvents eintraf, nun der „Freund der Gesetze" aufgeführt. Indeß tadelte am folgenden Tage die Kommune die Nachgiebigkeit des Maires und hielt ihr Verbot des die Ordnung störenden Stückes aufrecht. Die Departemental-Behörde, sowie auch das Ministerium gaben der Kommune hierin Recht. Als nun aus den Theater-Anzeigen der Ami des Lois verschwunden war, verlangten am 15. Januar 1793 eine beträchtliche Anzahl ungezogener junger Leute der nämlichen Sorte, welcher späterhin der Demokraten-Führer Baboeuf den Namen jeunesse dorée (**Goldjugend** oder **Goldjüngelchen**)*) gab, die Darstellung des verpönten Stücks. Sie insultirten die Polizei-Beamten und schimpften Santerre, als er selber im Theater erschien,

---

*) Herr Professor Adolf Schmidt hat in seinem Werke: „Französische Zustände" ein langes Kapitel über diese Benennung geschrieben und zu beweisen gesucht, daß die Partei-Bezeichnung „Goldjugend" in der Revolution gar nicht gebraucht worden sei. Hätte er, anstatt seiner Polizeispitzel, doch Baboeuf, den Führer der Revolutionäre von 1795—96 gelesen, würde er sich nicht zu dieser Absurdität verstiegen haben. Aber so geht's, wenn man eine große Revolution nur aus Polizei-Berichten studirt und den Wald vor lauter Bäumen nicht sieht!

einen „September-Bettler". Santerre sagte: „Das ist nicht das Volk, sondern die Aristokratie!" und er ließ auf der Stelle das Goldjungen-Gesindel durch seine National-Garde, womit er aus Vorsicht das Haus umstellt hatte, zum Tempel der Musen hinaustreiben. Der Konvent suchte die Theater-Maßregeln der Kommune überhaupt, so auch besonders das Theater-Verbot, rückgängig zu machen und hierbei that sich der frühere Maire Petion hervor.

Wegen der in Paris vorhandenen Aufregung befürchteten manche ängstliche reiche Leute einen neuen Revolutions-Ausbruch und suchten das Weite, da die Thore ungeschlossen blieben. Die entschiedenen Demokraten ermahnten das Volk zur Ruhe, sie warnten es vor den Umtrieben der Aristokraten, die gern einen Aufstand, während dessen sie den König befreien wollten, hervorgerufen hätten. Sämmtliche Gefängnisse wurden durch die Kommune gut bewacht; auch gab es in denselben nur sehr wenige Gefangene. Der Konvent, auf die Kommune eifersüchtig, hatte die während des Prozesses Ludwig's zu ergreifenden Sicherheitsmaßregeln übrigens nicht der Munizipal-Behörde, sondern dem vollziehenden Rathe, dem Ministerium, aufgetragen. Endlich aber wurde der Maire Chambon vor den Konvent gefordert, um über die Lage von Paris Bericht zu erstatten, da die Sektionen gegen die Verschleppung des Prozesses und besonders gegen die Berufung ans Volk sich durch die häufig vor dem Konvente erscheinenden Deputationen immer drohender aussprachen. Chambon erstattete einen langen Bericht, wonach allerdings die Lage nicht sehr beruhigend war. Zu der Unzufriedenheit trug namentlich der Umstand bei, daß eine Unterstützungsbank, deren Billets hauptsächlich unter den armen arbeitenden Klassen zirkulirten, ihre Verbindlichkeiten nicht erfüllte. Die vielen beschäftigungslosen Arbeiter zeigten eine Verstimmung, welche leicht einen aufrührerischen Charakter annehmen konnte. Das Volk murrte auch darüber, daß die den Familien der Vaterlandsvertheidiger versprochenen Unterstützungen unregelmäßig vertheilt wurden. „Die Reichen", sagte man, „bleiben unbekümmert und träge, denken nur an ihre eigne Erhaltung, bleiben von den bürgerlichen und militärischen Funktionen fern und lassen den Vaterlandsdienst auf die armen, arbeitenden Massen fallen." — Die Pikenmänner der Nationalgarde forderten immer heftiger Flinten.

Der Maire gab genauen Aufschluß über die bewaffnete Macht von Paris. Die Nationalgarde zählte jetzt 110,000 Mann.*) Die Gendarmerie und das Korps der Bastille-Sieger betrugen 2500 Mann. Die Föderirten waren ungefähr 5000 Mann stark. Endlich zählte die Kavallerie der Linie 2600 Mann. Insgesammt war also die bewaffnete Macht von Paris bei der Hinrichtung des Königs 130,000 Mann stark.

Der Kriegsminister Pache, der bereits Frauen in den Bureaux anstellte, und der girondistische Minister Roland trugen durch zwei

---

*) Herr Professor Adolf Schmidt gibt die Zahl der National-Gardisten auf Seite 37 des ersten Theiles seiner „Französischen Zustände" falsch auf 150,000 Mann „seit dem August 1792" an. Er hat sich um nicht weniger, als um 40,000 Mann, oder um mehr als den dritten Theil der Nationalgarde, geirrt. Trotzdem wirft der Herr Professor den Franzosen Ungenauigkeit vor!

Schreiben an den Konvent zur Vermehrung der Besorgnisse bei. In St. Denis war ein großer Artillerie-Park errichtet worden. Die Sektionen hatten sich beim Kriegsminister darüber beschwert, daß die Kanonen leicht gegen die Stadt gerichtet werden könnten. Hierauf hatte der Kriegsminister sich erboten, die Kanonen dadurch unverwendbar zu machen, daß die sämmtlichen Pulvervorräthe nach Paris geschickt würden. Zuletzt hatte er sogar eingewilligt, der Kommune die Kanonen gänzlich zu überlassen, worauf dieselben unter die Sektionen vertheilt worden waren.

Mit dem größten Eifer entfernte die Kommune jeden Anlaß der Unordnung und Beunruhigung. Sie ließ daher durch die bewaffneten Sektionen die freie Zirkulation in den Thoren aufrecht erhalten und die von den Aristokraten angezettelten Rottirungen im Keime ersticken. So konnte denn vor der Abstimmung über den Tod des Königs der Justiz-Minister Garat dem Konvente ganz beruhigende Versicherungen geben und die von seinen beiden Kollegen erregten Besorgnisse zerstreuen. Der Maire Chambon erschien im Konvente nicht wegen angeblicher Krankheit.

Ueber den Tod des Königs wurde mit Namensaufruf abgestimmt. Indem jeder Deputirte sein Votum laut und öffentlich gewöhnlich mit einer Motivirung abgab, dauerte diese Abstimmung 22 Stunden lang. Sie wurde am 17. Januar 1793, Abends 8 Uhr, beendigt. Die Versammlung bestand aus 749 Mitgliedern, wovon mit Ausnahme von Paris 247 aufs Territorium, 249 auf die Bevölkerung und 249 auf die direkte Besteuerung gewählt worden waren. Jedes Departement hatte 3 Territorial-Abgeordnete gewählt, mit Ausnahme vom Departement Paris, welches nur 1 Territorial Abgeordneten zu erwählen gehabt hatte. Von diesen 749 Konvents-Deputirten waren 15 als Kommissäre abwesend, 7 fehlten wegen Krankheit, 1 fehlte unentschuldigt und 5 enthielten sich der Abstimmung, sodaß im Ganzen nur 721, deren absolute Majorität 361 betrug, abstimmten. Die Abstimmung hatte folgendes Resultat: 2 stimmten dafür, daß der König in Eisen gelegt werden sollte; 286 stimmten für Haft oder Verbannung; 46 stimmten für Tod mit Aufschub; 26 stimmten für den Tod, indem sie den Wunsch aussprachen, daß die Versammlung die Frage des Aufschubs prüfen möge; 361 stimmten einfach für den Tod. Somit stimmten für den Tod 361 + 26 = 387 Deputirte, dagegen für Haft, Verbannung und bedingten Tod 2 + 286 + 46 = 334. Das Urtheil lautete:

„Der National-Konvent erklärt Louis Capet, den letzten König der Franzosen, der Verschwörung gegen die Freiheit der Nation und des Attentats gegen die allgemeine Sicherheit des Staates schuldig. Der National-Konvent verfügt, daß Louis Capet die Todesstrafe erleiden soll. Der National-Konvent erklärt die Akte Louis Capet's, herbeigebracht an die Schranken des Konvents durch seine Vertheidigungsräthe und genannt die Berufung an die Nation von dem gegen ihn gefällten Urtheil, für null und nichtig, er verbietet männiglich, dieser Akte Folge zu leisten unter Androhung der Verfolgung und Bestrafung wegen begangenen Attentats gegen die Sicherheit der Republik."

Unterm 20. Januar verfügte der Konvent wie folgt:

„Es soll dem vollziehenden Rath eine Ausfertigung des Dekrets, welches gegen Louis Capet den Tod verhängt, zugestellt werden. — Der vollziehende Rath soll beauftragt werden, noch heute Louis das Dekret zu publiziren, es innerhalb 24 Stunden, von der Publikation an gerechnet, in Vollzug setzen zu lassen, und er soll alle Maßregeln der Sicherheit und Polizei ergreifen, welche ihm nöthig scheinen können. — Dem Maire und den Munizipal-Beamten von Paris wird aufgegeben, Ludwig frei mit seiner Familie verkehren zu lassen und ihm die Kultus-Geistlichen, welche er als Beistand für seine letzten Stunden begehrt, herbeizuschaffen."

Noch am nämlichen Tage faßte der provisorische vollziehende Rath nachstehendes Dekret:

„Der provisorische vollziehende Rath setzt, indem er die behufs des Vollzugs der am 15., 17., 19. und 20. Januar 1793 vom National-Konvente gefaßten Beschlüsse zu ergreifenden Maßregeln beräth, folgende Bestimmungen fest:

„1) Die Vollziehung des Urtheils an Louis Capet soll morgen, Montag, den 21., geschehen.

„2) Die Hinrichtung soll auf dem Revolutionsplatze, dem vormaligen Platze Ludwig's XV., zwischen dem Bildsäulen-Gestell und den Elysäischen Feldern, geschehen.

„3) Louis Capet soll früh 8 Uhr vom Tempel abgehen, sodaß die Hinrichtung um Mittag geschehen kann.

„4) Kommissäre des Departements von Paris, Kommissäre der Munizipalität, zwei Mitglieder des Kriminal-Gerichts sollen der Hinrichtung beiwohnen. Der Aktuar des besagten Gerichts soll ein Protokoll aufnehmen und die genannten Kommissäre und Gerichtsmitglieder sollen, sobald die Hinrichtung vollzogen ist, dem Rathe, welcher während dieses Tages in permanenter Sitzung bleibt, Bericht erstatten.

Der provisorische Vollziehungsrath."

Dem Könige wurde noch am 20. Januar das Urtheil eröffnet. Zu diesem Behufe begaben sich zu ihm: Garat, der Justiz-Minister, Lebrun, der Minister des Auswärtigen, Grouvelle, der Staatsraths-Sekretär, Chambon, der Maire von Paris, Chaumette, der Prokurator der Kommune, Santerre, der Kommandant der Nationalgarde, ferner der Präsident und der General-Prokurator des Departements, sowie der Präsident und öffentliche Ankläger des Kriminal-Gerichts. Auch einige untergeordnete Munizipal-Beamte wohnten dieser feierlichen Eröffnung bei. Der Justiz-Minister sagte zum Könige: „Louis, der National-Konvent hat den Vollziehungsrath beauftragt, Ihnen seine Dekrete kundzuthun; der Raths-Sekretär soll Ihnen dieselben verlesen."

Nachdem die Eröffnung geschehen war, verlangte Louis Capet einen Aufschub von drei Tagen, um sich angeblich auf den Tod vorbereiten zu können, was ihm aber abgeschlagen wurde.

Zu seinem geistlichen Berather verlangte und erhielt der König einen Abt, Namens Edgeworth von Firmont, einen refraktären Priester,

8*

der sich versteckt in Paris aufhielt. Die Adresse desselben empfing der König von seiner pietistischen Schwester Madame Elisabeth. Dieser Priester theilte dem Könige mit, daß fünfhundert junge Leute sich verschworen hätten, ihn auf dem Wege zur Hinrichtung zu befreien.

Die Ueberwachung des Tempels hatte der Konvent der Kommune übertragen. Selbige befahl ihren Kommissären, den Verurtheilten Tag und Nacht nicht aus den Augen zu lassen. Den National-Gardisten gebot die Kommune, sich in ihren Sektionen bereit zu halten; wer abwesend blieb, wurde als Verschwörer angesehen. Die öffentlichen Märkte wurden am Tage der Hinrichtung ausgesetzt und allen Einwohnern jener Straßen, durch welche der Zug ging, Ruhe und Unbeweglichkeit anbefohlen.

Da Santerre wegen angeblicher Unpäßlichkeit am Hinrichtungstage vom Oberbefehl entbunden sein wollte, wurde er, wenn er seine Pflicht nicht thäte, damit bedroht, außerhalb des Gesetzes gestellt zu werden, und ihm wurde, damit er unter Aufsicht stände, der General Berruyer vorgesetzt. Der Divisions-General Berruyer kommandirte damals die in Paris liegenden Linien-Truppen.

Die Kutsche des Maires holte am 21. Januar, Vormittags 9 Uhr, den König nach dem Schaffot ab. Der König setzte sich mit seinem Beichtvater auf den Rücksitz, während auf dem Vordersitze zwei Gendarmen mit geladenen Gewehren Platz nahmen. Die Gendarmen hatten Befehl, den König, wenn ein Befreiungsversuch auf die Kutsche gemacht würde, sofort zu erschießen. Einer derselben soll ein verkleideter revolutionärer Priester gewesen sein. Hinter der Kutsche wurden Kanonen hergefahren. Der Tag war nebelig, düster und kalt. Die Läden in den Straßen waren geschlossen, Niemand zeigte sich an den Fenstern der Häuser. Die Kutsche fuhr durch zwei, mehrere Glieder hohe ununterbrochene Reihen still-ernster Männer, die mit Flinten und Piken bewaffnet waren. Der König im Wagen hielt das Gebetbuch des Abtes in der Hand, indem er die Gebete der Sterbenden las. Als die Kutsche an der Porte St. Denis vorbeikam, liefen einige junge Leute über die Chaussee des Boulevards, indem sie riefen: „Her zu uns, wer den König retten will!" Niemand trat zu ihnen über. Die den Wagen bedeckenden Kavalleristen hieben sofort auf sie ein und sie flüchteten sich in die gegenüberliegenden Alleen. Dieser klägliche Befreiungsversuch, ein neues Zeugniß für die Schwäche der königlichen und für die Stärke der revolutionären Partei in Paris, war im Nu zerstoben, sodaß er unbemerkt blieb. Ein junger Mann, Namens Devaux, der an demselben Theil genommen hatte, wurde ein Jahr darauf vors Revolutions-Tribunal gestellt und zum Tode verurtheilt. Santerre ließ die Kutsche mehrmals halten, um zu fragen, ob Ludwig Nichts wünschte. Am Marine-Ministerium, dort am Eingange des Revolutions-Platzes, ließ er nochmals Halt machen, um sich zu erkundigen, ob der König Nichts zu schreiben, Nichts zu sagen hätte und ob er sprechen wollte. Ihm wurde mit Nein geantwortet.*)

---

*) Diese Nachricht stammt aus Santerre's hinterlassenen Papieren.

Die Fahrt vom Tempel nach dem Revolutions-Platze hatte über eine Stunde gedauert. Sie hielt endlich zwischen dem Gestell der zerstörten Statue Ludwig's XV. und den Elysäischen Feldern still, wie vom Vollziehungsrathe verordnet war. Hier war das Schaffot errichtet. Um dasselbe war ein weiter, rings mit Kanonen bepflanzter und mit Bewaffneten besetzter Raum gelassen. Hier standen voran die Marseiller, welche die Hinrichtung des Tyrannen sehen wollten. „Drüber hinaus," schreibt der Abt Edgeworth, „soweit das Auge reichte, gewahrte man nur bewaffnete Menge." Hinter einem Steinhaufen hervor riefen einige Anhänger des Königs um Gnade, allein ihre spärlichen Stimmen verhallten, ohne in der versammelten Menge ein Echo zu finden.

Sobald um 10 Uhr 10 Minuten die Kutsche auf dem Revolutions-Platze still hielt, öffnete der Scharfrichter den Kutschenschlag. Als der König ausstieg, umringten ihn die Büttel und wollten ihm den Rock ausziehen. Er stieß sie zurück und zog sich ihn selbst aus, that den Kragen ab und zog das Hemd herunter. Als ihm die Scharfrichtersknechte die Hände fesseln wollten, rief er lebhaft: „Was fällt Ihnen ein?" — „Wir wollen Sie binden," antworteten dieselben. — „Darein willige ich nicht," versetzte Louis Capet. Die Henker sahen ein, daß sie Gewalt anwenden mußten. Ludwig blickte nach dem Pfaffen, und dieser salbaderte: „Sire, Sie werden dem göttlichen Erlöser nur um so ähnlicher sein." — Da hob Louis Capet die Augen gen Himmel und sagte mit Bitterkeit zu den Bütteln: „Macht mit mir, was ihr wollt, ich werde den Kelch bis auf die Neige leeren." — Nachdem er mit seinem Taschentuche nun gefesselt worden war, stieg er die steile Treppe des Schaffots hinauf, indem er sich auf den Priester stützte. Oben angekommen, schritt er übers Schaffot und fragte, ob die Tambours immerfort trommeln würden. Als die Henker ihn auf die Planke schnallen wollten, winkte er den Tambours zu, daß sie aufhören sollten. Sie ließen einen Augenblick nach. Santerre schreibt darüber in seinen hinterlassenen Manuskripten:

„Ich hieß die Tambours, welche den Marsch forttrommelten, mit dem sie nicht aufhören durften, bis die sämmtlichen Truppen auf den Platz gekommen waren und nicht mehr marschirten, inne halten. Alsdann sagte der König ziemlich laut, sodaß man es sechs Schritte weit hören konnte: „„Ich wünsche, daß mein Blut das Glück Frankreichs kittet."" Und er trat vom Schaffot-Geländer zurück."

In demselben Augenblicke gab der Höchstkommandirende, General Berruyer, den Befehl, den Santerre als untergeordneter General wiederholen mußte, daß die Tambours einen Wirbel schlagen sollten, damit Jedermann seinen Platz einnahm und sich ins Glied stellte.

Während dieses Wirbels faßten die drei Büttel den König und in wenigen Sekunden — es war Vormittags 10 Uhr 20 Minuten — war das einst mit einer glänzenden Krone bedeckt gewesene Haupt abgeschlagen. Der Scharfrichter ergriff dasselbe beim Schopfe und zeigte es dem versammelten bewaffneten Volke, welches in den vieltausendstimmigen Ruf ausbrach: „Es lebe die Republik!" Manche Anwesende tauchten ihre Taschentücher, andere ihre Piken in das Blut des Königs.

Artillerie-Salven zeigten den Parisern an, daß das große Werk geschehen war.

Aus der Reitschule, worin der Konvent vor seiner baldigen Uebersiedelung in die Tuilerien tagte, konnten die Deputirten auf den Revolutions-Platz sehen. Die Reitschule stand an der Stelle, wo jetzt die Straße Castiglione in die Straße Rivoli einmündet, und die Fenster des einen Saales gingen auf den Revolutions-Platz (jetzigen Konkordien-Platz). Nachdem die Hinrichtung vorbei war, erschien der General Berruyer im Konvente und sagte daselbst: „Wißt Ihr auch, daß er zum Volke sprechen wollte? Dieser Tölpel Santerre hatte den Kopf verloren und ließ es geschehen, und wenn ich nicht einen Trommelwirbel kommandirt hätte, um die Stimme des Tyrannen zu ersticken, weiß ich nicht, was vorgefallen wäre."

In einem Briefe vom 20. Februar 1793 schreibt der Scharfrichter Samson an den Redakteur der Zeitung „Thermomètre":

„Citoyen! Eine augenblickliche Reise hat bewirkt, daß ich nicht die Ehre hatte, dem Ersuchen in Ihrem Blatte bezüglich Louis Capet's zu entsprechen. Im Folgenden liefere ich meiner Zusage gemäß den wahrhaften Bericht des Hergangs. Beim Heraussteigen aus der Kutsche zur Hinrichtung bemerkte man ihm, daß er seinen Rock ausziehen müßte. Er machte einige Umstände, indem er sagte, daß man ihn so, wie er wäre, hinrichten könnte. Auf die Vorstellung, daß die Sache unmöglich wäre, half er seinen Rock selbst auszuziehen. Er machte wiederum die nämliche Schwierigkeit, als es sich darum handelte, ihm die Hände zu binden, welche er aber hinhielt, als die ihn begleitende Person zu ihm sagte, daß dieß ein letztes Opfer wäre. Alsdann erkundigte er sich, ob die Tambours immerfort trommeln würden. Ihm wurde geantwortet, man wüßte es nicht, und das war die Wahrheit. Er bestieg das Schaffot und wollte auf die Vorderseite losstürzen, gleich als ob er sprechen wollte. Indeß stellte man ihm vor, daß dieß wiederum unmöglich wäre; alsdann ließ er sich an die Stelle führen, wo man ihn anschnallte und wo er sehr laut schrie: Volk, ich sterbe unschuldig! Indem er sich hierauf an uns wandte, sagte er zu uns: Meine Herren, ich bin unschuldig alles Dessen, was man mir zur Last legt. Ich wünsche, daß mein Blut das Glück der Franzosen kitten möge. Das, citoyen, sind seine letzten und wirklichen Worte. Die Art kleine Debatte unten am Schaffot drehte sich darum, daß er das Ausziehen seines Rocks und das Binden seiner Hände nicht für nöthig hielt. Auch machte er den Vorschlag, daß er sich selber die Haare abscheeren wollte."

Von den 500 Personen, die den König retten zu wollen versprochen hatten, waren bloß, wie der Priester Edgeworth erzählt, 25 zur Stelle gewesen. Nachdem der Kopf des Königs abgeschlagen war, nahm Paris sofort, indem man sich über wichtigere Dinge als über das Schauspiel der Hinrichtung unterhielt, das bisherige rege Leben und Treiben wieder an. Besonders sprach man über einen Tags vorher von einem Anhänger des Königs verübten Mord, mit dem sich auch der Konvent am 21. Januar beschäftigte. In einem Restaurant des Palais Royal war der Konvents-Deputirte Lepelletier de St. Fargeau von einem laten Leibgardisten des Königs, weil jener für den Tod Louis Capet's gestimmt hatte, meuchlings mit einem Degen durch die Brust gestochen worden. Der Mörder hieß Paris und war entkommen.

Indem man auf diesen Mörder und seine Helfershelfer fahndete, wurde Abends 8 Uhr das Palais Royal, welches jetzt das Revolutions-Haus hieß, mit Polizei und National-Gardisten umstellt; denn dasselbe diente Abends den Royalisten als die Höhle, in der sie sich trafen. Bei diesem Fang wurden 6000 Personen, die keine Legitimations-Karte ihrer guten Gesinnung vorweisen konnten, verhaftet und nach der Sektion, wo ihre Wohnung lag, geführt, um daselbst rekognoszirt zu werden. Bei dieser Gelegenheit fing man die Complicen des Mörders Paris. Wenige Tage nachher sollte er selber in einer Wirthschaft zu Forges arretirt werden und tödtete sich durch einen Pistolenschuß.

Den nächsten Sonntag nach der Hinrichtung des Königs, den 27. Januar, ließ die Kommune auf der Stelle, wo das Schaffot gestanden hatte, einen Freiheitsbaum pflanzen. Zu diesem Feste erschien die Munizipalität in corpore nebst vielen Leuten der Sektionen und zahlreichen Föderirten. Der Kommune-Prokurator Chaumette führte den Vorsitz und sagte in seiner Festrede, daß der Baum, den man jetzt pflanzte, der Brüderlichkeitsbaum wäre. Der Baum wurde umtanzt bis tief in die Nacht hinein. Man umarmte sich zum Zeichen der Bruderschaft. Auch sang man die carmagnole und ça ira. Der Platz selbst wurde der Brüderlichkeitsplatz genannt.

Der Maire Chambon, welcher an der Spitze seiner Beamten dem Feste beiwohnte, reichte bald darauf seine Entlassung ein, worauf der bisherige Kriegsminister Pache, ein entschiedener Revolutionär, zum Maire gewählt wurde und an seine Stelle trat.

Drittes Kapitel.

Der Sieg der Kommune über die Girondisten.

(Der 31. Mai und 2. Juni 1793.)

Das Volk von Paris hatte die Schlachten der Revolution geschlagen. Es hatte alle reaktionären Pläne vereitelt und die Demokratie in Frankreich hergestellt. Was die Pariser Revolutionäre gethan hatten, war von dem übrigen Frankreich akzeptirt worden. Die Deputirten der französischen National-Versammlungen waren durch das revolutionäre Pariser Volk vorwärts getrieben und häufig genöthigt worden, die revolutionären Akte der Hauptstadt in Gesetzesform für das ganze Land zu bringen. Aber noch war die Revolution nicht beendet. Im Gegentheil war nach Außen hin der großartigste Krieg gegen die verbundene europäische Reaktion zu bestehen, während der innere Krieg, der Kampf gegen die in Frankreich selbst vorhandene Reaktion, ungeschwächt fortdauerte. Somit war die Aufgabe für das revolutionäre Volk der Hauptstadt noch nicht abgeschlossen. Da nun dieses revolutionäre Volk sich an der Pariser Kommune sein spezielles Organ geschaffen hatte, konnte es nicht fehlen, daß die Deputirten Frankreichs, welche im Konvente tagten, wieder vorwärts getrieben werden und mit der Pariser Kommune in Konflikt gerathen mußten.

Die Pariser Deputirten stimmten fast ohne Ausnahme mit dem revolutionären Volke der Hauptstadt überein und bildeten innerhalb des Konventes sein Organ; sie waren die Stützen der äußersten Linken oder der Bergpartei (Montagnards). Ihre vorzüglichsten Gegner waren die Girondisten: so benannt, weil die vornehmsten Sprecher derselben aus dem Departement der Gironde stammten. Die Girondisten schlossen vorzüglich viele Schönredner in sich. Als solchen mangelte ihnen die revolutionäre Thatkraft, die Gründlichkeit des Denkens, die Festigkeit des Charakters. Wie wir oben sahen, hatte von denen unter ihnen, die im Gesetzgebenden Körper gesessen hatten, nur ein Einziger, Gensonné, aus den Händen des Königs kein Geld angenommen: alle übrigen waren korrumpirt. Im Ministerium hatten sie, seitdem der Justizminister Danton sein Portefeuille niedergelegt hatte, vorwiegenden Einfluß durch den von seiner Frau regierten Minister des Innern, Roland. Marat nannte sie die kleinen Intriganten oder auch spöttisch die Staatsmänner. Couthon aber, der Freund Robespierre's, sagte von ihnen: „Das sind schlaue, verschmitzte, intrigante und besonders ehrgeizige Leute. Sie wollen die Republik, weil sich die öffentliche Meinung dafür ausgesprochen hat; allein sie wollen dieselbe aristokratisch; sie wollen sich in ihrem Einflusse verewigen, die Plätze, die Aemter und besonders die Schätze der Republik zu ihrer Verfügung haben. Diese Parteigängerschaft will die Freiheit nur für sich. Lasset uns über sie herfallen mit verkürztem Arm!"

Einen unerschöpflichen Vorwurf gegen die Kommune lieferten den Girondisten die Massacres vom 2. September. Sie hatten hierzu einigen Grund insofern, als am 2. September davon die Rede gewesen war, verschiedene Girondisten, namentlich den Minister Roland, mitzumassakriren. Schon in der zweiten Sitzung des Konvents verlangten die Girondisten gerichtliches Einschreiten und Schaffote gegen die „revolutionären Mörder". Sie waren auch noch deßhalb auf die Leute der Kommune erbost, weil dieselben die vom Könige verübten Bestechungen aus Tageslicht gezogen hatten. Die im Schlosse durch den Advokaten Panis, den Schwager Santerre's, und durch Sergent gesammelten Papiere wurden der Kommune entrückt, indem der Konvent beschloß, daß dieselben einer aus 24 Mitgliedern bestehenden Kommission, in der sich kein Pariser Deputirter und kein Mitglied der beiden vorhergegangenen National-Versammlungen befände, übergeben werden sollten. Ferner wurde vom Konvente verfügt, daß alle Haftsbefehle der Kommune seinem Ausschusse der öffentlichen Sicherheit überliefert und dessen Kontrole unterworfen werden müßten. Da die heftigsten Beschuldigungen gegen die Pariser Munizipalität erhoben wurden, ließ der Generalrath der Kommune an die bei den Verhaftungen konfiszirten Gold- und Silbersachen Siegel anlegen, und es wurde mittelst Maueranschlags öffentlich bekannt gemacht, daß Jeder, der Etwas zu reklamiren hätte, sich auf dem Stadthause einfinden möchte. Mehrmals war im Konvente davon die Rede, den Generalrath der Kommune und die Sektionen aufzulösen.

Die Konvents-Deputirten aus der Provinz, namentlich die Girondisten, suchten sich vor dem Pariser revolutionären Volke dadurch zu schützen, daß sie eine Parlamentsgarde errichten wollten. Diese Garde sollte durch den Generalrath jedes Departements ausgewählt und die gute Gesinnung der in sie genommenen Leute durch die zuständigen Munizipalitäten beglaubigt werden. Für jeden Departements-Deputirten sollten 40 Mann Infanterie und zwei Mann Kavallerie gestellt, der Kommandant aber durch den Konvent ernannt werden. Gegen die Errichtung dieser Garde, die als die Vernichtung der Volkssouveränität und als die Fortsetzung der Beamten-Aristokratie bezeichnet wurde, liefen viele Adressen ein und sie kam nicht zu Stande. Dagegen stand dem Konvente eine Abtheilung zu Paris in Garnison liegenden Linienmilitärs zur Verfügung.

Inzwischen dauerte die Reibung zwischen den Pariser Sektionen und dem Konvente fort. Theils tadelten die Sektionen manche Konvents-Beschlüsse, theils spornten sie zu Maßregeln an. Besonders zeigten die Sektionen gegen die geheime Abstimmung, hinter die sich die Duckmäuser und Intriganten verkriechen konnten, in Kommune-Angelegenheiten große Abneigung. Sie verlangten daher, daß bei den Munizipal-Wahlen die Abstimmung öffentlich und mit lauter Stimme geschehen sollte.

Ein anderer streitiger Punkt betraf die Unterstützung der Pariser Arbeiter. Santerre erklärte es für nothwendig, dem Pariser Volke eine Brotunterstützung im Werthe von einer halben Million Franken zuzuwenden. Viele Dürftige waren bei öffentlichen Arbeiten beschäftigt. Als die Festungen Longwy und Verdun in die Hände der Preußen gefallen waren, hatte man beschlossen, bei Paris ein Lager zur Vertheidigung der Stadt zu errichten. Noch ehe der Plan zu diesem Lager im Einzelnen fertig war, wurden schon Arbeiter an den zu errichtenden Befestigungen beschäftigt. Nachdem die ersten Arbeiter sich freiwillig eingefunden hatten, wurden die übrigen von der Pariser Munizipalität angestellt. Weil aber das Lager sich in einen Herd politischer Gährung, wo der Aufruhr gepredigt wurde, zu verwandeln schien, wurde in den Ministerien des Innern und des Krieges eine aus Konvents-Deputirten und Kommune-Mitgliedern bestehende Kommission niedergesetzt, welche eine unnütze Ausgabe von 470,000 Francs konstatirte. Zufolge dem von ihr dem Konvente vorgeschlagenen und von diesem sofort adoptirten Reglement wurden nun die Arbeiter in Brigaden eingetheilt und unter militärische Zucht gestellt. Namentlich wurde die Stückarbeitslöhnung anstatt des gleichen Tagelohns eingeführt. Diese Maßregel gab Anlaß zu großer Unzufriedenheit unter den Arbeitern, und selbige richteten an den Konvent verschiedene Petitionen. In einer derselben heißt es:

„In einer Zeit wirklicher Gleichheit darf es kein empörendes Mißverhältniß bei den Arbeiten geben. Die Deputirten der Konstituirenden und Gesetzgebenden Versammlung wurden bloß deßhalb Aristokraten, weil ihnen die Nation einen zu starken Lohn ausgesetzt hatte. Der Lohn aller Einzelnen im Dienste der Nation sollte in einem gerechten Verhältnisse abgestuft sein. Die Arbeiter sind die Stützen der Nation, denn sie sind es, welche sich am 10. August erhoben haben."

Da die Arbeiter ihre Reklamationen gegen den Stücklohn nicht berücksichtigt sahen, beschlossen sie, die Arbeit einzustellen. Nur in einem einzigen Atelier gelang es den Kommissären, die Ordnung aufrecht zu erhalten; doch wurden sie bald darauf von den rebellischen Arbeitern ergriffen und mit dem Tode bedroht. Die Folge hiervon war, daß der Konvent unterm 15. Oktober die Einstellung dieser öffentlichen Arbeiten verfügte. Indeß konnte er sein desfallsiges Dekret nicht auf der Stelle vollziehen. In der Sitzung vom 23. Oktober verlas der Vorsitzende des Konvents einen von einem im Lager angestellten Munizipal=Beamten geschriebenen Brief, des Inhalts: „Citoyen Präsident! Ich benachrichtige Sie, daß die Arbeiter aus dem Lager, versammelt in großer Anzahl, auf dem Vendôme=Platze sind. Sie verlangen Gehör und wollen eine Deputation von zwanzig Mitgliedern in den Konvent entsenden. Es ist dringend nöthig, dieselbe vorzulassen, wenn man einem Aufstande zuvorkommen will."

Diese Demonstration der Arbeiter geschah im Einverständnisse mit der Pariser Munizipalität. Die Petitionäre wurden zwar vorgelassen, aber ihre Petition gegen den Stücklohn nicht erfüllt, zumal da sich die Konvents=Mitglieder überzeugten, daß nicht 4000, wie es anfänglich hieß, sondern nur 150 Arbeiter sich auf dem Vendôme=Platze zusammengeschaart hatten.

Indeß mußte für die Arbeiter unter allen Umständen gesorgt werden. Die Kommune erneuerte daher ihre Vorstellungen um Geldunterstützung, damit sie die schon von Santerre erwähnten billets de confiance (Vertrauens=Billets), welche die Munizipal=Verwaltung behufs der Brotunterstützung ausgegeben hatte, bezahlen konnte. Die Munizipalität sagte in ihrer Adresse an den Konvent: „Paris hat seinen ganzen Ruhm in die Revolution gesetzt. Die Revolution ist gemacht, Ihr wollet nicht seinen Untergang. ... Das Königsnugethum ist zu Boden geworfen: möge ein kleines Bruchstück seiner ungeheuren Zivilliste zum Vortheile der Menschheit ausschlagen! Sichert also die Vergütung der Billets zu, stellt dem Minister des Innern eine Summe von 6 Millionen zur Verfügung: sie wird mehr als hinreichend sein. Alsdann wird das Volk sagen: „„Unsere Vertreter haben gut am Vaterlande gehandelt, das Vaterland ist nochmals gerettet!""

Der Finanzminister Cambon und die girondistischen Deputirten wandten gegen die Bewilligung dieses Geldes ein, daß die Munizipalität von ihren Ausgaben keine Rechenschaft ablegte.

Vom November 1792 an war in Paris fortwährende Gährung wegen der Lebensmittelpreise. Das Mehl war zu Zeiten in Paris so rar, daß sogar Santerre seinen ältesten, fünfzehnthalbjährigen Sohn als Fuhrmann verkleidete und ihn mit einem Wagen und zwei Pferden auf das Gut Tour=Marouard bei Provins, das von dem Bruder und der Schwester des Generals Santerre bewirthschaftet wurde, schickte, um

Mehl für die Santerre'sche Familie zu holen. Damit der Wagen unterwegs vor Plünderung sicher war, wurden oben in die Fässer, worin sich das Mehl befand, Strohhüte gelegt.*)

Aus Geiz und Habsucht brachten die Pächter und Eigenthümer kein Getreide mehr auf den Markt; denn sie suchten die Preise noch höher emporzuschnellen. Sie hatten dabei allerdings den plausibeln Vorwand, daß sie, wenn sie auf dem Markte unverschämte Preise forderten, vom Volke massakrirt zu werden Gefahr liefen. Die Kommune ihrerseits linderte nach Kräften die Noth des Volks; aber das gerade machten ihr die Girondisten, welche den Wucher im Namen der Handelsfreiheit und der Heiligkeit des Eigenthums vertheidigten, zum Vorwurfe. Der girondistische Minister des Innern Roland sagte zum Konvente: „Die Versammlung wird sehen, daß wir Nichts zu befürchten haben, wenn die Zirkulation der Lebensmittel die nöthige Freiheit genießt. Die munizipale Körperschaft von Paris läßt das Mehl unter dem Einkaufspreise verkaufen. Das macht eine tägliche Ausgabe von 12000 Francs. Seitdem verproviantirt sich die Bevölkerung aus der Umgegend in Paris. . . . Die Pächter und Landleute wagen nicht mehr auf den Märkten zu erscheinen, noch sich mit einem Sack Getreide auf den Weg zu machen. Der Vorwand der Wucherei bringt sie in Gefahr, erwürgt zu werden. Mitten im Ueberfluß sind wir nahe daran, vor Elend umzukommen. . . . Die Kommune antwortet nicht auf meine Schreiben; die Sektionen erhalten ihren Impuls; es ist eine schreckliche Unordnung, welche ich von Neuem denunzire, müßte ich auch sofort meinen Kopf verlieren. Die Sicherheit, das Eigenthum, die Handelsfreiheit sind nicht mehr geschützt. Ich wage zu sagen, daß der Geist der Kommune zuletzt Paris und den Konvent selbst zu Grunde richten wird, wenn man dieser Agitation der Sektionen und ihrer Permanenz, die nur noch die Permanenz der Unordnung und der Desorganisation ist, und wenn man der Existenz dieser Kommune, des Herdes aller Intriguen, keine Gränze setzt."

Auch eine Deputation der Kommune legte dem Konvente den Sachverhalt dar. Sie sprach folgendermaßen:

„Der zahlreichste Theil des Volks, derjenige, welcher die Revolution gemacht hat und sie aufrecht erhält, ist den größten Besorgnissen, dem grausamsten Elende preisgegeben. Eine Koalition der Kapitalisten will sich aller territorialen und industriellen Hülfsmittel bemächtigen. Eine neue Aristokratie will sich auf den Trümmern der alten durch das verderbliche Uebergewicht der Reichthümer erheben. Die Handels-, Bank- und Unterstützungshäuser waren mit dem Tyrannen der Tuilerien zum Zwecke der Aushungerung des Volks verbunden. Die Revolution ist gemacht; es bedarf keine neue. Die Konstituirende Versammlung dekretirte die Abschaffung der Eingangszölle, das Volk fing an erleichtert zu werden; allein sie dekretirte die Freiheit des Handels, und ihre Wohlthat wurde null. Im Namen des öffentlichen Wohles verlangen wir

---

*) Carro, Biographie Santerre's, Seiten 192—193.

von Euch, daß Ihr den bestehenden Behörden das Recht einräumt, die Nahrungsmittel des ersten Bedürfnisses zu taxiren."

In einer Petition der Wähler des Departements Seine-et-Oise wurde verlangt, daß bei den Pächtern Haussuchung gehalten würde, daß jeder Mensch nur eine bestimmte Anzahl Morgen Landes bebauen sollte, daß jeder Landeigenthümer eine bestimmte Quantität Getreide auf den Markt bringen müßte, daß die Ausfuhr von einem Departement ins andere nur mit Erlaubniß der Behörde gestattet wäre und jeder Händler in seinen Einkäufen zu beschränken sei.

Bald darauf schlug der Deputirte Fahe, ein Freund der Girondisten, ein die Freiheit im Getreidehandel abschaffendes Dekret vor. Demgemäß sollte der ganze Ertrag der Aernte der Verwaltung zur Verfügung gestellt werden, damit dieselbe ihn unter den Kommunen, Distrikten und Departements nach den überschlagenen Bedürfnissen vertheilte, wobei jedoch dem Eigenthümer sein Konsum und sein Same reservirt wurde. Nach der Regelung des Antheils eines Jeden sollte die Verwaltung in dem von ihr ausgeübten oder überwachten Handelsverkehr kaufen lassen, was zu verkaufen erlaubt wäre, und verkaufen lassen, was gekauft werden dürfte. In der Motivirung dieses Vorschlags hieß es: „Wenn Eure Heere ein Land okkupirten, wo die reichen Leute ihr Getreide zurückhielten, und wenn Eure Soldaten nach dem Siege Hunger hätten: würdet Ihr alsdann diese angebliche Freiheit des Eigenthums respektiren?"

Mittlerweile fuhr die Kommune fort, Getreide zu kaufen und dasselbe auf der Halle und an die Bäcker unter dem Einkaufspreise zu verkaufen. Man wagte nicht, in einer Stadt, deren Bevölkerung so viel für die Revolution gethan hatte, den Brotpreis zu erhöhen. Die Kommune wurde vom Konvente ermächtigt, zur Bestreitung dieser Mehrausgabe eine Steuer im Betrage von vier Millionen einzuführen. Das war, bemerkt Barante, das erste Beispiel einer Progressiv-Steuer. Wer ein Einkommen unter 900 Francs hatte, war steuerfrei. Die Steuerpflichtigen waren in fünfzehn Klassen eingetheilt. Die erste Klasse mußte von ihrem Einkommen 3 Centimes (3 Prozent), die fünfzehnte 20 Centimes oder 20 Prozent bezahlen.

Aber die Pariser Kommune stand mit ihrer Sorge für das arme hungernde Volk nicht vereinzelt da. Auch die Stadt Lyon begehrte die Bewilligung zu einer Anleihe von 3 Millionen, die sie ebenfalls durch eine außerordentliche Steuer aufbringen wollte. Der Konvent bewilligte ihr die Hälfte dieser Summe.

Die mit einem gleichen Anliegen sich an den Konvent wendende Stadt Marseille erhielt 2 Millionen bewilligt. Die Stadt Toulon hatte gleichfalls um Unterstützung gebeten. Da die Antwort hatte auf sich warten lassen, hatte die dortige departementale Administration die zum Ankaufe von Getreide nöthige Summe aus den öffentlichen Kassen genommen. Wegen dieser Eigenmächtigkeit sollte der procureur-syndic des Var-Departements vor die Schranken des Konvents zitirt werden. In Toulon war bereits ein Bataillon zum Schutze der Girondisten für die Konvent-Garde gebildet worden: weßhalb sich die Unterstützungs-

Angelegenheit dieser Stadt im Konvente zur Parteisache gestaltete. Die Jakobiner tadelten den Justizminister Garat, daß er nicht gegen die Eigenmächtigkeit der Administration des Var-Departements eingeschritten war. Endlich wurde die Verfügung jener Var-Administration kassirt und Unterstützung nach Toulon geschickt. Der Vorgänger des dortigen General-Prokurators hatte im vorigen Jahre dem Verlangen des Volks nach Brot widerstanden und war bei einem Volksanlauf gehängt worden.

Den 24. Februar 1793 schickten die Pariser Wäscherinnen eine Deputation an den Konvent, um sich nicht nur über die Theuerung der Nahrungsmittel, sondern auch über den hohen Preis der Seife zu beklagen. Da sie den Tod der Wucherer verlangten, empfing die Deputation vom Vorsitzenden des Konvents einen leichten Tadel, wurde aber gleichwohl zu den Ehren der Sitzung zugelassen. In Folge eines Gerüchts, daß wegen der Lebensmittel Unruhen bevorständen, traten die Konvents-Ausschüsse für Agrikultur, Finanzen und öffentliche Sicherheit mit der Pariser Munizipalität in Verbindung, um sich über den Stand der Verproviantirung zu unterrichten. Sie vereinbarten mit der Munizipalität einen Vorschlag, demgemäß die Progressiv-Steuer auf ein Jahr verlängert und der Kommune aus dem Staatsschatze sofort eine Summe von vier Millionen vorgestreckt werden sollte. Weil die Aristokraten noch immer das Volk zum Aufstande aufstifteten, wurde die Pariser Munizipalität ermächtigt, alle geeigneten Maßregeln zu ergreifen und nöthigenfalls Generalmarsch schlagen zu lassen. Dem Berichte zufolge, den der Minister des Innern über den Stand des Proviants erstattete, hatten sämmtliche Bäcker noch auf acht Tage Mehl, einige sogar auf einen Monat. Die Kommune hatte von der außerordentlichen Steuer noch zwei Millionen Francs vorräthig und die Verproviantirung war auf zwei Monate gesichert. Allein diese Steuer, wenngleich schon im vorigen Jahre fällig, war noch nicht eingegangen, da die reichen Leute nicht gezahlt hatten. Man mußte also fürchten, daß die Munizipalität keinen Kredit fände. Um die Besorgnisse der Bevölkerung zu heben, verlangte die Munizipalität, daß ihr der ganze Steuerbetrag für 1792 und 1793 vom Schatze vorgestreckt würde. Dieser Betrag belief sich auf sieben Millionen und wurde ihr, obschon die Girondisten dagegen schrien, fast ohne Diskussion vom Konvente bewilligt. Aber auch die übrigen Städte Frankreichs wurden berücksichtigt. So z. B. wurde der Stadt Bordeaux die Vergünstigung gewährt, daß die mit Getreide beladenen fremden Schiffe keinen Eingangszoll mehr zu zahlen hatten.

Den 24. Februar hatten die Pariser Wäscherinnen billige Seife eingekauft. Als nämlich mit Seife beladene Fahrzeuge auf der Seine angekommen waren, hatten sie sich in Masse nach dem Kai begeben und sich die Waare, die sie brauchten, zu einem von ihnen selbst diktirten Preise geholt. Die von der Munizipalität geschickte Polizei war nicht gegen die Frauen eingeschritten, sondern hatte sie, als sie vom Uferdamm Planken auf die Fahrzeuge legten, unterstützt. Den 25. Februar unternahmen die Frauen einen Zug gegen die Gewürzkrämer. Sie holten sich Zucker, Kaffee, Seife und Lichte, indem sie den Preis selbst feststellten. Ihnen wurde kein Einhalt gethan. Die Polizei schritt nicht ein, und Santerre war nach Versailles geschickt worden, um Pferde für die Organisation eines Korps nationaler Gendarmerie einzukaufen. Gegen Mittag wurde der Rath der Kommune versammelt. Anfangs hörte er die Berichte über die Ereignisse an, ohne sofortige Maßregeln zu ergreifen. Der Maire versicherte, daß das Volk zu den Exzessen von reaktionären Hetzern aufgestachelt worden sei. Doch wurde auch erzählt, daß Jacques Roux, welchen man den „Marat der Kommune" nannte, das Volk zur Plünderung der Läden angefeuert hätte.*) Als sich im Laufe des Tages die Klagen aus den verschiedenen Sektionen mehrten, beschloß die Kommune die energische Unterdrückung der Unruhen. Santerre wurde aus Versailles herbeigerufen. Er kam den 26. Februar an, traf sofort seine Dispositionen und richtete an den Konvent ein im Moniteur vom 29. Februar veröffentlichtes Schreiben, worin er meldete, daß die bewaffnete Macht die „traurigen Ereignisse" bemeistert hätte. Ueber das Ende der Plünderungen berichtete der „Moniteur" unterm 28. Februar 1793 wie folgt:

„Gegen Mitternacht war Alles besänftigt. Man hatte ungefähr vierzig Personen verhaftet, unter denen sich vormals vornehm betitelte Männer, Aebte, Aristokraten-Bediente, sowie eine verkleidete ehemalige Gräfin, welche Assignaten austheilte, befanden."

Somit konnte kein Zweifel darüber bestehen, daß die Plünderungen von den Reaktionären angestiftet waren. Aber auch Marat hatte in Nr. 133 seines neuen Journals de la République française das Plündern der Magazine und das Aufhängen der Wucherer als eine selbstverständliche Sache betrachtet; doch hatte er über die aristokratischen Aufwiegler geschrieben:

„Es ist unbestreitbar, daß die Kapitalisten, die Agioteure, die Monopolisten, die Luxus-Kaufleute, die Stützen der Schikane, die Gerichtsröcke (robins), die Ex-Adeligen u. s. w. sämmtlich, mit nur wenigen Ausnahmen, Stützen des alten Regimes sind und die Mißbräuche zurückwünschen, die sie benutzten, um sich durch Ausplünderung des Publikums zu bereichern. Wie wäre es also möglich, daß sie aufrichtig die Herrschaft der Freiheit und Gleichheit herstellen hälfen? Angesichts der Unmöglichkeit, ihr Herz zu ändern ..., erblicke ich kein anderes Mittel, um die Ruhe des Staates herzustellen, als die gänzliche Ausrottung dieser verdammten Brut."

Im Journal de la République Nr. 137 vom 1. März 1793 schreibt Marat sehr vernünftig:

„Die Ursache der uns in tiefe Betrübniß versetzenden Plage liegt in jener ungeheuren Masse Assignaten, deren Werth stets mit ihrer Ver=

---

*) Jacques Roux war Priester gewesen. Als Ludwig XVI. am 21. Januar nach dem Richtplatze abgeführt werden sollte, bat er Jacques Roux, der Kommune das von ihm gemachte Testament zu übergeben. Jacques Roux antwortete jedoch, daß er beauftragt sei, den König zur Hinrichtung zu führen, nicht aber dessen Kommissionen zu besorgen. — Als Kommissär in der Provinz hatte sich Jacques Roux als Feind der eigensüchtigen Eigenthümer gezeigt und war einmal deßhalb in Todesgefahr gerathen.

vielfältigung sowie mit ihrer Nachmachung fällt: nun führt nothwendig ihre Werthverminderung das Steigen der Lebensmittelpreise herbei. Die Lebensmittel sind schon auf einen so exorbitanten Preis gestiegen, daß es den dürftigen Klassen unmöglich wird, sie sich zu verschaffen. Macht Euch daher auf die schrecklichsten Unruhen, ja vielleicht auf den Umsturz jeder Regierung gefaßt, denn das ausgehungerte Volk kennt keine Gesetze; das erste aller Gesetze ist, daß man zu leben sucht. Vor drei Jahren sah ich diese Unruhen voraus, und was that ich nicht, um mich dem Systeme der Assignaten, besonders der kleinen Assignaten, zu widersetzen! Mit kleinen Aushülfsmittelchen wird man nicht dazu gelangen, die unglücklichen Folgen dieses Systems zu kuriren, sondern nur durch eine große Maßregel: durch die einzig wirksame, welche ich zu rechter Zeit vorschlug, nämlich die öffentliche Schuld abzuschaffen durch sofortige Bezahlung aller und jeder Staatsgläubiger mit einem National=Bon im Betrage ihrer Schuldforderung, kurz, durch Bezahlung mit den National=Gütern, anstatt der ungeheuern Menge Zwangs=Papiergeldes, dessen geringstes Uebel immer noch der Mißkredit ist, den der unvermeidliche Mangel an Vertrauen herbeiführt."

Im Konvente wurde in Folge der Plünderungen die Erneuerung des Generalraths der Kommune verlangt. Auch wurde der Ausschluß des oben erwähnten Eigenthumsfeindes Jacques Roux votirt.

Nachdem den 8. März auf Antrag Danton's mit Akklamation die Schuldhaft abgeschafft worden war, schickten den 9. März Abends mehrere Sektionen Adressen an den Konvent, in denen sowohl Maßregeln gegen die Wucherer, wie auch die Besteuerung der Reichen, Requisitionen für die Heereslieferungen und die Anklage gegen die Generäle gefordert wurde. Diese Petitionen wurden jedoch von der Montagne nicht unterstützt. Am selben Abende erfuhr man, daß zwei girondistische reaktionäre Druckereien zerstört worden waren. Auch der Kriegsminister hatte — allerdings ohne Grund — einen Angriff befürchtet. Der Justizminister Garat kam ins Stadthaus, um mit der Munizipalität über Sicherheitsmaßregeln zu berathen. Alles deutete auf einen Revolutions=Ausbruch hin, vermittelst dessen die Reaktionäre, die das hungernde Volk aufstifteten, im Trüben fischen wollten. Indeß wurde der Sturm durch Marat und Santerre, durch die Munizipalität, durch die Cordeliers und Jakobiner rechtzeitig noch beschworen.

Die Reaktionäre waren wieder übermüthig geworden, weil die französischen Heere nach Außen Mißerfolge erlitten hatten. General Dumouriez plante Verrath: weßhalb die Kommune und die Sektionen seine Bestrafung verlangten. Seinen verrätherischen Plan, um den Danton, Lacroix und Westermann gewußt haben sollen, hat er selber in seinen Memoiren mitgetheilt. Nun mußten die Mißerfolge, die das Heer nach Außen erlitten hatte, dadurch so viel als möglich ausgeglichen werden, daß man auf die Reaktionäre im Innern schlug, um den Uebermuth derselben herabzustimmen und sie unschädlich zu machen. Während der Maire und der Prokurator der Kommune dem Konvente versicherten, daß die jungen Leute sich in Masse zum Heerdienst gegen den äußeren

Feind einschreiben ließen,*) wurde zu Paris der furchtbare Revolutions-Gerichtshof gegen die Reaktionäre geschaffen, indem vom Konvente folgendes Dekret unterm 10. März 1793 gefaßt wurde:

Art. 1. Es wird in Paris ein außerordentlicher krimineller Gerichtshof errichtet, welcher über jede kontrerevolutionäre Unternehmung gegen die Gleichheit, Freiheit, Einheit und Untheilbarkeit der Republik, gegen die innere Sicherheit und über alle Komplotte, welche die Wiedereinführung des Königthums oder die Herstellung einer andern gegen die Freiheit, Gleichheit oder die Souveränität des Volks gerichteten Gewalt bezwecken, zu erkennen hat: mögen nun die Angeklagten Zivil- oder Militär-Beamte oder einfache citoyens sein. Die Funktionen der politischen Polizei, welche den Munizipalitäten zuertheilt sind, sollen sich in Zukunft auf alle namhaft gemachten Vergehen erstrecken. Die Denunziationen sind zu richten an eine zu diesem Behufe eingesetzte Kommission des Konvents, bestehend aus sechs Mitgliedern, welche die Anklage-Akten anzufertigen und vorzulegen haben wird.

Art. II. Der Gerichtshof besteht aus einer Jury und aus fünf das Instruktions-Verfahren leitenden Richtern.

Art. III. Die Richter können kein Erkenntniß fällen, wenn ihre Zahl nicht mindestens drei beträgt.

Art. IV. Der zuerst gewählte führt unter den Richtern den Vorsitz; im Falle seiner Abwesenheit wird er durch den ältesten ersetzt.

Art. V. Die Richter werden durch den National-Konvent erwählt.

Art. VI. Es gibt bei dem Gerichtshofe einen öffentlichen Ankläger und zwei Abjunkte oder Substituten, sämmtlich vom National-Konvente gewählt.

Art. VII. Der National-Konvent ernennt in der morgigen Sitzung aus dem Departement von Paris und aus den vier dasselbe umgebenden Departements zwölf citoyens, welche die Funktionen von Geschworenen zu erfüllen haben, und vier Ergänzungsmänner aus dem nämlichen Department, welche die Geschworenen im Falle der Abwesenheit, Zurückweisung oder Krankheit zu ergänzen haben. Die Geschworenen erfüllen ihr Amt bis zum nächsten 1. Mai, und es soll dann vom Konvent für ihren Ersatz und für die Bildung einer Jury, die aus den citoyens aller Departements genommen wird, gesorgt werden.

Nach Artikel VII hätten die Geschworenen am 11. März ernannt werden müssen; sie wurden jedoch erst am 13. März ernannt.**)

---

*) Die Sektionen hatten sich versammelt, die Schauspiele waren geschlossen worden, alle auf den Bureaux der Kommune beschäftigten jungen Leute gingen zum Heere ab und es sollten bei der Kommune überhaupt keine Junggesellen mehr angestellt werden. Der Generalrath hatte eine feurige Proklamation erlassen. Auf dem Stadthause war die schwarze Fahne aufgezogen worden. S. Louis Blanc, Histoire de la Révolution française, Brüssel 1858, 8. Band, Seite 110.

**) Definitive Zusammensetzung des außergewöhnlichen Tribunals:
Richter: Liebaud, Pesson, Montanet, Desfougères, Desmadelaines, Grandsire, Stephan Foucaut.
Ergänzungs-Richter: Chauvertois, Roussillon, Tartanac.
Oeffentlicher Ankläger: Faure.
Adjunkte: Fouquet-Tinville, Vertenil, Floriot, Bellot, Natré.

Die den Konvent bei der Schöpfung des Revolutions-Tribunals beherrschenden Girondisten hatten es mit diesem politischen Gerichtshofe nicht bloß auf die Feinde der Republik abgesehen, sondern wollten durch denselben auch die entschiedenen Revolutionäre, die Führer der Kommune und die ihnen verhaßten Pariser Deputirten, dem Tode überliefern.*) Zu diesem Behufe faßte der Girondist Biroteau folgendes Dekret ab, welches vom Konvente angenommen wurde:

„In Anbetracht, daß das Heil des Volks das höchste Gesetz ist, erklärt der Konvent, daß er, ohne auf die Unverletzlichkeit eines Vertreters der Nation Rücksicht zu nehmen, denjenigen oder diejenigen seiner Mitglieder, gegen welchen oder gegen welche starke Verdachtsgründe der Komplizität mit den Feinden der Freiheit, Gleichheit und republikanischen Regierung vorliegen, in Anklagezustand versetzen wird.**)

Unterm 28. März billigte der Konvent ein revolutionäres Dekret der Pariser Kommune und dehnte es auf ganz Frankreich aus. Dieses Dekret bestimmte, daß an jeder Hausthür die Zunamen, Vornamen, Professionen und das Alter der Hausbewohner angeschlagen sein mußten. Am 28. März wurde in Paris die Entwaffnung der Verdächtigen vorgenommen; doch fand man in den durchsuchten Häusern wenig Waffen.

Es sei hierbei bemerkt, daß vom Konvente um diese Zeit die Staatsunterstützungen (secours publics) für eine soziale Schuld der besitzenden Klassen erklärt wurden und daß beschlossen wurde, einen Gesetzentwurf behufs ihrer Organisirung auf die Tagesordnung zu setzen. Ferner wurde um diese Zeit (den 18. März) das Prinzip der Progressiv-Steuern im Konvente votirt. Sodann wurde ohne Diskussion beschlossen, daß die Kommunal-Güter an diejenigen citoyens, welche unter 100 Francs Einkommen hatten, vertheilt werden sollten, gleichwie kurz vorher beschlossen worden war, die Güter der Emigrirten in Parzellen zu veräußern, damit auch arme Leute sich ein Stückchen Land kaufen konnten. Gemäß einer vom Prokurator Chaumette verlesenen Petition der Kommune beschloß der Konvent am 3. April, bei Paris ein Lager von 40,000 Mann zu errichten.

Marat hatte gewollt, daß auch ein Theil der Kirchengüter parzellirt würde. Er schrieb im Journal de la République (Nr. 133):

Geschworene: Dumont, Brisson, Coppin, Lagrange, Langlier, Cabanis (Arzt), Jourdeuil, Fallot, Poullain, Gaunet, Laroche, Fournier.
Ergänzungs-Geschworene: Treteau, Hattinguais, Leroi, Maignon, Gaudain, Brochet, Chancerel de Courville, Peter Duplain, Sainter, Grandmaison, Chrestine, Chasseloup.
Siehe: Procès-verbaux de la Convention, Bd. VII. Mittwoch, 13. März 1793.

*) Der erste Artikel des Gesetzes, durch welches der revolutionäre Gerichtshof geschaffen wurde, rührte vom Girondisten Jsnard her.
**) Am 5. April 1793 wurde der öffentliche Ankläger autorisirt, jeden Konspirator zu verfolgen; doch behielt sich der Konvent in Bezug auf die Deputirten, Minister und Generäle die eigne Initiative vor. Der Ausschuß der öffentlichen Wohlfahrt wurde den 6. April und zunächst nur auf einen Monat eingesetzt; er bestand aus neun mit der Diktatur ausgerüsteten Mitgliedern. Wie hieraus ersichtlich, rührt die Einführung der sogenannten Schreckensherrschaft von den Girondisten her.

„Die Güter der Kirche waren das Erbtheil der Armen. Indem man also Letztere dieser Quelle beraubte, setzte die Konstituirende Versammlung sie dem Hungertode aus. Was hätte sie, um die Usurpation der Kirchengüter, deren sie sich im Namen des Souveräns bemächtigte, zu rechtfertigen, mit ihnen thun müssen? Sie hätte sie in drei gleiche Theile theilen müssen. Der erste Theil wäre für die Besoldung der Diener der Religion bestimmt gewesen, der zweite Theil zur Tilgung der erlaubten Schulden der Regierung, der dritte aber als Antheil=Loos für die Vermögenslosen, wie ich unaufhörlich zur rechten Zeit wiederholt habe. Hätte man nun an die Armen in kleinen Loosen das Drittel der kirchlichen Ländereien vertheilt, so hätte man in Bezug auf sie eine unumgängliche Forderung der Gerechtigkeit erfüllt, hätte aus ihnen nützliche citoyens gemacht, hätte sie an die Aufrechterhaltung der Republik stark gefesselt, und der Staat hätte doppelt dabei gewonnen."

Außer gegen Robespierre, dem die Girondisten nicht ganz mit Unrecht Diktatur=Gelüste beimaßen, waren die girondistischen Staatsmänner besonders gegen Marat erbittert. Gleich in den ersten Tagen des Konvents waren sie über Marat, den seine Pariser Kollegen im Stiche ließen, wüthend hergefallen; aber derselbe hatte sie am 25. September 1792 durch die überzeugende Macht seiner Rede und durch seine Unerschrockenheit glänzend besiegt.*) Namentlich mit Bezug auf diesen Sieg entwirft P. F. N. Fabre d'Eglantine von Marat folgendes Bild:

„Aber dieser Marat, so weich von Gemüth, erscheint uns, wenn wir ihn in geistiger und seelischer Hinsicht betrachten, als ein Mann von äußerst fähigem Kopf, von einem unbesieglichen Muthe, von einer unerschütterlichen Festigkeit. Selbst in den heftigsten Stürmen habe ich ihn niemals ohne eine seltene, sich gleichbleibende Geistesgegenwart gesehen. In seinen Absichten, in ihrer Ausführung, in seinen Meinungen, in seinem patriotischen Hasse brachte ihn Nichts von der eingeschlagenen Bahn, Nichts zum Weichen. Das geschah nicht etwa eigensinnig, denn er konnte der Vernunft Gehör geben und konnte sie an einem Andern, wenn sie die seinige übertraf, loben und zwar mit einer so einfachen Miene, daß Solches mehr seiner eignen Ueberlegenheit, als seiner Treuherzigkeit Ehre machte. In der Gefahr, bei den unmittelbarsten und stacheligsten Angriffen, in den heftigsten Verfolgungen waren sein Muth und seine Unerschrockenheit bewundernswürdig, kein Unfall schlug ihn nieder, keine Rücksicht beherrschte ihn. Man findet hiervon den speziellen Beweis in der Art, wie er im Konvente den fürchterlichen, von der gesammten französischen Aristokratie, seinen persönlich anwesenden Feinden, kombinirten Angriff aushielt, ja man findet diesen Beweis im glänzenden Siege, den er — ein ganz Einzelner — über sie alle davontrug durch die Unerschütterlichkeit seiner Haltung und die Macht seiner Logik, sowie

---

*) Marat beschreibt diesen auf ihn gerichteten Angriff im Journal de la République Nr. 4, vom 28. September 1792: „Eine Menge Anschuldiger, darunter Cambon, Goupilleau, Rebecqui, umgaben mich mit drohenden Geberden; sie schubten mich, stießen mich mit den Ellenbogen, hielten mir die Faust unter die Nase, um mich von der Rednerbühne abzuhalten." U. s. w.

in dem Schrecken, welchen er ihnen mit der Verachtung im Munde und mit der Pistole in der Hand einflößte."

In der Sitzung des Konvents vom 18. Oktober 1792 sagte, ohne deßhalb zur Ordnung gerufen zu werden, der Deputirte Boileau:

„Ich verlange, daß die Rednerbühne, wenn Marat auf ihr gesprochen hat, sofort gereinigt wird."

Wenn Marat im Konvente sprechen wollte, wurde ihm häufig das Wort verweigert. Er war es, der vorzüglich den Kampf der Pariser Kommune mit den Girondisten im Konvente auszufechten hatte. Die Petitionäre eines in Paris liegenden Dragoner-Regiments, sammt den girondistischen Marseillern und dem reaktionären Theile der Pariser Nationalgardisten sangen in den Straßen:

> La tête de Marat, Robespierre et Danton
> Et de tous ceux qui les défendront.
> O gué!

Diese Wüthenden erschienen in der Straße der Cordeliers unter den Fenstern Marat's und drohten das von ihm bewohnte Haus in Brand zu stecken. Sie bekannten ganz offen, daß sie ihn ermorden wollten, und verschiedene von ihnen wurden deßhalb verhaftet.

Indeß besaß Marat einen unbezwinglichen Muth. Als am 21. Februar 1793 im Konvente der Berg sehr spärlich besetzt war, suchten diesen Umstand die Girondisten sich zu Nutze zu machen, indem sie das Dekret, kraft dessen die Offiziere durch die Soldaten gewählt wurden, abschaffen wollten. Der Antrag Marat's auf Vertagung der Sitzung wurde abgeschlagen. Marat bat ums Wort. Da nun zu gleicher Zeit, wie er, der Aristokrat Gesenieux sich der Rednerbühne bemächtigen wollte, gab Marat seinem Gegner zwei Hiebe und führte hierdurch einen schrecklichen Tumult herbei, während dessen die in den Gängen und in den Ausschüssen abwesenden Deputirten der Bergpartei herbeikamen. Das Dekret wurde auf diese Weise gerettet. „Dieses neue Stückchen Taktik", schreibt Marat, „ist nicht philosophisch, ich weiß es; allein es ist sehr patriotisch, und ich darf annehmen, daß es nicht ohne Erfolg gewesen ist." *)

Das unterm 10. März 1793 eingeführte Revolutions-Tribunal sollte von den Girondisten dazu benutzt werden, Marat zum Tode zu verurtheilen. Sie nahmen am 12. April eine vom Klub der Jakobiner ausgegangene, an die Provinzen gerichtete, von Marat als zufälligem Vorsitzenden des genannten Klubs unterschriebene Adresse, worin sie beschuldigt wurden, an England verkauft zu sein, zum Anlaß, Marat unter Anklage zu stellen. Die Verhandlung vor dem Revolutions-Tribunal ging am 24. April vor sich. Bis dahin hatte sich dieses Tribunal insofern gelind bewiesen, als es nur vier Todesurtheile gefällt und dagegen sechs Personen freigesprochen hatte. Unter den zum Tode verurtheilten Angeklagten befand sich jedoch auch eine Köchin, die sich öffentlich für die Wiedereinführung des Königthums und für die Be-

---

*) Nr. 132 des Journal de République vom 24. Februar 1793.

seitigung des Konvents ausgesprochen hatte. Die Geschworenen, welche über Marat abzuurtheilen hatten, gehörten meist der Mittelklasse an; denn sie bestanden aus einem Buchdruckereibesitzer, einem Goldschmiede, einem Arzte, einem Chirurgen, einem Maler, aus Kaufleuten oder Krämern und nur aus drei bis vier Handwerkern. Die an sie gestellten Fragen lauteten:

„1) Ist es erwiesen, daß in den Schriften, welche betitelt sind: „„Der Volksfreund von Marat"" und „„Der Publizist"", der Verfasser aufgereizt hat 1) zum Plündern und Morden; 2) zur Einsetzung einer volkssouveränitäts=feindlichen Gewalt; 3) zur Erniedrigung und Auf=lösung des Konvents?

„II) Ist Jean Paul Marat der Verfasser dieser Schriften?

„III) Hat Jean Paul Marat in den besagten Schriften verbrecherische und gegen=revolutionäre Absichten?"

In seiner Vertheidigungsrede trat Marat mit großer Sicherheit auf, indem er weniger sich vertheidigte, als seine Feinde anklagte. Nach=dem sich die Geschworenen berathen hatten, erklärte der Vormann der=selben, welcher Dumont hieß:

„Ich habe mit Sorgfalt die zitirten Stellen der Marat'schen Zeitungen geprüft. Um sie besser zu tariren, habe ich den bekannten Charakter des Angeklagten nicht aus den Augen verloren, sowie die Zeit, während deren er sie geschrieben hat. Ich kann bei dem un=erschrockenen Vertheidiger der Volksrechte keine verbrecherischen und gegen=revolutionären Absichten annehmen; es ist schwer, seinen gerechten Zorn zurückzuhalten, wenn man sein Land auf allen Seiten verrathen sieht, und ich erkläre, daß ich in den Schriften Marat's Nichts gefunden habe, was mir die ihm schuldgegebenen Delikte zu bestätigen geschienen hätte."

Die anderen Geschworenen erklärten einstimmig, daß die Marat zur Last gelegten Anschuldigungen nicht erwiesen wären.

Somit wurde Marat freigesprochen und vom Volke, das über 200,000 Köpfe stark in den Straßen erschienen war, bekränzt und im Triumphe nach dem Konvente getragen.

Die Freisprechung Marat's war gleichbedeutend mit dem Siege der Kommune über die föderativen Bestrebungen und mit dem Todes=urtheile der Girondisten, der Vertreter dieser Bestrebungen.

Um die nämliche Zeit starb in Vaugirard (zu Paris) der Pole Lazowski, ein Hauptführer des aufständischen Pariser Volks. Die Re=volutionäre glaubten, daß er vergiftet worden sei. Begreiflich schreibt die girondistische Madame Roland, er habe seinen Tod durch übermäßigen Branntweingenuß herbeigeführt. Lazowski wurde mit großer Feierlich=keit bestattet. Robespierre hielt die Grabrede. Die Pariser Kommune adoptirte Lazowski's Tochter.

Mittlerweile wurde unter den 48 Pariser Sektionen für Aus=stoßung der Girondisten aus dem Konvente agitirt. In 35 Sektionen wurde eine diese Ausstoßung fordernde Petition angenommen. Die Sektions=Kommissäre mit dem Maire Pache an der Spitze erschienen den 14. April an der Barre des Konvents, um die betreffende Petition zu überreichen. Rousselin führte das Wort im Namen der Petitionäre. Er erklärte den Konvent für rein und desavouirte jede anarchische Absicht; nur verlangte er, daß der Tempel der Freiheit nicht, wie gewisse heilige Orte Italiens, ausgemachten Verbrechern als Asyl dienen sollte. Als solche Verbrecher wurden von ihm bezeichnet folgende 22 Girondisten: Brissot, Guadet, Vergniaud, Gensonné, Grangeneuve, Buzot, Barbaroux, Salles, Biroteau, Petion, Lanjuinais, Pontecoulant, Hardy, Valazé, Lehardy, Chambon, Fauchet, Louvet, Gorsas, Lanthenas, Lasource und Valady.

Der mit den Petitionären erschienene Maire von Paris, der Sohn eines Schweizers, war 1746 in Paris geboren, hatte vor der Revolution verschiedene Aemter in der Marine verwaltet und war unter dem Ministerium Necker Kontroleur des Hauses des Königs gewesen. Seine Liebe zur Unabhängigkeit hatte ihn bewogen, den Staatsdienst, sowie seine sich auf 11,000 Francs belaufenden Pensionen aufzugeben und sich in die Schweiz zurückzuziehen, von wo er nach dem Tode seiner Frau nach Frankreich zurückkehrte. Als Roland Minister wurde, machte er Pache zu seinem Sekretär. Dieser erschien, wie Madame Roland erzählt, alle Morgen 7 Uhr im Kabinette ihres Mannes mit einem Stück Brot in der Tasche und arbeitete in Einem fort bis Nachmittags 3 Uhr. Aus dem Ministerium des Innern kam er ins Kriegsministerium, wo er für den Kriegsminister mit dem nämlichen Eifer arbeitete. Als der König das girondistische Ministerium absetzte, trat auch Pache zurück (12. Juni 1792). Nach dem Siege des Volks am 10. August wünschte Roland wieder die Mitarbeiterschaft von Pache; allein dieser nahm keine Stelle an, sondern ließ sich als Kommissär im südlichen Frankreich einstweilen verwenden, bis er den 18. Oktober 1792 an Servan's Stelle zum Kriegsminister ernannt wurde. Indeß ging jetzt Pache mit den Montagnards, weßhalb er von den Girondisten gehaßt und verleumdet wurde. Nachdem es den Girondisten gelungen war, am 2. Februar 1793 ein Absetzungs-Dekret gegen Pache durchzusetzen, wählte ihn die Pariser Kommune zu ihrem Maire an Stelle des zurückgetretenen Chambon. Pache war ein völlig uneigennütziger, charakterfester Mann.

Als man im Konvente ihm vorhielt, wie er eine solche Petition unterzeichnen könnte, antwortete er:

„Ich zähle nicht zu den Petitionären. Der Generalrath hat mich nur beauftragt, dieselben zu begleiten. Um übrigens jeden Zweifel in dieser Hinsicht zu beseitigen, will ich die Petition unterzeichnen."

Unter dem Beifall der Gallerien unterzeichnete der Maire sofort die den Ausschluß der Girondisten fordernde Petition. Da indeß in derselben verlangt war, daß die Majorität der Departements über das Loos der Girondisten entscheiden sollte, mußte die Befürchtung gehegt werden, daß die in den Departements zu berufenden Urversammlungen zum Bürgerkriege und zum Aufstande der Provinzen gegen Paris führten. Während die Girondisten sich in die Entscheidung der Departements fügen zu wollen erklärten, bezeichnete der Montagnard Thirion die Petition als schlecht. Noch am nämlichen Abend erschien eine neue Deputation der Kommune und gab die Erklärung ab, daß die Kommune nicht an die

Urversammlungen appelliren wollte, sondern nur die Züchtigung der Verräther beabsichtigte.

An dem nämlichen 14. April gab die Kommune den Lüttichern, die sich vor den Oesterreichern geflüchtet hatten, ein Gastfreundschaftsfest. Ein feierlicher Zug bewegte sich von der Porte St. Martin nach dem Stadthause, wo die Flüchtlinge als Brüder umarmt wurden. Der Wagen, worauf die Archive der Lütticher Munizipalität gefahren wurden, war mit den französischen Nationalfarben geschmückt und trug vorn die Büste des Brutus, sowie die Büste der Freiheit nebst einem Banner, worauf die Worte standen: „Die Tyrannen vergehen, die Völker sind ewig!"

Am 16. April sprachen die Freunde Danton's ihre Mißbilligung über die Petition der Pariser Sektionäre aus, und Philippeaux stellte den Antrag, in einem Dekrete des Konvents alle Diejenigen für schlechte citoyens zu erklären, die ganz oder theilweise die Auflösung des Konvents forderten. Nachdem am 20. April selbst der Girondist Vergniaud die Urabstimmung des Volks, weil selbige zum Bürgerkriege führen müßte, von der Hand gewiesen hatte, ward folgendes Dekret angenommen:

„Der Konvent mißbilligt als verleumderisch die von 35 Sektionen überreichte und vom Generalrathe der Kommune angenommene Petition. Das gegenwärtige Dekret soll in die Departements geschickt werden."

Somit war vorderhand die Kommune geschlagen. Indem die Sieger den errungenen Vortheil benutzten, forderte der von den Girondisten beherrschte Konvent die Kommune auf, die Verzeichnisse ihrer Berathungen vorzulegen. Die Munizipal-Beamten leisteten keinen Widerstand. Aus den eingereichten Registern ging hervor, daß die Kommune sich im Zustande der Revolution befindlich so lange betrachtete, als die Nahrungsmittel nicht sichergestellt waren; daß sie sich angegriffen sah, wenn ein einziges ihrer Mitglieder oder ein Sektions-Präsident oder auch ein einfacher citoyen wegen seiner Meinung verfolgt wurde; daß ein Ausschuß, bestehend aus 9 Mitgliedern, mit den 44,000 Kommunen Frankreichs zu korrespondiren hatte, und daß die Petition, betreffend den Ausschluß der Girondisten aus dem Konvente, in 12,000 Exemplaren abgezogen worden war. Robespierre der Jüngere (Augustin Robespierre) vertheidigte die Kommune mit der ihr von den obwaltenden Verhältnissen auferlegten Nothwendigkeit. Endlich wurden die anwesenden Beamten der Kommune vom Konvente zu den Ehren der Sitzung zugelassen.

Besonders Danton war es, der davor warnte, den Konvent „anzuzapfen". Indeß hatten die Girondisten mit dieser Anzapfung schon den Anfang gemacht, als sie Marat dem Revolutions-Tribunale überliefert hatten. Außerdem benahmen sich die Girondisten bezüglich des von den Adeligen und Pfaffen geschürten Aufstandes der Vendée so gleichgültig und zeigten sich in Betreff des Krieges gegen die äußeren Feinde der Situation so wenig gewachsen, daß man ihnen, wenn die Revolution triumphiren sollte, unmöglich die Führung des Konvents überlassen konnte. Während beständig eine große Anzahl Montagnards bei den Heeren und in den Departements als Kommissäre thätig waren, fiel es den Girondisten leicht, ihre Herrschaft im Konvente über die Neutralen — über den sogenannten „Sumpf" oder „Morast" — zu behaupten. Daher wurde auch am 16. Mai 1793 mit einer Majorität von 202 Stimmen (aus 334 Anwesenden) der energische Girondist Jsnard zum Präsidenten des Konventes gewählt. Unter dem Vorsitz dieses speziellen Feindes der Pariser Kommune wurde der Zwist auf die Spitze getrieben.

Anläßlich der Verhaftung eines Friedensrichters durch die Kommune behauptete der Girondist Guadet auf der Rednerbühne des Konvents, daß von der Pariser Munizipal-Behörde ein Komplott, welches die Umbringung des Konvents zum Zwecke habe, gebildet worden sei. Er verlangte nicht nur die Kassirung der Pariser Munizipalität, sondern auch für den Fall, daß die zu Paris tagenden Deputirten des Konvents zerstreut würden, den sofortigen Zusammentritt der Ergänzungsmitglieder dieser Versammlung zu Bourges. Der Ausschuß der öffentlichen Wohlfahrt verwarf zwar den zweiten Theil des Guadet'schen Antrages, schlug aber dagegen seinerseits vor, daß in der Versammlung eine Zwölfer-Kommission gewählt werden sollte, um die Handlungen der inkriminirten Kommune zu prüfen und Wohlfahrts-Maßregeln zu ergreifen. Diese Kommission wurde auf der Stelle eingesetzt. Sie bestand aus sechs Royalisten, aus drei Girondisten und aus drei Unentschiedenen.

Die Zwölfer-Kommission begann ihre Wirksamkeit damit, daß sie an die Papiere des revoluzionären Ausschusses der Kommune Siegel legen und sowohl den Präsidenten wie auch den Sekretär der Cité-Sektion arretiren ließ. Bald wurden die gehässigen Schritte der Zwölfer-Kommission durch royalistische Petitionen unterstützt, welche vorgaben, daß durch die Bergpartei die zweiundzwanzig obengenannten girondistischen Abgeordneten ermordet werden sollten. Indem die Leute des Sumpfes aus Angst die Zwölfer-Kommission aufrecht erhielten, ließ dieselbe noch andere Patrioten, darunter Hebert, den Substituten des Prokurators der Pariser Kommune, hinter Schloß und Riegel setzen. Die Verhaftung Hebert's wurde angeordnet wegen eines Artikels, der in Hebert's Journale „Pere Duchene" erschienen war und dessen scharfe Sprache mit der Heftigkeit der girondistischen Journale sich messen konnte. Am folgenden Tage protestirte die Kommune gegen die Verhaftung und forderte ihren Beamten zurück. Jsnard, der girondistische Vorsitzende des Konvents, drohte mit der Vertilgung von Paris. Er sagte: „Man wird suchen an den Ufern der Seine, wo Paris gestanden hat." Doch, ehe wir weiter gehen, müssen wir auf den prinzipiellen Unterschied, der die Girondisten von den Montagnards und von der Pariser Kommune trennte, aufmerksam machen.

Die Girondisten, wie sie sich während der Revolution selbst zeigten, waren allerhöchstens radikale Bourgeois und wollten nicht die Gleichheit und Bruderschaft aller Menschen, sondern nur die individuelle Freiheit. Die Pariser Kommune und die Montagnards dagegen vertraten die demokratische Solidarität und die Rechte der großen Mehrheit des Volks. Sie sorgten daher nach Kräften für die Armen, für die Arbeiter. Ihnen war es mit der Gleichheit ein Ernst. Auch erkannten sie die Bruder-

schaft der Völker, die gemeinsamen Interessen aller Glieder der Menschheit an. So sagt Robespierre in seiner Broschüre über die Menschenrechte: *)
Die Hauptrechte des Menschen sind das Recht der Fürsorge für die Erhaltung seines Lebens und die Freiheit. Diese Rechte stehen gleichmäßig allen Menschen zu, wie sehr diese auch sonst nach ihren physischen und moralischen Kräften verschieden sein mögen . . . Das Eigenthum ist das von jedem citoyen besessene Recht, den ihm durchs Gesetz gewährleisteten Güterantheil zu genießen und über denselben zu verfügen. Das Eigenthumsrecht ist, wie alle übrigen Rechte, beschränkt durch die Verpflichtung, das Recht Anderer zu respektiren. Dasselbe darf weder der Sicherheit, noch der Freiheit, noch der Existenz, noch dem Eigenthum unserer Mitmenschen nachtheilig werden. Jeder Besitz, jedes Gewerbe, welches diesen Grundsatz verletzt, ist wesentlich unerlaubt und unsittlich. Die für die Dürftigen nothwendigen Unterstützungen sind eine Schuld des Reichen gegen den Armen: es kommt dem Gesetz zu, die Art und Weise zu bestimmen, wie diese Schuld abgetragen werden soll. . . . Das Gesetz muß für Alle gleich sein. Alle citoyens haben ein gleiches Recht, bei der Ernennung der Volksvertreter und bei der Abfassung der Gesetze mitzuwirken. Damit diese Rechte nicht trügerisch und die Gleichheit nicht hirngespinstisch sei, muß die Gesellschaft die öffentlichen Beamten besolden **) und dafür sorgen, daß diejenigen citoyens, welche von ihrer Arbeit leben, an den öffentlichen Versammlungen, zu denen das Gesetz sie beruft, theilnehmen können, ohne ihre eigne Existenz, noch die Existenz ihrer Familie zu schädigen. — Der Widerstand gegen die Bedrückung folgt aus den übrigen Rechten des Menschen und des citoyen. Es ist Bedrückung gegen den sozialen Körper vorhanden, wenn ein einziges seiner Glieder bedrückt wird. Es ist Bedrückung gegen jedes Glied vorhanden, wenn der soziale Körper bedrückt wird. Wenn die Regierung das Volk bedrückt, ist der Aufstand des ganzen Volks und jedes Volkstheils die heiligste der Pflichten. Sowie die soziale Gewährleistung einem citoyen fehlt, tritt er wieder in das Naturrecht der Selbstvertheidigung ein. In dem einen oder andern Falle Jemanden wegen des Widerstands gegen die Bedrückung gesetzlichen Formen zu unterwerfen ist äußerste Abgefeimtheit der Tyrannei. In jedem freien Staate soll das Gesetz besonders die öffentliche und individuelle Freiheit gegen den Mißbrauch der obrigkeitlichen Stellung der Regierenden vertheidigen. Jede Einrichtung, welche das Volk nicht als gut und die Obrigkeit nicht als korruptibel voraussetzt, ist fehlerhaft. Die öffentlichen Aemter dürfen nicht als Auszeichnungen, noch als Belohnungen, sondern nur als öffentliche Pflichten betrachtet werden. Die Vergehen der Beauftragten des Volks (d. h. die Vergehen der Beamten) sollen schwer und ohne Schwierigkeit bestraft werden. Niemand besitzt

---

*) Déclaration des Droits de l'homme et du citoyen, par Robespierre. Lettres à ses commettants. Paris 1792, 8°. — Die Zeit, in welcher Robespierre diese Erklärung der Menschenrechte schrieb, ist wohl zu beachten. Zwei Jahre später wollte er sich zum Diktator machen.

**) Es ist hier vorausgesetzt, daß alle Beamten vom Volke gewählt und eingesetzt werden.

das Recht zu behaupten, daß er unverletzlicher sei als die übrigen Staatsbürger. Das Volk hat das Recht, alle Verrichtungen seiner Beauftragten zu kennen, diese sollen ihm von ihrer Führung getreue Rechenschaft ablegen und sein Urtheil mit Unterwürfigkeit hinnehmen. Die Menschen aller Länder sind Brüder, und die verschiedenen Völker sollen nach Kräften einander helfen wie die Einwohner des nämlichen Staates. Wer eine einzige Nation bedrückt, erklärt sich damit als Feind aller übrigen. Diejenigen, welche gegen ein Volk Krieg machen, müssen überall verfolgt werden und zwar nicht wie gewöhnliche Feinde, sondern wie Meuchelmörder und rebellisches Räubergesindel. Die Könige, die Aristokraten, die Tyrannen, wer sie auch sonst sein mögen, sind gegen ihren Souverän, nämlich gegen das Menschengeschlecht, und gegen den Gesetzgeber des Weltalls, nämlich gegen die Natur, im Aufstand befindliche Sklaven."

Wir wollen noch von St. Just, dem Freunde Robespierre's, folgende Stellen anführen:*)

„Jeder kein Handwerk ausübende, kein Amt verwaltende, über 25 Jahre alte Eigenthümer ist gehalten, bis zu seinem fünfzigsten Jahre das Land zu bebauen. Die Faulheit wird bestraft, der Gewerbfleiß geschützt. Die Republik ehrt die Künste und das Genie. Sie ladet die citoyens zu den guten Sitten ein; sie ersucht sie, ihre Reichthümer dem öffentlichen Wohle und der Erleichterung der Unglücklichen ohne Brüsten zu widmen. Jeder citoyen soll alle Jahre in den Tempeln Rechenschaft vom Gebrauche seines Vermögens ablegen."

Der oben von uns bei der Pariser Maire-Wahl (nach dem Rücktritt Petion's) erwähnte Antonelle, der auch in der Baboeuf'schen Verschwörung später vorkommt, schreibt in seinen Observations sur le droit de cité (Bemerkungen übers Bürgerrecht):

„Die Natur hat ebenso wenig Eigenthümer wie Adelige geschaffen; sie hat nur Wesen geschaffen, gleich an Bedürfnissen wie an Rechten."

Und was sagt Marat, der Haupt-Repräsentant der Pariser Kommune? Derselbe schreibt in Nr. 670 des „Volksfreund":

„Beinahe in allen Ländern sind sieben Zehntel der Staatsmitglieder schlecht genährt, schlecht bekleidet, schlecht logirt, schlecht gebettet. Sieben Zehntel bringen ihre Tage in Entbehrungen zu, leiden auf gleiche Weise von der Gegenwart, von der Vergangenheit und von der Zukunft; ihr Leben ist eine fortwährende Büßung: sie fürchten den Winter, sie haben Angst wegen ihres Bestehens. Und wie viele sind auf ein Uebermaß des Elends hinabgebracht, welches Einem zu Herzen geht! Es fehlt ihnen sogar an Kleidern, an Nahrungsmitteln. Entkräftet durch den Hunger und halb nackt, ziehen sie sich des Nachts, nachdem sie den Tag hindurch Wurzeln gesucht haben, in ihre Höhlen zurück, wo sie das ganze Jahr hindurch, den Unbilden der Jahreszeiten ausgesetzt, auf

---

*) Fragments sur les Institutions républicaines. Gedruckt im Jahre 1800. — Eine ziemlich reiche Sammlung sozialistischer Aufstellungen aus der ersten französischen Revolution findet sich in dem Buche: Le Socialisme pendant la révolution française (1789—1798), par Amédé le Faure. Zweite Auflage, Paris 1867, 8°.

Mist ausgestreckt liegen.... Neben diesen Unglücklichen sieht man Reiche, die auf Eiderdunen schlafen, unter vergoldeten Decken, Reiche, deren Tafel nur mit Leckerbissen besetzt ist, denen alle Klimata Sinnes=kitzel liefern müssen und die in einer einzigen Mahlzeit den Unterhalt von hundert Familien verzehren. Als unwürdige Günstlinge des Glücks sind sie es, welche den Uebrigen befehlen und welche das Gold zu Herren der Volksgeschicke gemacht hat."

Marat sagt: „Abgesehen von ihren Geschenken, von ihren falschen Handlungen der Wohlthätigkeit, von ihrer falschen Generosität, sind die Vortheile, welche ihnen das Vermögen vor dem Volke voraus gegeben hat, ungeheuer groß. Den Armen fehlt Alles, und Niemand kommt ihnen zu Hülfe; den Reichen fehlt Nichts, und Jedermann beeifert sich, ihnen zu dienen. ... Die Voreingenommenheit des Volks ist so blind zu Gunsten der Großen, daß dieselbe, wenn sie sich beikommen ließen gut zu sein, sich in Abgötterei verkehren würde. Was für traurige Erfahrungen haben wir nicht mit diesem verderblichen Hange gemacht! Ihm ist besonders das Uebergewicht zuzuschreiben, das sie seit unserer Revolution wieder über uns erlangt haben."

Von solchen sozialistischen Anwandlungen ist im praktischen Verfolg der Revolution bei den Girondisten keine Spur zu finden, obwohl manche von ihnen, z. B. Condorcet, früher als sozialistische Theoretiker theil=weise sich gezeigt haben. In der Revolutions=Praxis zeigten sie sich nur als Schönredner, Stellenjäger und kalte Egoisten. Daher ist es kein Wunder, wenn der tiefgehende prinzipielle Unterschied zwischen ihnen und ihren Gegnern sich in tödtliche Feindschaft, in einen Kampf um Sein und Nichtsein, verwandelte.

Nachdem am 2. Mai im Konvente Thirion das Maximum als das geeignetste Mittel für Bezähmung der Gier der Wucherer hingestellt hatte, wurde diese Maßregel am folgenden Tage zum Gesetz erhoben. Demgemäß sollten die Direktorien eines jeden Departements, indem sie die mittleren Preise seit dem 1. Januar zur Richtschnur nahmen, den Maximum=Preis für die Sachen erster Nothdurft feststellen; und zwar wurde hinzugefügt, daß das Maximum **abnehmend** sein sollte. Letztere Bestimmung hieß für die Aufkäufer so viel als: „Je mehr ihr aufhordet, desto weniger sollt ihr gewinnen!" Die Idee des Maximum=Preises stammte aus Paris, und die Girondisten, namentlich der in ihrem Namen sprechende Ducos, hatten dieselbe aufs Heftigste bei der Ueberreichung einer aus der Vorstadt St. Antoine stammenden Petition, die sogar eine den Reichen aufzulegende Zwangsanleihe forderte, unter Vorkehrung der Heiligkeit des Eigenthums bekämpft.

Die Pariser Kommune beschloß eine Aushebung von 12,000 Mann für den Krieg, wobei alle auf den Bureaux beschäftigten unverheiratheten Kommis, mit Ausnahme der Chefs und der Unterchefs, sowie die Zög=linge der Notare und Advokaten, die Kommis der Banquiers, Händler und Anderer für konskriptionspflichtig erklärt wurden. Bei dieser Aus=hebung sollte so verfahren werden, daß immer von Zweien einer, von Dreien zwei, von Vieren zwei, von Fünfen drei, von Sechsen drei, von Sieben vier, von Achten vier (und in derselben Proportion weiter)

gegen den Feind marschiren sollten. Um aber die Kosten dieser Aus=
hebung und Ausrüstung zu bestreiten, wurde laut Dekrets der Kommune
vom 1. Mai den Reichen auf ihren Ueberfluß eine Zwangsanleihe von
zwölf Millionen auferlegt. Hierbei wurde als Regel eingehalten, daß
für jeden Familienvater 1500 Francs Einkommen, sowie 1000 Francs
für jedes seiner Familien=Mitglieder zum Unterhalte nöthig wären. Das
darüber hinausgehende Einkommen wurde als Ueberfluß angesehen und
zwar wurde das überflüssige Einkommen von 1000—2000 Francs mit
30 Francs besteuert; wer ein überflüssiges Einkommen von 2—3000
Francs besaß, hatte hiervon 50 Francs zu entrichten; der Eigenthümer
eines Einkommens von 50,000 Francs mußte dem Vaterlande hiervon
20,000 Francs abgeben. Obschon diese Zwangssteuer zuvörderst nur
auf ein Jahr erhoben wurde, geriethen über dieselbe doch die Reichen
in grimmige Wuth. Ebenso unternahmen die für konskriptionspflichtig
erklärten Kommis und Schreiber lärmende Demonstrationen gegen die
Kommune. Alle diese Feinde der Kommune, die für Freiheit und Vater=
land, für Gleichheit und brüderliches Menschenrecht kein Herz hatten,
steckten sich, gleichwie die Royalisten, Adeligen und Pfaffen, hinter wen?
Nun, hinter die ihnen naheftehenden Girondisten!!! — Chaumette aber,
der Profurator der Kommune, antwortete auf das gegen ihn von den
Reaktionären erhobene Geschrei: „Nichts wird bewirken, daß ich meine
Prinzipien aufgebe, und wenn der Hals schon unterm Fallbeil liegt,
werde ich noch rufen: der Arme hat Alles gethan, es ist
Zeit, daß auch der Reiche Etwas thut. Ich werde rufen,
daß man die Egoisten, die jungen Müßiggänger trotz ihres Widerstrebens
nützlich machen und dagegen dem nützlichen, achtbaren Arbeiter Ruhe
verschaffen muß."

Unter Denen, welche nach dem Kriegsschauplatze in der Vendée
abgingen, befand sich auch Santerre, der bisherige Befehlshaber der
Pariser National=Garde. Derselbe reiste den 19. Mai ab und begab
sich zunächst nach Orleans, um daselbst Streitkräfte zu organisiren.

Die Reaktionäre suchten jetzt in den Sektionen die Revolutionäre
zu überwältigen. Sie insultirten in der Sektion Bon=Conseil den Pro=
kurator des Departements von Paris und überfielen Marat, indem sie
ihn anspuckten und zu maltraitiren suchten, in der Sektion der Cordeliers.
Ja sie machten Zusammenrottungen in den Elysäischen Feldern und im
Luxemburg=Garten, wobei der Bediente des Girondisten Buzot verhaftet
wurde. Banden junger Leute durchzogen die Lombards=Straße, die
Straße der Verrerie, den Grève=Platz, den Kai Lepelletier unter dem
Geschrei: „Es lebe die Republik! Nieder mit der Montagne!" — Denn
jetzt, bemerkt Louis Blanc, wurde zum ersten Male in Paris die
royalistische Taktik angewandt, welche darin bestand, daß man der
Bergpartei auf das Fell brannte, indem man sich hinter die Republik
und hinter die Girondisten verschanzte.

Da die Polizeiverwaltung den Anstiftern der Unruhen auf die
Spur kommen wollte, berief ein Rundschreiben der Mairie die Kom=
missäre der Sektionen nach dem Stadthause, um eine Liste der Ver=
dächtigen aufzustellen. In der ersten Versammlung, welche den 18. Mai

stattfand, soll ein Anwesender die „Septembrisirung" der 22 berüchtigten Girondisten, zu denen er noch 8 andere fügen wollte, vorgeschlagen haben. Als am folgenden Tage der nämliche Vorschlag wiederholt wurde, erklärte der den Vorsitz führende Maire Pache, daß er die Verhandlung über einen solchen Gegenstand nicht dulden könnte, und hob nach Feststellung der Liste der Verdächtigen die Sitzung auf. Dieser vom Maire und von der Kommune gemißbilligte Vorschlag eines Einzelnen wurde von der Zwölfer-Kommission zum Vorwand für ihre Beschuldigung genommen, daß die Kommune ein Komplott behufs Ermordung des Konvents gebildet habe.

Auf den 27. Mai hatten die Girondisten die bewaffnete Macht von drei reaktionären Sektionen, deren Kanoniere mit brennenden Lunten dastanden, zu ihrem Schutze herbeigerufen. Beim Beginn der Sitzung verlangt Marat die Abschaffung der Zwölfer-Kommission. „Man hat", sagt er, „das Volk zu täuschen gesucht, indem man ihm vorspiegelte, daß ein Komplott vorhanden wäre, um die Staatsmänner zu ermorden. Der Beweis, daß dieses Komplott nie existirt hat, besteht darin, daß keiner von Euch geritzt worden ist. Ich beschuldige Euch nicht der Selbstabfassung der von einigen Aristokraten der Sektionen an Euren Schranken verlesenen Adressen; allein wie habt Ihr eine außerordentliche Kommission ernennen können, um über Dasjenige, was in den Sektionen geschieht, abzuerkennen? Welch andern Zweck kann man dabei haben, als die Unterdrückung der Patrioten? ... Ihr glaubt vielleicht, daß Ihr, nachdem Ihr Alle eingekerkert habt, die Herren des Schlachtfeldes bleiben werdet? Enttäuscht Euch! Die Masse des Volkes ist patriotisch gesinnt, sie verabscheut ebensosehr den senatorischen Despotismus, wie den königlichen. Wenn die Patrioten zu einem Aufstande schreiten, so ist das Euer Werk. Daher verlange ich, daß diese Zwölfer-Kommission, weil sie freiheitsfeindlich ist und zum Volksaufstande, der nur allzu nahe ist, führen müßte, unterdrückt wird."*)

Eine Deputation erscheint. Sie ist gesandt von der Sektion der Cité, gegen welche die Kommission eingeschritten war. „Wir verlangen," sagt der Redner dieser Deputation, „die Ueberweisung der Mitglieder der Zwölfer-Kommission an das revolutionäre Tribunal. ... Wir kommen, um Sie zu mahnen, daß Sie die Republik retten mögen, sonst wird die Nothwendigkeit, uns zu retten, uns dazu zwingen, es selbst zu thun."

Isnard antwortet, daß die Versammlung sich durch keine Drohung erschüttern läßt.

Danton sagt hierauf: „So viel Unverschämtheit fängt uns lästig zu werden an, wir werden Widerstand leisten."

Die Montagnards verlangen die namentliche Abstimmung über die Auflösung: die Rechte widersetzt sich. Die Energie der Linken zwingt sie zur Nachgiebigkeit. Als der Namensaufruf beginnt, heißt es plötzlich, daß der Konvent von Truppen und citoyens umringt und nicht mehr frei ist. Marat bemerkt, daß die Versammlung sich durch einen von

---

*) Moniteur vom 28. Mai 1793.

den Staatsmännern erfundenen Kniff täuschen läßt. Man fordert den Kommandanten des Wacht-Bataillons vor. Derselbe sagt: „Ich bin auf den Befehl meines Adjutanten gekommen, weil die Mitglieder des Konvents bedroht waren. Hier angelangt, hat mich der Kommandant dieses Postens um Leute ersucht, um die Gänge hinter den Bogen säubern zu lassen. Ich führte diesen Befehl aus: da trat Marat, den ich nicht kannte, an mich heran mit einem viel höhern Befehle: mit einer Pistole in der Hand. Er ersuchte mich um die Vorweisung meines Befehls. Ich sagte zu ihm, daß ich diesen nur dem Präsidenten vorzeigen würde und daß ich ihn (Marat) nicht kännte. Alsdann sagte Marat: ich würde ihn binnen zehn Minuten kennen lernen, und er verhaftete mich."

Marat: „Er hat unverschämt gelogen."

Mittlerweile wird der Minister des Innern vorgefordert. Derselbe erklärt das Gerücht, daß die Volksvertreter in Gefahr wären, für falsch. „Glaubt Ihr denn, daß diese Sanskülotten, welche den Versicherungen, die ich über ihre Gesinnungen gebe, Beifall zollen, diesen Beifall zu erkennen geben würden, wenn sie in ihren Herzen verbrecherische Absichten hegten?"

Der Maire von Paris ergreift seinerseits das Wort und versichert, daß die Stadt ruhig ist, daß die Bewegung erst angefangen hat, als die Zwölfer-Kommission Arrestationen angeordnet hat, daß, wenn die Truppen den Konvent umringen, dieselben von der Zwölfer-Kommission herbeigezogen und aus den Sektionen der Butte-des-Moulins, aus den Zweiundneunzigern und aus der Sektion du Mail (revolutionsfeindlichen Sektionen) genommen worden sind. Die List der Girondisten ist also vereitelt.

Da es schon 10 Uhr Abends ist, versucht die Rechte einen andern Winkelzug und verlangt die Aufhebung der Sitzung; allein die Linke harrt aus, und Herault-de-Sechelles ersetzt den Girondisten Isnard auf dem Präsidenten-Stuhle.

Neue Deputationen erscheinen und verlangen die Freilassung der noch immer verhafteten Revolutionäre.

Der neue Präsident antwortet: „Der Widerstand gegen die Unterdrückung kann ebenso wenig beseitigt werden, als in dem Herzen der Republikaner der Haß gegen die Tyrannen ausgelöscht werden kann. . . . Wenn die Menschenrechte verletzt werden, dann muß es heißen: Genugthuung oder Tod!"

Der Antrag auf Abschaffung der Zwölfer-Kommission und der auf Freilassung der eingekerkerten citoyens werden angenommen.

Den folgenden Tag, den 28. Mai, behauptet jedoch Lanjuinais, ein fanatischer Pfaffe, daß kein Dekret zu Stande gekommen sei, und daß, wenn ein solches dennoch zu Stande gekommen sei, dasselbe zurückgenommen werden müsse, weil es gegen das Reglement verstoße. Hierüber erhebt sich eine heftige Diskussion.

Danton: „Das gestrige Dekret hatte der öffentlichen Entrüstung Genugthuung verschafft. Ihr hattet einen großen Akt der Gerechtigkeit vollzogen. Ich will mich dem Glauben hingeben, daß es vor dem Schluß der gegenwärtigen Sitzung erneuert werden wird. Allein, wenn die Kommission ihre tyrannische Macht behält, welche sie geübt hat und welche sie, wie ich weiß, auf die Mitglieder dieser Versammlung ausdehnen wollte; wenn der Faden der Verschwörung nicht zerrissen wird; wenn die Behörden des Volkes, wenn die guten citoyens immer noch willkürliche Verhaftungen befürchten müssen: alsdann werden wir, nachdem wir unsere Feinde an Klugheit, an Weisheit übertroffen haben, sie auch an Kühnheit und revolutionärer Kraft übertreffen." *)

Die Hoffnung Danton's erfüllte sich nicht. Die Sitzung schloß mit einer Art Kompromiß. Die Kommission wurde wieder hergestellt, aber die auf ihren Befehl verhafteten citoyens wurden in Freiheit gesetzt. Auf beiden Seiten gab es also Einbuße und Gewinn: der Sieg war noch unentschieden.

Am 29. Mai fiel im Konvente nichts Bemerkenswerthes vor. Einige gegen-revolutionäre Petitionen wurden eingereicht. Selbige verlangten die Freilassung von fünfhundert Reaktionären, welche in den Departements durch die Kommissionäre Amar und Merlinot eingesperrt worden waren.

Indeß hatte das Volk von Paris sich die Zeit zu Nutze gemacht. Die Cité-Sektion hatte beschlossen, daß die 47 andern Sektionen aufgefordert werden sollten, je 2 Kommissäre behufs Berathung über das öffentliche Wohl nach dem Erzbisthume zu schicken. 33 Sektionen waren diesem Beschluß beigetreten. Selbige hatten einen Renner-Ausschuß ernannt, über welchen Dobsen, einer der Verhaftetgewesenen, den Vorsitz führte und der einen Aufstandsplan entwarf. Außer Dobsen that sich hierbei der etwas zweideutige Revolutionär Varlet hervor.

Donnerstag, den 30. Mai, denunzirte im Konvente Lanjuinais die Sektionsbeschlüsse als Konspiration. Allein 27 Sektionen erscheinen in Masse. Sie fordern: 1) die Kassation aller von der Zwölfer-Kommission erlassenen Dekrete; 2) ein Anklage-Dekret gegen alle Zwölfer-Kommissions-Mitglieder; 3) die Versiegelung der Papiere derselben. **)

Die Volksvertreter gaben auf diese Forderungen keine Antwort.

Die Sitzung des 31. Mai wird früh 6 Uhr eröffnet, während General-Marsch geschlagen und Sturm geläutet wird. Henriot war durch die aufständische Kommune zum Befehlshaber der bewaffneten Macht von Paris ernannt worden und ließ die Alarm-Kanone abfeuern. Der Kampf der beiden Parteien kam jetzt zur Entscheidung. Der Minister des Innern erscheint in der Versammlung. Er sagt: Die Kommissäre der Sektionen sind es, welche die Bewegung hervorgerufen haben. Die Wiedereinsetzung der Zwölfer-Kommission ist die Ursache davon."

Darauf erscheint an der Spitze einer Deputation der vor den Konvent vorgeladene Maire von Paris und theilt mit: „Die Kommissäre der Sektionen haben uns erklärt, daß sie beauftragt wären, die Muni-

---

*) Moniteur vom 31. Mai 1793.
**) Moniteur vom 1. Juni 1793.

zipalität zu suspendiren. Ihre Vollmachten waren regelrecht. Sie haben uns alsdann die Ehre angethan, uns in unser Amt wieder einzusetzen in Anbetracht, daß wir das Vertrauen des Volks nicht eingebüßt haben."

Indeß gewann in der Pariser Munizipalität diejenige Partei die Oberhand, welche nur eine „moralische Insurrektion" machen, d. h. durch einen moralischen Druck auf den Konvent die Macht der Girondisten brechen wollte. Darum wurde in einer Bekanntmachung der Munizilipalität das Volk zur Ruhe ermahnt.

Nun beginnt wieder in der Versammlung die Verhandlung über die Auflösung der Zwölfer-Kommission. Thuriot verlangt diese Auflösung dringend. Danton unterstützt ihn. Guadet dagegen schlägt vor, daß die Zwölfer-Kommission beauftragt werden soll, diejenigen ausfindig zu machen, welche Sturm geläutet und die Alarm-Kanone abgefeuert haben. Couthon spricht als Mann Robespierre's und der Jakobiner für Auflösung der Kommission. Alsdann schlägt Barère, der sich immer auf die Seite des Siegers stellt und den Besiegten vernichten hilft, im Namen des Komitees der öffentlichen Wohlfahrt ein Dekret vor, dahin lautend, daß die öffentliche Macht von Paris zur Verfügung des Konvents steht und daß die Zwölfer-Kommission aufgelöst wird. Die Deputirten des „Sumpfes", eingedenk der Gefahr, welche ein längeres Zögern mit sich bringen könnte, lassen jetzt feig die Girondisten im Stiche und das Kassations-Dekret bezüglich der Zwölfer-Kommission wird angenommen. Außerdem wird beschlossen, daß die bewaffnete Macht des Departements von Paris bis auf neue Ordre in permanenter Requisition sein, und daß dem Ausschusse des öffentlichen Wohles hinfort das Recht zustehen soll, in Uebereinstimmung mit den bestehenden Behörden die Spur der von den Pariser Petitionären an der Barre des Konvents denunzirten Komplotte zu verfolgen; daß die Akten und Papiere der Zwölfer-Kommission bei dem Ausschusse des öffentlichen Wohles zu deponiren sind und daß eine die Dekrete und Umstände des 31. Mai erklärende Proklamation vermittelst außerordentlicher Kouriere den Departements und den Armeen zugehen soll.

Somit war die moralische Insurrektion fertig. Aber dieselbe war nur eine Halbheit, da zwar die Zwölfer-Kommission beseitigt, aber die Girondisten, welche diese Kommission gebildet hatten, im Konvente geblieben waren. Es handelte sich also darum, die begonnene Sache, ehe das Feuer des Volks erkaltete, zu Ende zu führen. Das war die Ansicht von Pache, von Chaumette, von Hebert, vom Jakobiner-Klub und vom revolutionären Elfer-Ausschuß (dem früheren Neuner-Ausschuß). Es wurde daher seitens der Kommune beschlossen, daß am Abend des 1. Juni, an welchem eine Sitzung des Konvents stattfinden würde, eine energische Petition durch achtzehn Kommissäre, wovon zwölf dem Generalrathe der Kommune und sechs dem revolutionären Ausschusse angehörten, überbracht werden sollte. Weil man aber wußte, daß sich die Pariser schwer von ihrer Abendmahlzeit abhalten ließen, um nach dem Konvent zu ziehen, forderte die Kommune die Sektionen auf, daß sie hinter ihren

Bataillonen Wagen, die mit Lebensmitteln beladen wären, fahren lassen sollten.*) Zugleich mußten die Munizipal-Beamten in allen Stadttheilen die errungenen Dekrete öffentlich verkünden und die Einwohner auffordern, dieselben mit den Waffen zu vertheidigen.

Zwanzigtausend Mann Bewaffnete unter der Führung von Henriot umgaben den Konvent, dessen rechts sitzende Mitglieder fast sämmtlich nicht erschienen waren. Nachdem von Hassenfratz die mit Drohungen gespickte Adresse der Kommune, worin nicht mehr 22, sondern 27 Girondisten als schuldig bezeichnet wurden, verlesen worden war, begann die Diskussion. Selbige dauerte bis kurz nach Mitternacht. Es wurde vom Konvente endlich beschlossen, daß über die Petition der Pariser Behörden binnen drei Tagen Bericht erstattet werden sollte. Früh um 1 Uhr schickte die Kommune die bewaffnete Macht nach Hause. Sie hatte nicht erreicht, was sie wollte. Das Sturmläuten, welches von Marat ausging, dauerte daher die ganze Nacht hindurch fort. Der spanische, in Frankreich naturalisirte Revolutionär Guzman, Marat's intimer Freund, welcher sich schon am 31. Mai beim Sturmläuten ausgezeichnet hatte, wurde in der Folge von den Bewohnern der Faubourgs Don Tocsinos (Herr Stürmer) genannt. Auch Marat zog die Sturmglocke in eigner Person.

Am 2. Juni bei Tagesanbruch trat die ganze Pariser Bevölkerung unter Waffen und zog wieder nach dem Konvente. Unter dem Befehle des wilden Henriot umringten den Konvent gegen 100,000 Bewaffnete, darunter 3000 Kanoniere mit 63 Feuerschlünden. Im Konvente selbst ging es stürmisch her. Lanjuinais donnerte los gegen das aufständische Paris, wunderte sich, daß die revoltirte Kommune noch bestände, und sagte, daß ihre Petition durch den Straßenkoth gezogen worden sei. Der Fleischer Legendre ruft dem Redner wüthend zu: „Geh' herunter oder ich komme Dich todtzuschlagen," worauf Lanjuinais erwidert: „Laß zuvor erst dekretiren, daß ich ein Ochse bin!" Alsdann stürzen Turreau, Chabot, Drouet, Robespierre der Jüngere und Andere auf den Redner los und Legendre setzt ihm die Pistole auf die Brust. Die Girondisten kommen ihrem Freunde zu Hülfe und von beiden Seiten werden Pistolen zum Vorschein gebracht, indem man sich um den Redner reißt. Nachdem dieser Tumult gestillt ist, fährt Lanjuinais in seiner Rede gegen die Kommune fort. Hierauf erscheint eine Deputation der aufständischen Behörden des Departements von Paris**) und ihr Sprecher sagt: „Delegirte des Volks, die Pariser Einwohner haben seit vier Tagen die Waffen nicht niedergelegt. . . . Das Volk ist es müde, sein Glück vertagt zu sehen. . . . Rettet das Volk oder wir erklären Euch, daß es sich selbst retten wird."

---

*) Louis Blanc, Histoire de la Rév. franç., 8. Band, Seite 391.
**) Die departementale Administration von Paris gehörte jetzt ebenfalls der Revolution an. L'Huillier, der Prokurator des Departements, hatte schon am 31. Mai die Verhaftung der Girondisten Brissot, Guadet, Gensonné, Vergniaud Buzot, Barbaroux, Clavière und Roland gefordert.

Der Konvent ließ sich noch nicht einschüchtern. Er beschloß einstimmig die Ueberweisung der Petition an den Wohlfahrtsausschuß. Die Petitionäre verlassen darauf wüthend den Saal und es erschallt der Ruf: „Zu den Waffen!" Der Deputirte Lavasseur schlägt vor, auf die angeschuldigten Girondisten das Gesetz der Verdächtigen anzuwenden und sie verhaftet zu erklären. Aber Niemand ergreift das Wort über diesen Vorschlag. Alle Diskussion hört auf. Nun wurden die Girondisten aufgefordert, ihre Funktionen als Volksvertreter freiwillig zu suspendiren, wozu sich Isnard, Lanthenas und Fauchet bereit erklärten, während die Andern sich dessen weigerten. Die Versammlung war rathlos. Auch war sie gefangen; denn kein Deputirter wurde von der Wache hinausgelassen. Endlich wollte der Konvent auf den Vorschlag des Deputirten Barère erproben, daß er frei war. Wir müssen hierbei bemerken, daß der Konvent seine Sitzungen jetzt im Schlosse der Tuilerien abhielt. Fast die sämmtlichen Deputirten, an ihrer Spitze der Präsident Herault-de-Sechelles, ziehen durch die auf den Hof gehende Thür, bewegen sich im langsamen Zug nach dem Caroussel-Platze zu und langen endlich beim Generalstabe Henriot's an. Vergebens verlangt unter Berufung aufs Gesetz der Präsident, daß sich die bewaffnete Macht zurückziehen soll. Dann fragt er: „Was will denn das Volk? Der Konvent beschäftigt sich doch nur mit dem Glücke desselben?" — Hierauf antwortet Henriot: „Das Volk hat sich nicht erhoben, um Redensarten anzuhören, sondern um Befehle zu ertheilen. Es will, daß man ihm vierunddreißig Schuldige ausliefern soll." — Dann huft Henriot sein Pferd einige Schritte zurück und ruft mit starker Stimme: „Kanoniere, an Eure Stücke!"

Der Konvent mußte umkehren. Erniedrigt ging er an die Wiederaufnahme seiner Verhandlungen in den Sitzungssaal zurück, wo die Liste der zu proskribirenden Deputirten verlesen und diskutirt wurde. Marat, der hierbei wie ein Diktator verfügte, ließ verschiedene Namen streichen, andere hinzufügen. Endlich wurde folgendes Dekret angenommen:

„Der National-Konvent verfügt, daß die nachbenannten Deputirten mit Haus-Arrest belegt werden, indem sie unter der Obhut des französischen Volkes, des National-Konvents und der Biederkeit der citoyens von Paris bleiben. Diese Deputirten sind: Gensonné, Guadet, Brissot, Gorsas, Petion, Vergniaud, Salles, Barbaroux, Chambon, Buzot, Biroteau, Lidon, Rabaud-Saint-Etienne, Lasource, Lanjuinais, Grangeneuve, Lehardy, Lesage, Louvet, Valazé, Kervelegan, Gardien, Boilean, Bertrand, Vigée, Mollevault, Henri Larivière, Gomaire, Bergoeing. Auf gleiche Weise werden mit Haus-Arrest belegt die citoyens Clavière, der Minister der öffentlichen Steuern, und Lebrun, der Minister der auswärtigen Angelegenheiten."

Was die Deputirten Isnard und Fauchet anbelangte, so wurden dieselben, weil sie sich freiwillig von ihren Funktionen suspendiren zu wollen erklärt hatten, nicht mit Zimmer-Arrest belegt, sondern sie durften sich frei in Paris bewegen unter der Bedingung, daß sie die Stadt nicht verlassen sollten.

Marat schildert den vom Vorsitzenden des Konvents veranstalteten Zug etwas anders. Er schreibt nämlich über den Präsidenten im Publiciste de la République:*)

„Er steigt vom Präsidenten-Stuhle herab, fast alle Mitglieder folgen ihm, er stürzt nach der Bronze-Thür, die Wache öffnet sofort den Weg. Anstatt von da zurückzukommen und die Falschheit des Gerüchts zu konstatiren, führt er den Konvent in Prozession in den Höfen und im Garten herum. Ich war mit ohngefähr dreißig Mitgliedern der Bergpartei auf den Sitzen geblieben. Die Tribünen, unwillig, daß die Versammlung nicht zurückkommt, brechen in lautes Murren aus. Ich beruhige sie. Ich eile dem Konvente nach. Ich finde ihn bei der Drehbrücke. Ich mahne ihn zur Rückkehr auf seinen Posten. Er willigt ein und nimmt seine Arbeiten wieder auf. Der Antrag über das Anklage-Dekret wird wieder verhandelt, es geht mit einer großen Mehrheit durch, und das Volk zieht sich friedlich zurück. Ohne Blutvergießen, ohne Beschimpfung, ohne thätliche Beleidigung, ohne Unordnung verlief auf diese Weise inmitten von hunderttausend bewaffneten citoyens, die durch sechs Monate lange Ränke und Attentate gereizt und auf die gräßlichste Art durch ihre feigen Unterdrücker verleumdet worden waren, ein Schreckenstag."

Diese Version klingt allerdings nicht so romantisch, wie die andere, die den Mémoires de Meillan entnommen ist; allein wir haben keinen Grund, in die Wahrhaftigkeit Marat's Zweifel zu setzen.

Uebrigens schickte er an den Konvent einen Brief, worin er mittheilte, daß er sein Mandat auf so lange niederlegte, bis die angeschuldigten und verhafteten Deputirten gerichtet sein würden.

Die gefangenen Girondisten wurden anfangs sehr mild behandelt. Sie durften in Begleitung eines Gendarmen frei in Paris herumgehen und bezogen ihre achtzehn Francs Deputirten-Diäten fort. Erst als sie nicht aufhörten, schriftlich die Montagnards zu beleidigen, und als viele von ihnen aus Paris in die Departements flüchteten, wo sie die Fahne des Aufstands gegen den Konvent und gegen Paris aufpflanzten, wurde ihnen Strenge bezeigt und endlich zu ihrer Aburtheilung geschritten.

---

*) Der „Publizist" war kein neues Blatt Marat's, sondern Marat hatte nur mit Nummer 144 den Titel des Journal de la République umgeändert, als die Girondisten im Konvente den Beschluß durchgesetzt hatten, demzufolge den Deputirten das Herausgeben von Zeitungen verboten war. Uebrigens waren die sämmtlichen Blätter Marat's (der Volksfreund, der Junius und das Journal de la Republique) keine Zeitungen in unserem Sinne, denn sie waren nicht dazu bestimmt, den Lesern neue Nachrichten zu liefern, sondern boten meist ihnen Abhandlungen über revolutionäre Vorfälle und Ideen.

Dritter Abschnitt.
Das Ende der revolutionären Kommune.

Erstes Kapitel.
Der Tod Marat's.
(13. Juli 1793.)

Die Seele der Pariser Aufstände war Marat. Denn hauptsächlich er war es, der die Pläne der Reaktion durchschaute und sie durch Aufreizung des Pariser Volks vereitelte. Er war der Hauptgegner der Girondisten und wurde häufig im Gegensatz zu Roland, dem Führer derselben, genannt, weßhalb Anacharsis Clootz in einer Broschüre, betitelt: Ni Roland, ni Marat (Weder Roland, noch Marat), sagte:

„Nieder mit den Personen und dagegen die Sachen auf die Tagesordnung! Diese Maxime empfehle ich Roland und Marat, zweien Menschen, die sich gegenseitig eine riesige Wichtigkeit beilegen, und es lebe die Weltrepublik!"

Weil Marat wußte, daß es der großen Mehrzahl des arbeitenden Volks an Einsicht und Beständigkeit fehlte, appellirte er fortwährend an die Leidenschaften. Ihm war es vor Allem darum zu thun, daß die arbeitenden Klassen materiellen Gewinn aus der Revolution ziehen sollten. In Betreff der Dauer der Republik gab er sich keiner großen Hoffnung hin; daher rieth er die Ernennung eines Diktators schon im Jahre 1792 an und hatte in dieser Beziehung sein Augenmerk auf Robespierre gerichtet, erkannte aber bald, daß dieser hierzu nicht taugte.

So sehr Marat als Unmensch verschrien ist, besaß er doch viel Gemüth und strenge Wahrheitsliebe. In Nr. 93 des Journal de la république française sagt er ausdrücklich, er habe seiner Mutter, die in ihm die Menschenliebe genährt, die Entwickelung seines Charakters zu verdanken. Er fügt hinzu: „Vielleicht wird man ungläubig den Kopf darüber schütteln, wenn ich sage, daß mich schon als Kind die Ruhmesliebe geplagt hat, eine Leidenschaft, die zwar in den verschiedenen Perioden meines Lebens ihren Gegenstand gewechselt, aber mich keinen Augenblick verlassen hat. Mit fünf Jahren wollte ich gern Schulmeister sein, mit fünfzehn Jahren Professor, mit achtzehn Jahren Schriftsteller, mit zwanzig Jahren schöpferisches Genie, wie ich gegenwärtig nach dem Ruhme geize, mich für das Vaterland zu opfern."

Marat hatte seinen ursprünglich Mara lautenden Namen durch die Hinzusetzung des t französicirt. Seine Familie stammte aus Spanien und war nach Cagliari in Sardinien ausgewandert. Von da war sein Vater, ein Arzt, nach Genf gekommen, hatte sich mit einer Genferin verheirathet, war vom Katholizismus zum Kalvinismus übergetreten und hatte sich dann behufs Ausübung der Arzneikunst zu Boudry, einem Städtchen im Kanton Neuenburg, niedergelassen. Die französischen Geschichtsschreiber, sowie unsere deutschen Konversations-Lexika, geben gewöhnlich als Geburtsort Marat's falsch Baudry an, weil ein Ort dieses Namens in Frankreich liegt. Das Haus, worin Marat geboren ist, hat bis in die neueste Zeit noch gestanden. Marat war vor der französischen Revolution in verschiedenen Ländern Europa's und soll sich häufig mit Ertheilung von Sprachunterricht genährt haben.

Sein Biograph Bougeart theilt folgenden Taufschein mit: „Jean Paul Mara, Sohn von Jean Paul Mara, einem Proselyten aus Cagliari in Sardinien, und von Frau Louise Cabrol aus Genf, ist den 24. Mai 1743 geboren und den 8. Juni genannten Jahres getauft. Bei seiner Taufe war kein männlicher Pathe zugegen, sondern nur Frau Cabrol, die Großmutter des Kindes. Ausgefertigt in übereinstimmender Abschrift durch uns, den Zivilstands-Beamten des Bezirks von Boudry. (Republik und Kanton Neuchâtel.) Boudry, den 14. Dezember 1861."

Eine Zeitlang beschäftigte sich Marat eifrig mit Naturwissenschaften, wie verschiedene von ihm verfaßte Schriften, darunter sein dreibändiges Werk: „Ueber den Menschen", worin er die Hirnhäute (méninges) als Sitz des Denkens bezeichnet, sowie eine Uebersetzung der Optik Newton's und ein Lehrbuch der Physik, bekunden. Der Girondist Barbaroux, sein erbitterter Gegner, hatte in der Physik bei ihm Unterricht genossen. Der Sohn jenes Malers Boilly, der Marat gemalt hat, war, wie Bougeart sich überzeugte, im Besitz folgenden Briefes, welcher, an Marat von dem berühmten Franklin gerichtet, wohl am Besten darthut, daß Marat vor der Revolution kein „Quacksalber" und „Salbenhändler" *) war:

Sir,

I shall endeavour to be with you by ten o'clock in the morning on monday next, having a great desire to see your experiments. I hope nothing will happen to prevent me, and that the weather will be good. With great regard I have the honour to be, Sir, your most obedient humble servant

B. Franklin.

Zu Deutsch: „Mein Herr! Ich denke Sie nächsten Montag früh gegen zehn Uhr zu besuchen, da ich sehr wünsche, Ihre (naturwissenschaftlichen) Experimente zu sehen. Ich hoffe, daß Nichts vorfällt, was mich daran verhindert, und daß gutes Wetter ist.

---

*) Herr Professor Adolf Schmidt, der allen möglichen Klatsch auftischt, hat natürlich auch diese gegen Marat von seinen Feinden ausgestreute Verleumdung nicht vergessen.

Hochachtungsvoll habe ich, mein Herr, die Ehre zu verharren als Ihr gehorsamster, ergebenster Diener B. Franklin."

Marat führte ein äußerst frugales Leben, wie das bei einem so konsequenten Revolutionär für jeden Menschenkenner nicht anders denkbar ist. Als er, um der Verfolgung zu entgehen, sich in Kellern versteckt hielt und in ungesunden Löchern sein Blatt schrieb, hatte er manchmal zu seiner Nahrung Nichts als eine Hand voll Reis. Begreiflicherweise haben die Reaktionäre über ihn ausgesprengt, er habe im Luxus gelebt und sogar acht Gerichte gegessen. Seine Schwester Albertine hat hierauf in der oben erwähnten Broschüre bereits geantwortet, indem sie schreibt:

"O Ihr Zeugen seiner Trübsale, Euch rufe ich an, damit Ihr die Wahrheit sagt! In welchem Zustande saht Ihr Marat? Egoist, der Du das Glück nur nach Deinem Geschmack beurtheilst, Du kannst Dir allerdings nicht einreden, daß dieser Mann sich dazu entschlossen hatte, nur für seine Brüder zu leben!... Sein täglich erscheinendes Blatt verursachte ihm sehr große Ausgaben, denn es deckte nicht die Kosten, und die Herstellung desselben machte jeden Tag Geldopfer nöthig."

Marat besaß einen nicht geringen Scharfsinn und große Kombinations-Kraft. In Nummer 288 seines "Volksfreunds" schreibt er:

"Theure Genossen! Ich gelte für einen Propheten; doch bin ich ein gewöhnlicher Sterblicher wie Ihr. Aber ich kenne die Menschen, welche Ihr nicht beobachten zu wollen scheint. Ich weiß die verschiedenen Kombinationen aller Ressorts der politischen Maschine auswendig, deren Spiel Ihr nicht ergründen zu wollen scheint. Wenn ich dieses oder jenes Rad berühren sehe, merke ich sofort, ob ein Ungeschickter, der nicht weiß, was er thut, oder ein Charlatan, der das Spiel zu verändern beabsichtigt, seine Hand daran legt."

Durch die heftigen Kämpfe mit den Girondisten war Marat nicht aus der Aufregung herausgekommen. Seine schon abgeschwächte Gesundheit war dadurch ganz erschüttert worden und er war seitdem nur zwei- oder dreimal hinlänglich wohl, um nach dem Konvente gehen zu können. Außer der Nervenabspannung, der Folge dieser Kämpfe, litt er an den Flechten, einer garstigen Hautkrankheit, die er sich durch seinen Aufenthalt in den Kellern zugezogen hatte. Er suchte sich seine Leiden dadurch zu lindern, daß er täglich warme Bäder nahm. Während er früher sein Blatt fast ausschließlich allein geschrieben hatte, nahm er jetzt auch viele Korrespondenzen auf.

Folgende Personen bildeten seinen Haushalt: seine Geliebte Simonia Evrard,*) welche für seine Schwester gehalten wurde, ferner Katharine Evrard, die mit einem Drucker des Marat'schen Blattes verheirathete Schwester seiner Geliebten, die Köchin Jeannette Marechal, der bei der Zeitung angestellte citoyen Lorenz Bas und drei Frauen, welche beim Falzen verwendet wurden.

---

*) Louis Blanc nennt sie Katharine Evrard. Er sagt, indem er sie mit ihrer Schwester verwechselt, im neunten Bande seiner Revolutionsgeschichte auf Seite 76: Son unique trésor... était l'amour d'une femme bonne et dévouée, qui avait nom Catherine Evrard.

Sonnabend, den 13. Juli, Mittags ½12 Uhr, hält ein Fiacre vor der Thür des Volksfreundes. Eine junge Dame, die in demselben gekommen ist, erscheint (vielleicht zum zweiten Male an diesem Tage) an der Thür des Vorzimmers und verlangt den citoyen Marat zu sprechen. Sie hat, wie sie sagt, ihm sehr intereſſante Neuigkeiten mitzutheilen. Simonia Evrard antwortet ihr, daß sie sie nicht hereinlassen kann, weil der Zustand des Kranken derartig ist, daß er keinen Besuch empfangen kann.

„Aber, wann muß man denn wiederkommen?" fragt die junge Dame.

Simonia erwidert: „Ich kann Ihnen keine Zeit bestimmen, da ich nicht weiß, wann Marat wieder hergestellt sein wird."

Um 7 Uhr kommt ein Brief an, des Inhalts: „Ich bin von Caen. Ihre Vaterlandsliebe muß es Ihnen wünschenswerth erscheinen lassen, die Komplotte kennen zu lernen, welche man dort schmiedet. Ich erwarte Ihre Antwort. Charlotte Corday."

Die junge Dame, eine Adelige, welche mit den nach Caen geflüchteten Girondisten bekannt geworden war, kommt um 8 Uhr Abends wieder. Dießmal wird sie von der Zeitungsfalzerin Pain, die zugleich Thürhüterin ist, zurückgewiesen. Charlotte von Corday will sich nicht abfertigen lassen. Es entsteht ein Streit, den Marat hört. Der Kranke liegt, mit einem Tuche bedeckt, im Bade. Bei ihm ist seine geliebte Simonia. Marat läßt die Charlotte eintreten. Simonia zieht sich aus Schicklichkeit zurück. Charlotte setzt sich oben an die Badewanne, sodaß Marat, wenn er beim Sprechen sie ansehen will, seinen Kopf wenden muß. Es entspinnt sich folgendes Gespräch:

„Was gibt's in Caen?"

„„Achtzehn Deputirte des Konvents, in Uebereinstimmung mit dem Departement, herrschen dort.""

„Was sind ihre Namen?"

Die Besucherin nennt dieselben. Marat schreibt sich die Namen auf. Dann sagt er:

„Sie werden nicht lange machen, bis sie guillotinirt werden."

Bei diesen Worten springt die junge Dame auf und stößt dem arglos daliegenden Marat ein langes Messer in die Brust. Marat ruft: „Herbei, meine liebe Freundin, herbei!" und sinkt in sich selbst zusammen. Auf diesen Hülferuf laufen Alle herbei. Simonia stürzt nach der Badewanne, indem sie schreit: „Ach, mein Gott, er ist ermordet!" — Charlotte von Corday, die sich verzweifelt wehrt, wird festgenommen, gefesselt und nach einiger Zeit der Polizei überliefert. Ein das gleiche Haus bewohnender Wundarzt konstatirt, daß das Leben Marat's entflohen ist.

Den 15. Juli Abends legt die Kommune an die Hinterlassenschaft Marat's Siegel an. Als dieselben den 23. Juli wieder aufgehoben werden, findet man als ganzen Geldvorrath Marat's einen Assignat von 25 Sols (im nominellen Werthe von 1 Mark oder 10 Silbergroschen). Marat hinterließ Schulden. Sein Vermögen und das seiner Geliebten waren ganz aufgegangen.

Marat wurde mit großer Feierlichkeit im Garten der Cordeliers begraben. Der berühmte Maler David fertigte bis zum 14. November 1793 sein Bild an. Ueber die Abgötterei, die man mit Marat nach seinem Tode trieb, wollen wir schweigen; ebenso über den Schimpf, den ihm reaktionäre Hundsfötter anzuthun suchten.

Die Reaktion hatte Bourdon ermordet, Lepelletier ermordet, Marat ermordet. Kein Wunder, wenn sich die Revolutionäre wild zeigten.

Vom 17. August 1792 bis zum 17. Juli 1793, d. h. bis zur Hinrichtung der Meuchelmörderin Charlotte de Corday — in 11 Monaten — hatte das revolutionäre Tribunal im Ganzen 64 reaktionäre Verschwörer der Guillotine überliefert. Von da an bis zum Sturze Robespierre's, in 11 Monaten 11 Tagen, wurden 2572 Personen guillotinirt. Hierzu kamen wieder von da an (vom 28. Juli) bis zum 7. Dezember 1794 noch 152 Hinrichtungen. Das Revolutions-Tribunal dauerte also auch nach dem Sturze Robespierre's fort; es wurde erst am 31. Mai 1795 abgeschafft.

Der Tod Marat's war schön. Nachdem Marat den Sturz seiner Feinde und den Sieg der Pariser Kommune erlebt, starb er zur rechten Zeit, sodaß er nicht mitansehen mußte, wie sich die Revolutionäre unter einander zerfleischten und dadurch den Hereinbruch der Reaktion herbeiführten. Marat fiel für die Revolution, für die er, wie kein Zweiter, gewirkt hatte. Er starb als Märthyrer. Zugleich befreite ihn das Messer der Charlotte de Corday von dem unheilbaren Siechthum, welches er sich durch seine Aufopferung für die Sache des Volks zugezogen hatte. Kein wirklicher Revolutionär ist von Marat je angegriffen, geschweige dem Tode überliefert worden. Er sah klarer, als die andern Alle, und sagte mit gutem Grund von sich: „Ich bin das Auge des Volks." Darum war es recht und trefflich, wenn die Verkettung der Weltgeschichte ihn nicht im Krankenbett sich langsam abhärmen und abzehren, auch nicht ihn durch die Hand eines verblendeten Revolutionärs, sondern durch die heimtückische Waffe einer schönen giftigen Schlange der Reaktion fallen ließ. *)

---

*) In Nummer 5 des „Journal der Republik" vom 29. September 1792 hatte Marat geschrieben: „Die Vaterlandsfreunde werden wissen, daß die Rotte Guadet-Brissot am 25. dieses Monats ein Komplott gebildet hat, um mich durch das Schwert der Tyrannei oder durch den Dolch der Briganden umkommen zu lassen. Wenn ich unter dem Stoße der Meuchelmörder falle, haben sie den Faden, welcher zum Ausgangspunkte führt.

Zweites Kapitel.

Die Kommune im Frieden mit dem Konvente.

(Vom Juni bis November 1793.)

Die Pariser Kommune war nur ein Revolutions-Instrument; denn die französische Revolution war keine friedliche Kommune-Bewegung, kein föderatives Sichzusammenfügen, sondern das gerade Gegentheil hiervon. Jene großen Arbeiten der Gesetzgebung, welche der Revolution zur Zierde gereichen, wurden und konnten nicht von der vereinzelten Pariser Kommune, sondern sie konnten nur von der den revolutionären Geist repräsentirenden Gesammt-Deputation Frankreichs geleistet werden. Paris diente der Revolution nur zum Ausgangs-, Anlehnungs- und Mittelpunkte; es bot dem revolutionären Konvente den sichern, geeigneten Wohnsitz. Dabei blieb Paris jedoch die erste Stadt des Reiches und hatte als solche öfters die Initiative zur Aufeuerung des übrigen Frankreichs zu ergreifen. Aber die bisherigen Hauptführer der Revolution, ein Mirabeau, ein Brissot, ein Guadet, ein Maximilian Robespierre, ein St. Just, ein Couthon, selbst der schon halb blasirte Danton, waren, gleich dem ermordeten Marat, sämmtlich keine Pariser Kinder.

Die von den flüchtigen Girondisten zu Caen gebildete, sogenannte Zentral-Versammlung des Widerstands gegen die Bedrückung veröffentlichte ein wüthendes lügenhaftes Manifest, worin u. A. bezüglich der Pariser Kommune folgende Stellen vorkamen: „Sie sollen gestraft werden, weil sie überall hin Emissäre einer usurpatorischen Kommune und der beiden verschwörerischen Minister Bouchotte und Garat geschickt haben, um die Lehre des Diebstahls und Mords zu predigen; sie sollen gestraft werden, weil sie im Juni im Hause Pache's die für ihre Opfer bestimmten Dolche gewetzt und am 31. Mai und 2. Juni den Konvent mit hundert Kanonen umgeben haben. ... Unglückliche Pariser, edelmüthige Pariser, wir kommen, um die munizipalen Tyrannen zu stürzen, Eure Fesseln zu brechen, Euch zu umarmen. ... Du aber, Pache, und alle die Deinigen, sowohl Deine Munizipalen, wie Deine revolutionären Frauen, Alle, Alle werdet Ihr uns einstehen mit Euren Köpfen" u. s. w.

Dagegen stellte der Pariser Kommune auf den Antrag Couthon's der Konvent folgendes Zeugniß aus: „Der Konvent erklärt, daß in den Tagen des 31. Mai, des 1., 2. und 3. Juni der revolutionäre Generalrath der Kommune und das Volk von Paris mächtig zur Rettung der Freiheit, Einheit und Untheilbarkeit der Republik beigetragen haben."

Beim Sturze der Girondisten hatten die Pariser Petitionäre verlangt: die Errichtung einer revolutionären, aus Sansculotten gebildeten Zentral-Armee mit einem Tages-Solde von 40 Sous (2 Francs); die Feststellung des Brotpreises in allen Departements auf drei Sous

(1¹/₃ Groschen) fürs Pfund und die Einführung von Fabriken zur Anfertigung von Waffen für die Sansculotten. Diese Forderungen sollten den Proletariern bewilligt werden.

Die Feier des 10. August unter dem Vorsitze Herault-de-Sechelles', des Urhebers der Verfassung von 1793, verlief friedlich und erhebend. Die Kommune spielte dabei keine besonders hervorragende Rolle. Es waren 8000 Abgesandte der Urversammlungen Frankreichs anwesend, welche die mit großer Majorität erfolgte Annahme der vom Konvente beschlossenen Konstitution meldeten, und dieselben wurden laut Konvent-Beschluß vom 12. August beauftragt, ganz Frankreich unter Waffen zu rufen. Die Abgesandten der Urversammlungen sagten zum Konvente: „Es ist nicht mehr die Zeit fürs Berathen, man muß handeln; wir verlangen, daß alle Verdächtigen in Haft gebracht werden." Hierauf antwortete der Präsident: „Möchten doch die von Ihnen geäußerten Worte im ganzen Reiche wie Donner der Rache und Vernichtung wiederhallen!" — Danton aber konstatirte: „Die Deputirten der Urversammlungen haben soeben unter Euch die Initiative des Schreckens ergriffen." — Die Konvent-Mitglieder bezeigten übrigens um diese Zeit Lust, einer neuen National-Versammlung Platz zu machen; allein Robespierre der Aeltere (Maximilian Robespierre) hielt sie davon ab.

Während der Konvent an der Bewältigung der auf allen Seiten drohenden Gefahren arbeitete, regten sich in Paris die Aristokraten wieder, indem sie in den Pariser Theatern, in denen sie durch ihr Geld die Oberhand hatten, Demonstrationen machten. Sowohl der Verfasser eines Stückes, welches „Pamela" hieß, wie auch die Schauspieler, welche dasselbe aufgeführt hatten, wurden verhaftet.

Bald darauf verlangten die Vorstädte wieder Brot. Nachdem am 4. September die Arbeiter aus ihren Werkstätten herausgerufen worden waren, bildeten sich auf den Boulevards, namentlich in der Nähe des „Kriegshauses", Gruppen und die unabläßig anwachsende Menge strömte auf den Greve-Platz. In der Mitte des Platzes wurde eine Tafel aufgestellt und eine Petition abgefaßt, welche von einer Deputation nach dem Stadthause überbracht wurde. Chaumette war mittlerweile nach dem Konvente geeilt, um ihn über die ausgebrochenen Aufläufe zu beruhigen. Als er aufs Stadthaus zurückkommt, verliest er das Dekret, welches bestimmt, daß das Maximum für die Gegenstände erster Nothdurft eingeführt werden soll. Allein die Menge antwortet ihm, mit Versprechungen sei es nicht gethan; sie brauche auf der Stelle Brot. Hierauf sagt Chaumette: auch er sei arm, und er hält eine Rede gegen die Reichen, worin er das Volk auffordert, dasselbe solle die Errichtung einer Revolutions-Armee provoziren, welche den Zweck haben solle, das Land zu durchziehen, um die Ankunft der Lebensmittel zu fördern, die Aushebungen zu sichern, sowie den Egoismus der Reichen zu vereiteln und zu bestrafen. Hebert, der Substitut des Prokurators, setzt hinzu, daß mit dieser revolutionären Armee die Guillotine im Lande umhergehen solle. Chaumette requirirt für die Halle eine Quantität Mehl, welche für den folgenden Tag hinreicht. Hierauf tritt der Generalrath in Berathung und beschließt, daß die alten Administratoren der Nahrungsmittel, unter ihnen der Ex-Minister Garat, provisorisch unter die Ueberwachung von drei Sansculotten, mit einer Indemnität von 5 Francs per Tag für die Ueberwacher, gestellt werden sollen. Nachdem eine Deputation der Jakobiner das hungrige Volk seiner Sympathie versichert hat, verläuft sich dasselbe beruhigt.

Am folgenden Tage erscheint eine vom Maire Pache geführte Deputation der Kommune im Konvente, wo Robespierre gerade den Vorsitz hat. Pache erklärt, daß das Volk befürchtet, Mangel zu leiden, und daß das Uebel durch die Aufkäufer hervorgerufen worden ist. Alsdann hält Chaumette folgende Rede: „Die Tyrannen Europa's beharren bei ihrem scheußlichen Systeme, das französische Volk auszuhungern; sie wollen es zwingen, seine Souveränität mit einem Bissen Brot zu vertauschen.... Das wird es nie thun. Eine Klasse, nicht minder verbrecherisch als der Adel, hat sich der Waaren erster Nothdurft bemächtigt. Ihr habt sie mit Euren Schlägen wohl getroffen, aber nur betäubt. Ihr übergebt den Administrationen die Schlüssel der Speicher und das höllische Buch der Berechnung dieser Ungeheuer; aber, wo ist die robuste Faust, welche zum Verderben der Verräther den Schlüssel umdreht? Berg, sei der Sinai der Franzosen! Kein Quartier mehr für die Verräther! Lasset uns zwischen sie und uns die Barrière der Ewigkeit werfen! Der Tag der Gerechtigkeit und des Zornes ist gekommen!... Es bilde sich die revolutionäre Armee; sie durchziehe die Departements; sie verstärke sich mit allen Männern, welche die eine und untheilbare Republik wollen; ihr folge ein unbestechliches, fürchterliches Tribunal mit dem Instrumente, welches mit einem einzigen Streiche die Komplotte durchhaut! Sie schreibe auf ihre Fahne: Friede den wohlgesinnten Männern, Krieg den Aushungerern, keine Unterdrückung, sondern Gerechtigkeit!"

Demgemäß beschloß der Konvent die Bildung einer aus 6000 Mann (mit 1200 Kanonieren) bestehenden Revolutions-Armee, welche den Zweck haben sollte, die Gegenrevolution im Zaume zu halten und überall, wo es noththäte, die Lebensmittel unter ihren Schutz zu nehmen. Die Todesstrafe sollte an Jedem, der Assignaten kaufte oder verkaufte, vollzogen werden. Das mit dieser Armee gehende Revolutions-Tribunal sollte, um das Aburtheilen zu beschleunigen, in vier Sektionen getheilt sein. Der Konvent stellte die mit der Guillotine ausgerüstete Revolutions-Armee unter den Befehl des Generals Karl Philipp Ronsin. Dieser war der 1752 zu Soissons geborene Sohn eines wohlhabenden Gutsbesitzers, hatte eine gute Erziehung erhalten und sich nicht nur schon zu Anfange der Revolution als Klub-Redner hervorgethan, sondern war auch als der Verfasser mehrerer Lustspiele und Tragödien bekannt.*)

---

*) Ob es vom Konvent weise gehandelt war, einem Dichter die Handhabung der Guillotine zu übertragen, bleibe dahingestellt. Ronsin hat folgende Theaterstücke gedichtet: Der Tod des Herzogs von Braunschweig, 1787; — Das Fest der Freiheit, eine Comédie-Vaudeville, 1790; — Ludwig XII., Tragödie, 1790; — Der Bund der Fanatiker und der Tyrannen, Trauerspiel, 1791; — Aretaphile, Trauerspiel, 1793.

Zugleich beschloß der Konvent, daß die Girondisten Brissot, Gensonné, Clavière und Lebrun sofort dem Revolutions-Tribunal übergeben werden sollten.

Als diese Beschlüsse gefaßt wurden, war das Volk, abgesehen von der Theuerung, durch eine vom Kriegsschauplatze kommende Depesche in Wuth versetzt. Selbige meldete, daß die Oesterreicher Sierck genommen, die Häuser dort in Brand gesteckt, Familienväter erwürgt und Gefangene verstümmelt hätten.

Um desto besser die Reaktionäre ausfindig zu machen, nahm der Konvent das Gesetz zurück, welches verbot, bei Nacht Haussuchungen abzuhalten. Der Generalrath der Kommune wurde beauftragt, die revolutionären Ausschüsse zu reinigen, und den Mitgliedern dieser Ausschüsse wurde ein Taggeld von drei Francs ausgesetzt. Die Zahl der Sitzungen in den Pariser Sektionen wurde auf zwei in der Woche festgestellt und denjenigen Mitgliedern derselben, welche von ihrer Arbeit lebten, für jede Sitzung 40 Sols (2 Francs) ausgeworfen. Sodann wurde bestimmt, daß jeder Ausländer, der nicht ein Gastfreundschafts-Zeugniß von der Munizipalität erhielte, verhaftet werden sollte. Während auf den Vorschlag von Jean Bon Saint André die Prostituirten aus der Republik verbannt wurden, verschloß die Pariser Munizipalität auch den „hübschen Bittstellerinnen" den Zutritt. Am 18. November 1793 erzwang Rose Laccombe, eine der exaltirtesten Pariser Frauen, die im Beinhause der Kirche St. Eustache den „Verein der revolutionären Frauen" gegründet hatte, den Eintritt in die Sitzung des Generalraths der Kommune. Eine Truppe Frauen, aufgeputzt mit rothen Mützen, begleitete sie. Der Prokurator Chaumette, genannt Anaxagoras, hielt nun, über die Zudringlichkeit der emanzipirten Frauen aufgebracht, an diese eine Rede, welche nicht sehr schmeichelhaft klang. Er sagte:*)

„Ich verlange zum Zeichen der Anerkennung die Verzeichnung des soeben gehörten Mißfallens ins Protokoll; dieses Mißfallen ist eine Huldigung für die Sitten, eine Befestigung der Republik. Ei, was! So herabgewürdigte Wesen, welche die Gesetze der Natur überschreiten und ihnen Gewalt anthun wollen, sollen wohl in die der Bewachung der citoyens anvertrauten Orte eindringen und die Wache soll dann wohl ihre Pflicht nicht thun! Citoyens, handelt jetzt sehr vernünftig: der eingefriedigte Raum, wo die Behörden des Volkes berathen, muß jedem die Nation beschimpfenden Individuum untersagt sein! ... Und seit wann ist es denn den Frauen erlaubt, ihr Geschlecht abzuschwören und sich zu Männern zu machen? Seit wann ist es üblich, die Frauen die fromme Pflege ihres Haushalts, die Wiege der Kinder, verlassen und sie auf den öffentlichen Platz, auf die Rednerbühne, an die Schranken des Senats, in die Reihen unserer Heere kommen und daselbst sie die Pflichten erfüllen zu sehen, welche die Natur dem Manne allein zugewiesen hat? Wem sonst hätte also diese gemeinsame Mutter (Natur) die häuslichen Sorgen anvertraut? Etwa uns? Hat sie etwa uns Brüste zum Säugen der Kinder gegeben? Hat sie etwa unsere Muskeln

---

*) Lairtullier, Les femmes célèbres de la Révolution.

geschmeidigt, um uns für das Walten in der Hütte, im Bauernhause, in der Wirthschaft geeignet zu machen? Nein. Sie sagte zum Manne: Sei Mann! Das Laufen, die Jagd, der Feldbau, die politischen Arbeiten, die Mühsale jeder Art sind unser Erbtheil. Zur Frau sagte sie: Sei Frau! Die Besorgung der Kindschaft, die Einzelheiten der Wirthschaft, die sanften Bekümmernisse der Mutterschaft: das sind deine Arbeiten! Allein, die emsigen Beschäftigungen verdienen eine Belohnung: wohlan, du sollst sie haben, du sollst die Gottheit des häuslichen Heiligthums sein; du sollst über deine Umgebung herrschen durch den unbesieglichen Reiz der Schönheit, der Anmuth und der Tugend! O über euch unklugen Frauen, die ihr Männer werden wollt! Ist euch etwa nicht genug zugetheilt? Was braucht ihr mehr? Ihr herrscht über alle unsere Sinne; die Gesetzgeber, die Behörden liegen zu euren Füßen; euer Despotismus ist der einzige, den unsere Kräfte nicht bezwingen können, weil er der Despotismus der Liebe und folglich derjenige der Natur ist. Bleibt im Namen dieser nämlichen Mutter (Natur), was ihr seid, und begnügt euch, anstatt uns um die Gefahren eines stürmischen Lebens zu beneiden, mit der Aufgabe, dieselben uns vergessen zu machen im Busen unserer Familien, wo wir unsere Blicke an unsern Kindern weiden und durch eure Zärtlichkeiten glücklich sind! So sehr wir die Familienmutter verehren, die ihr Glück in der Erziehung und Besorgung der Kinder, im Spinnen der Kleider für ihren Mann und in der Erleichterung seiner Mühsale durch die Erfüllung der häuslichen Pflichten findet: ebenso sehr müssen wir die schamlose Frau verachten und anspeien, welche das männliche Gewand anlegt und ekelhaft ihre von der Natur erhaltenen Reize mit einer Pike und einer rothen Mütze vertauscht. — Ich verlange, daß der Rath keine Frauen=Deputation mehr empfängt, und einen desfallsigen Beschluß faßt, ohne jedoch den Rechten nahe zu treten, welche die citoyennes haben, den Behörden ihre individuellen Bitten und Klagen zuzustellen."

Peter Kaspar Chaumette, welcher den emanzipirten Frauen in dieser Rede entgegentrat, war in der Pariser Kommune als Prokurator seit dem September 1792 eine so wichtige Persönlichkeit, daß wir einige kurze Notizen über sein Leben zu liefern für passend erachten. Er war am 24. Mai 1763 zu Nevers geboren und stammte von armen Eltern her. Er war zuerst Matrose und Rudersteurer. Dann wurde er Kopist und Schreiber eines Advokaten zu Paris. Hierauf rückte er empor zur Mitarbeiterschaft am Journal Prud'homme's und zeichnete sich aus unter den revolutionären Rednern, welche im Garten des Palais Royal auftraten. Mit den entschiedensten Patrioten befreundet, nahm er Theil an der revolutionären Kommune, welche sich am 9. August Nachts im Stadthause installirte. Nachdem er im September 1792 zum Prokurator dieser Kommune gewählt worden war, trug er mächtig zum Sturze der Girondisten bei. Hierauf trieb er die Revolution vorwärts, indem er das Christenthum angriff und die Pfaffen zum Ableugnen des christlichen Glaubens bewog. Er brachte unter den Revolutionären die Mode auf, Holzpantoffeln zu tragen, damit die vorhandenen Stiefeln ausschließlich für das Heer, welches an Schuhwerk Mangel litt, verwendet werden könnten. Mit Anacharsis Clootz kam er in engere Verbindung, als dieser ihm die freudige Mittheilung machte, daß der Pariser Erzbischof Gobel bereit war, öffentlich im Konvente zu erklären, daß er bisher Irrlehren gepredigt hätte und das Christenthum ablegen wollte. Clootz sagte: „Der Gott der nationalen Feste muß das Volk sein; denn es gibt keinen andern." Hiermit stimmte Chaumette überein und er stellte sich an die Spitze einer Schaar Priester, welche an die Barre des Konvents kamen, um, wie sie sagten, ihre bisherigen Irrthümer zu verleugnen. Chaumette veranstaltete Prozessionen, durch welche die christliche Religion verspottet wurde, und er ließ in den Kirchen die Heiligenbilder zerstören. Die Kirchen wurden für Volksversammlungen und Volksfeste benutzt und man feierte in ihnen die Herrschaft der Vernunft. Es kam nicht selten vor, daß man in den Kirchen schmauste und tanzte. Hiermit harmonirte die Abschaffung des christlichen und die Einführung eines republikanischen Kalenders unterm 25. Oktober 1793*) durch den Konvent. Dieser republikanische Kalender, ausgearbeitet durch die Konvents-Deputirten Romme und Fabre d'Eglantine (Ersterer war Ingenieur, Letzterer war Schauspiel-Dichter), fing die neue Zeitrechnung mit dem 22. September 1792, dem Tage der Verkündigung der Republik, an, theilte das Jahr in zwölf gleiche Monate zu 30 Tagen, sowie den Monat in drei Dekaden, und fügte am Ende des Jahres fünf Sansculottiden-Feiertage hinzu, wovon der erste dem Genie, der zweite der Arbeit, der dritte den Handlungen, der vierte den Belohnungen und der fünfte der Meinung gewidmet war. Indeß hatte der neue Kalender den nicht geringen Fehler, daß seine auf die Witterung basirte Monatseintheilung nur für Frankreich paßte und somit national begränzt war. Auch hätte jedenfalls die Tag- und Nachtgleiche des Frühlings, welche für Europa das Wiedererwachen der Natur anzeigt, besser zur Eröffnung des Jahres sich geeignet, als das Aequinoctium des Herbstes, wo die Tage kürzer werden und der Winter hereinbricht.

Bei der Feier der Vernunftfeste, in denen sich die Leichtlebigkeit des Pariser Volks abspiegelte, betheiligte sich in hervorragender Weise der aus einer spanischen Familie stammende berühmte Drucker Anton Franz Momoro, welcher uns verschiedene Schriften, z. B. über die Buchdruckerkunst, über die religiösen Kulte, über die Kriegsereignisse in der Vendee, hinterlassen hat. Selbiger besaß eine sehr schöne Frau und ließ dieselbe neben einer Schauspielerin, welche die Göttin der Freiheit vorstellte, als schöne Repräsentantin der Vernunft in der Kirche St. Sulpice figuriren; sie war mit weißer Draperie bekleidet, ein blauer

---

*) Der neue Kalender wurde dem Konvente von Romme gleich bei seinem Zusammentritt vorgelegt. Er wurde durch Fabre d'Eglantine verbessert und am 24. Oktober 1793 in der verbesserten Form vom Konvente angenommen, worauf der folgende Tag nun als der 4. Frimaire des Jahres II der französischen Republik bezeichnet wurde. Fabre hatte sich eglantine genannt, weil er einmal auf einer Blumenausstellung, für welche er die besten Hundsrosen geliefert hatte, mit dem Preise gekrönt worden war. — Bis 1564 fing in Frankreich das Jahr zu Ostern (1. April) an; daher die Sitte, Jemanden in den April zu schicken.

Mantel hing über ihre Schultern, ihre flatternden Haare waren mit der rothen Freiheitsmütze bedeckt und sie saß auf einem antiken Sessel, der mit Ephen umrankt war und von vier citoyens getragen wurde.*) Es versteht sich von selbst, daß die schönen Frauen, welche die Vernunft, die Philosophie, die Wahrheit und die Freiheit vorstellten, nur als Symbole und als „lebende Bilder" dienten, nicht aber, wie hin und wieder behauptet worden ist, als Göttinnen angebetet wurden.

Die atheistischen Feste fanden in Frankreich großen Anklang, die Konvents-Mitglieder betheiligten sich häufig an ihnen und sie wurden auch in den Provinzialstädten nachgeahmt. Aber an ihnen nahmen die Schüler Rousseau's, wenn sie auch nicht sofort feindlich dagegen aufzutreten wagten, nicht geringen Anstoß. Zu den Gläubigen gehörte Maximilian Robespierre, St. Just und Couthon. Dieselben sahen mit Entsetzen, daß ihnen die Atheisten über den Kopf wuchsen und schrien in ihrer Beschränktheit über Entsittlichung des Volks. Robespierre hatte in dieser Hinsicht sehr verwirrte Ansichten und schwärmte für ein höchstes Wesen, an das er als den Ausfluß der Tugend und alles Guten steif und fest zu glauben schien. Robespierre, der Mann der gewaltigen Hand, machte Chaumette und Hebert durch seine Tugend-Predigten und Ausfälle vorsichtig und bewirkte, daß dieselben einhielten. Am 21. November 1793 predigte Robespierre im Klub der Jakobiner:

„Der Atheismus ist aristokratisch. Die Vorstellung von einem großen Wesen, welches über die unterdrückte Unschuld wacht und das triumphirende Verbrechen bestraft, ist ganz volksthümlich. Ich bin seit dem Gymnasium ein ziemlich schlechter Katholik; ich bin weder jemals ein kalter Freund, noch ein untreuer Vertheidiger der Menschheit gewesen. **Wenn Gott nicht existirte, müßte man ihn erfinden.** Ich spreche auf einer Tribüne, wo der unverschämte Guadet mir ein Verbrechen daraus zu machen wagte, daß ich das Wort **Vorsehung** gebraucht hatte."

Auch der lüderliche Danton sprach sich gegen den Atheismus aus. Nachdem derselbe im Februar 1793 seine Frau durch den Tod verloren hatte, hatte er bald nachher eine gewisse Louise Gely, ein frommes Mädchen von sechzehn Jahren, welches eine Monarchistin war, geheirathet, und zwar hatte er, um diesen Schatz zu erlangen, sich nicht geschämt, bei einem unbeeidigten Priester in die Beichte zu gehen und vor ihm das Knie zu beugen. Kein Wunder, wenn Danton, der unter dem Pantoffel einer schönen frommen Gans stand, sich über die Atheisten ärgerte!

Die Atheisten wurden nach Hebert, der sie in seinem sehr verbreiteten Blatte Père Duchêne vertrat, Hebertisten genannt. Die Sprache dieses Blattes war affektirt roh und cynisch. Im Sommer 1790 fällte Marat in seinem „Volksfreund" (Nummer 287) über den Père Duchêne folgendes Urtheil:

---

*) Thiers, Histoire de la Révolution française, 4. Band, S. 417—422. — Prud'homme, Galerie historique des contemporains, Mois 1827.

„Dem Père Duchêne fehlt es nicht an Verstande, obwohl sein mehr als aufgeweckter Ton den Sapeur der Journalisten ankündigt. Er ist zwar am Tage der Schlacht kein Spartiat, aber deßhalb ist er noch lange kein Hasenfuß. Man sagt, daß er den Volksfreund gerade nicht sehr gut behandelt, was ein kleines Unglück ist; indeß wofern er mit Sorgfalt auf das Wohl des Vaterlandes bedacht ist, wünscht ihm der Volksfreund nichtsdestoweniger alles Gute."

Wenn sich Hebert in seinem Blatte mit Vorliebe einer sehr rohen Sprache bediente, ist damit doch nicht der Vorwurf gerechtfertigt, daß die Hebertisten das Volk entsittlichen und entnerven wollten. Chaumette war ohnehin von einem andern Schlage als Hebert. Die oben angeführte, von Chaumette gegen die emanzipirten Frauen im Stadthause gehaltene Rede widerlegt jenen gehässigen Vorwurf aufs Glänzendste.

Jakob Renctus Hebert war 1755 zu Alençon geboren und stammte von armen Eltern ab, weßhalb er nur einen ganz gewöhnlichen Schulunterricht genossen hatte. Er kam frühzeitig nach Paris und wurde hier im Varietés-Theater als Kontroleur der Kontremarken angestellt, verlor aber diese Stelle wegen Unredlichkeit. Er wurde nun von einem Arzte in Dienst genommen und dieser jagte ihn aus gleichem Grunde fort. Hierauf lebte er in großem Elende, bis ihm der Ausbruch der Revolution eine neue Laufbahn eröffnete. Er schrieb jetzt mehrere revolutionäre Pamphlets, welche seinen Namen bekannt machten. Die Broschüre: Les Vitres cassées par le véritable Père Duchesne, deputé aux états généraux (Paris 1789), erlebte vier Auflagen.*) Er besuchte die Klubs, wo seine Beredtsamkeit, verbunden mit seiner angenehmen Gestalt, ihm Erfolg verschaffte. Da ein von dem Postbeamten Lemaire herausgegebenes konstitutionell-monarchistisches Journal, welches den Titel Père Duchêne führte, den Demokraten großen Abbruch that, wurde von diesen beschlossen, unter dem nämlichen Titel ein demokratisches Gegenblatt zu veröffentlichen. Bei diesem neuen Blatte wurde Hebert der Redakteur. Der demokraten-feindliche Geschichtschreiber Thiers bezeichnet dieses Journal als „ein noch schmutzigeres als das Marat'sche" und sagt, daß es sich durch „seine scheußliche und ekelhafte Sprache dem Verständnisse des niedrigsten Pöbels angepaßt habe."**) Indeß sprach sich Hebert in seinem Blatte im Februar 1793 gegen das Maximum und gegen die Plünderung der Kaufmannsläden aus und tadelte am 10. März 1793 die von den Reaktionären angestifteten Unruhen. Als er am 28. März aus dem Gefängnisse, in welches ihn nebst seinen beiden Mitarbeitern Marino und Michel die girondistische Zwölfer-Kommission hatte abführen lassen, wieder in die Kommune kam, schmückte man ihn mit einem Kranze; allein er setzte denselben bescheiden der Büste Rousseau's aufs Haupt, indem er bemerkte,

---

*) Sonst schrieb er noch: L'Ami des Soldats und des Lettrés b......... patriotiques. — Vie privée de l'abbé Maury, ou sermons prêchés dans l'assemblée des enragés, zehn Nummern in Oktav. — Nouvelle lanterne magique 1792, 8°. — Dix-huit lettres b......... patriotiques du Père Duchesne, 8°, acht Stück. — Lettres b......... patriotiques de la Mère Duchesne, 8°.

**) Thiers, Histoire de la révolution française, 4. Band, S. 27.

daß man nur die Todten bekränzen sollte. Nach dem Sturze der
Gironde sprach er sich gegen alle blutigen Maßregeln aus und machte
den Vorschlag, daß Jeder, der Blut vergießen wollte, für einen schlechten
citoyen erklärt werden sollte. Ebenso wandte er sich in heftiger Sprache
gegen die Plünderer und betonte die Heiligkeit des Eigenthums. Aber
er machte sich den Schülern Rousseau's als Atheist verhaßt: weßhalb
der Sicherheitsausschuß das Hebert'sche Journal im Oktober 1793 zu
unterdrücken suchte. Das Verbot des Blattes mußte jedoch wieder auf=
gehoben werden, weil der mächtige Jakobiner=Klub zu Gunsten Hebert's
einschritt.

Die Kommune bildete nach dem Sturze der Girondisten zwar
noch den Mittelpunkt der Pariser Sektionen; allein die Hauptmacht der
Revolution stand nicht mehr bei ihr, sondern bei dem Ausschusse der
öffentlichen Wohlfahrt und beim Ausschusse der allgemeinen Sicherheit.
In dem Wohlfahrts=Ausschusse saßen neun Personen. Von diesen hießen
Robespierre, Couthon und St. Just die Leute der gewaltigen Hand,
während die Mitglieder Billot=Varenne, Collot=d'Herbois und Barère
die revolutionären Leute, und Prieur, Carnot und Lindet die Leute des
Prüfens hießen. Unter den zwölf Mitgliedern des Ausschusses der
öffentlichen Sicherheit gab es sehr rohe Gesellen, die sich über die
Schlächtereien und Einkerkerungen lustig machten. So nannte Jagot
das Gefängniß einen Rock von behauenen Steinen; Vadier bezeichnete
die Guillotine als Guckfenster und verstand unter dem Ausdrucke „in
den Sack niesen" das Köpfen, während sich Vouland der Ausdrücke be=
diente: „Kopf abrasirt," „Kopf weggstibitzt," „wir wollen zur rothen
Messe gehen!"

Die revolutionären Ausschüsse, eingeführt am 21. März 1793,
entzogen der Kommune einen großen Theil ihrer Macht. Sie standen
unter dem Sicherheits=Ausschusse und ihre Zahl belief sich in ganz
Frankreich auf 21,500. Am 17. September wurden sie mit dem Rechte
ausgestattet, verdächtige Personen verhaften zu lassen. Das Gesetz der
Verdächtigen rührte von Cambacérès und Merlin (de Donai) her. Als
verdächtig galten alle vormaligen Adeligen, welche nicht eine fortwährende
Anhänglichkeit an die Revolution bewiesen hatten, sowie die vom Kon=
vente oder von seinen Kommissären abgesetzten und nicht wieder ein=
gesetzten Beamten. Ferner galt jeder Parteigänger des Föderalismus
und der Tyrannei als verdächtig. Endlich sollte als verdächtig Jeder
angesehen werden, der die Erfüllung seiner Staatsbürgerpflichten nicht
nachweisen konnte. Nachdem am 25. September durch Briez und Gou=
pilleau ein vorsichtiger Versuch gemacht worden war, den Wohlfahrts=
Ausschuß zu beseitigen, beabsichtigte im Dezember die Kommune die revolu=
tionären Ausschüsse unter ihre Leitung zu bringen. Selbige wurden durch
das Volk in den Sektionen gewählt. Chaumette machte mit Fug und
Recht geltend, daß der örtlichen Willkür Zügel angelegt werden müßten
und daß Paris sich nicht ohne Nachtheil in Sektionen zersplitterte. Er
verlangte, daß die revolutionären Ausschüsse sich in allen Sachen, welche
die Polizei und Sicherheit anbeträfen, mit dem Rathe des Stadthauses
verständigen sollten. Indem Chaumette die Kommune vor der Ohnmacht,

der sie anheimfiel, durch den vorgeschlagenen Schritt bewahren wollte, war er vorsichtig genug, seinen Antrag durch den am Schlusse seiner Rede angebrachten Ausruf zu verschleiern: „Wir wollen uns um den Konvent schaaren!" Allein die Leute des Wohlfahrts-Ausschusses durchschauten seine Absicht und waren darauf bedacht, die in ihren Händen befindliche Macht zu behalten. Als Chaumette am 14. Frimaire (den 4. Dezember) alle Mitglieder der revolutionären Ausschüsse, um seinen Plan auszuführen, ins Stadthaus berief, lobte im Konvente Villaud-Varenne höhnisch sein Zartgefühl und bewirkte, daß der Konvent jeder bestehenden Behörde die Zusammenberufung der revolutionären Ausschüsse unter Androhung einer Strafe von zehn Jahren Eisen verbot. Dieses Dekret des Konvents wurde sofort nach dem Stadthause gebracht, worauf Chaumette, um sich nicht straffällig zu machen, die versammelten Mitglieder der revolutionären Ausschüsse ersuchte, ohne Weiteres auseinanderzugehen. Hiermit war die Ohnmacht der Kommune besiegelt.

Drittes Kapitel.

Marie Antoinette, Elisabeth, die 21 Girondisten, Bailly, Petion und Manuel.

(Zweite Hälfte des Jahres 1793.)

Nach dem Tode Ludwig's XVI. war die königliche Familie, bestehend aus der Witwe, der Schwester und den beiden Kindern des hingerichteten Königs, im Tempel geblieben und daselbst seitens der Kommune anfangs sehr mild behandelt worden; allein mehrere Komplotte, welche die Befreiung der Gefangenen bezweckten, hatten hierauf eine größere Strenge nöthig gemacht. In dem einen Komplott war die Hauptperson ein exaltirter Royalist, Namens Lepitre, und der General Jarjayes, dessen Frau sich mit der Königin hatte einschließen lassen. Lepitre hatte Republikanismus erheuchelt und war von der Kommune als Beamter im Tempel angestellt worden. Zufolge dem von ihm entworfenen Plane sollten die Königin und ihre Schwägerin als Munizipal-Beamte verkleidet und die beiden königlichen Kinder als Kinder des im Tempel angestellten Lampister flüchten. Nachdem dieser Fluchtplan durch einen gewissen Tison verrathen und vereitelt worden war, schmiedeten der Kommissär Michonis und ein intriganter Baron, welcher Batz hieß, ein neues Projekt. Aber auch dieses scheiterte, da ein Gendarm einen Zettel fand, worauf geschrieben stand: „Michonis will Euch heute Nacht verrathen. Aufgepaßt!"

Eine Proklamation des Generals Dumouriez hatte Ludwig XVII. für den Souverän Frankreichs erklärt, und der achtjährige Bursche wurde von seiner Familie ganz wie ein König behandelt. Als nun der

11

General Arthur Dillon eines Komplottes angeklagt wurde, welches die Entführung des jungen Prinzen zum Zwecke haben sollte, befahl der Wohlfahrts-Ausschuß dem Pariser Maire, den Sohn von der Mutter zu trennen. Die Trennung wurde vollzogen am 11. Juli 1793. Sie ist in den Akten des Tempelraths folgendermaßen verzeichnet:

„Die Trennung ist geschehen mit aller Sensibilität, die man unter diesen Umständen erwarten konnte, wo die Magistrate des Volks alle Rücksichten, die mit dem Ernst ihrer Amtspflichten verträglich waren, haben walten lassen."

Natürlich war in Folge dieser Trennung Marie Antoinette sehr niedergeschlagen. Ihrem Sohne wurde, damit er sich keine Krongedanken, keine Hirngespinste in den Kopf setzen sollte, ein ehrsamer Handwerker, ein Schuhmacher, welcher Simon hieß, zum Erzieher gegeben. Dieser war ein guter Republikaner und siedelte mit seiner Frau in den Tempel über. Er spielte mit dem kleinen Prinzen Dame, lehrte ihn die Carmagnole singen und: „Es leben die Sansculotten!" rufen.

Den 2. August wurde die Königin aus dem Tempel ausquartiert und in das Conciergerie-Gefängniß übergeführt. Sie war jetzt achtunddreißig Jahre alt. Am 14. Oktober 1793 hatte sie vor dem RevolutionsTribunale zu erscheinen. Sechs Tage vorher war ihre Tochter durch Chaumette, Hebert und Pache vernommen worden. Auch der junge Schuster wurde durch Hebert vernommen und unterzeichnete eine Erklärung, wonach seine Mutter ihn zur Ausschweifung verführt haben sollte. Indeß machte das Revolutions-Tribunal von dieser Erklärung, wegen deren sich Robespierre über Hebert sehr erbittert äußerte, keinen Gebrauch.*) Mit der Königin wurden konfrontirt der gefangene Ex-Maire Bailly, der gefangene Ex-Prokurator Manuel, der Ex-Minister Tour und der gefangene Girondist Valazé, von denen nur die beiden Letztgenannten durch ihre Aussagen die Königin kompromittirten.

Als Geschworene fungirten in dem Prozesse der Königin: ein Perrückenmacher, zwei Schneider, zwei Tischler, ein Schlosser, ein Zimmermann, ein gewesener Gerichtsdiener, ein Chirurg, ein Maler und ein gewisser Picard, dessen Profession nicht genannt ist.

Den Geschworenen wurden folgende Fragen gestellt: „Ist es erwiesen, daß Umtriebe gemacht worden sind, um den äußeren Feinden der Republik Unterstützung in Geld zu liefern, ihnen den Eintritt ins Gebiet des Landes zu öffnen und hier den Fortschritt ihrer Waffen zu erleichtern? — Ist Marie Antoinette von Oesterreich überführt, bei diesen Umtrieben mitgewirkt zu haben? — Ist ein Komplott, welches die Entzündung des Bürgerkriegs zum Zwecke hatte, erwiesen? — Hat Marie Antoinette an diesem Komplotte theilgenommen?"

Die öffentliche Verhandlung dauerte vom 14. bis zum 16. Oktober früh ½5 Uhr. Da die Geschworenen die Königin für schuldig erklärten,

---

*) Beaulieu berichtet in der Biographie Hebert's, daß Robespierre gesagt habe: „Diesem Bösewichte (Hebert) war es also nicht genug, aus ihr (aus der Königin) eine Messaline zu machen, nein, er mußte auch noch eine Agrippine aus ihr machen!" — Man hat übrigens Robespierre nachgesagt, daß er Madame Elisabeth, die Schwester des Königs, habe heirathen wollen.

wurde sie zum Tode verurtheilt. Am Tage der Hinrichtung wurde früh 5 Uhr Rappel in allen Sektionen geschlagen, um 7 Uhr war die öffentliche Macht auf den Beinen, und um 11 Uhr erschien der Büttel, um die Königin abzuholen. Marie Antoinette wurde nicht in einer Kutsche, sondern in einem gewöhnlichen Hinrichtungskärrchen auf den Richtplatz gefahren. Hinter ihr her ging der Scharfrichter Samson. Derselbe hatte ihr um die Arme eine dicke Schnur gewunden, deren beiden Enden er hielt, indem er die Arme Antoinettens nach hinten zog.

Was Madame Elisabeth anbetrifft, so wurde dieselbe erst am 21. Floreal des Jahres II (den 10. Mai 1794) hingerichtet. Robespierre versicherte den Pariser Buchhändler Maret, daß er sie habe retten wollen, daß aber Collot-d'Herbois ihren Tod durchgesetzt habe.*) Sie ging in einem Schub (fournée) von fünfzig Verurtheilten zur Guillotine.

Das Revolutions-Tribunal bestand aus 16 Richtern und 60 Geschworenen. Dieselben erhielten 18 Francs Taggelder. Der Präsident des Tribunals war ein Jurist, Namens Hermann, ein Mann von Kenntnissen; der Vizepräsident hieß Dumas. Die bekanntesten unter den Richtern hießen Coffinhal, Dobsen, Maire, Sellier, Foucault, Harny. Der öffentliche Ankläger hieß Fouquier-Tinville. Wenn ein Angeklagter freigesprochen wurde, erhielt selbiger eine Entschädigung.

Freisprechungen in diesen politischen Prozessen, in denen es die Feinde unschädlich zu machen galt, kamen häufiger vor, als man glauben könnte, obschon die politische Ueberzeugung der Geschworenen von derjenigen der Angeklagten meist sehr verschieden war. Durchschnittlich wurde der dritte Theil der Angeklagten freigesprochen.

Den 24. Oktober wurden die gefangen gehaltenen Girondisten vorgeführt. Es waren folgende 21: Brissot, Vergniaud, Gensonné, Duperret, Carra, Gardien, Valazé, Jean Duprat, Sillery, Fauchet, Ducos, Lasource, Duchatel, Fonfrede, Beauvais, Boileau, Vigée, Mainvielle, Lehardy, Antiboul, Lacaze. Sie wurden nicht sowohl wegen ihrer politischen Meinungen, als wegen ihrer Betheiligung an den Versuchen des Bürgerkriegs, zu denen diese Meinungen geführt hatten, gerichtet. Nachdem die Verhandlung fünf Tage gedauert hatte, wurde den Geschworenen durch den öffentlichen Ankläger ein neues Gesetz des Konvents, betreffend die Beschleunigung der politischen Aburtheilungen, verlesen. Auf den Antrag des grausamen Robespierre hatte der Konvent beschlossen, daß die Geschworenen allemal nach dreitägiger Verhandlung gefragt werden sollen, ob sie hinreichend aufgeklärt wären, und daß, wenn sie diese Frage bejahten, die Verhandlung geschlossen werden sollte.**) Erst am 30. Oktober Abends um 6 Uhr jedoch erklärte Antonelle, der Vormann der Geschworenen, daß die Debatten geschlossen werden könnten. Das Verdikt der Jury lautete auf Schuldig und war einstimmig. Als

---

*) Beaulieu, Essais historiques sur la Révolution de France, 6. Band, Anmerkung auf Seite 10.

**) Louis Blanc, der Partei für Maximilian Robespierre nimmt, sucht diesen rein zu waschen und schiebt auch in diesem Falle die Schuld auf Andere, nämlich auf Chaumette. Hebert und die Deputationen der volksthümlichen Vereine.

das Todesurtheil um Mitternacht verkündet wurde, suchten sich die Verurtheilten dadurch zu retten, daß sie dem anwesenden Volke Assignaten zuwarfen und es um Hülfe anriefen. Das Volk stampfte aber die Assignaten verächtlich mit den Füßen. Balazs erdolchte sich im Gerichtssaale, worauf das Gericht entschied, daß sein Leichnam mit den lebendigen Mitverurtheilten zusammen nach dem Richtplatze gefahren werden sollte. Diese Fahrt geschah am folgenden Tage auf fünf Karren. Die Verurtheilten umarmten sich am Fuße der Guillotine und starben mit einem Freiheitsgesange, dessen Refrain lautete: „Lieber den Tod, als die Knechtschaft!"

Am 10. November wurde der Ex-Maire Bailly hingerichtet. Nachdem derselbe seine Stelle als Maire niedergelegt hatte, hatte er zu Nantes im Hause Villenaire's zurückgezogen gelebt und hier die Einführung der Republik, sowie die Hinrichtung des Königs erfahren, worauf er um seiner Sicherheit willen sich bei seinem Freunde Laplace in Melun verborgen halten wollte. Allein eine Abtheilung der Revolutions-Armee kam ihm zuvor, verhaftete ihn und brachte ihn nach Paris, wo er aus dem Gefängnisse nur einmal herausgeführt wurde, um im Prozesse der Königin Zeugniß abzulegen. Begreiflicherweise wurde er, weil er im Verein mit Lafayette den 17. Juli 1791 auf dem Marsfelde das Volk hatte niedermetzeln lassen, zum Tode verurtheilt. Ehe er hingerichtet wurde, verbrannte man vor seinen Augen die rothe Fahne, die er bei der Niedermetzelung des Volkes entfaltet hatte. Man ließ ihn eine lange Todesangst ausstehen, und er zitterte; doch kam, wie er sagte, dieses Zittern nur von der Kälte und dem herabströmenden Regen.

Was den am 2. Juni 1793 verhafteten Ex-Maire Petion anbetrifft, so war dieser mit anderen Girondisten aus Paris nach Caen entkommen, wo er die Fahne des Aufstandes der Departments gegen Paris aufpflanzen half. Allein die Föderalisten vermochten dem zentralistisch zu Werke gehenden Konvente nicht zu widerstehen. Im Juli 1793 bewirkte die Niederlage von Vernon, daß sich die flüchtigen Girondisten nach der Bretagne zogen, von wo sie sich in den Süden Frankreichs zerstreuten. Nebst Buzot und Barbaroux kam Petion bis vor die Thore von Bordeaux. Da aber diese Stadt sich schon dem Konvente unterworfen hatte, wagten sich die Flüchtlinge nicht hinein, sondern verbargen sich bei Freunden Guadet's zu St. Emilion. Als sie sich hier entdeckt glaubten, verließen sie am 17. Juni 1794 ihr Versteck wieder, und nach einiger Zeit, im Juli 1794, wurden auf einem Getreidefelde bei St. Emilion die halb von Wölfen verzehrten Leichname Buzot's und Petion's gefunden. Man weiß nicht, ob Buzot und Petion sich selbst getödtet haben, oder ob sie verhungert und dann von den wilden Thieren gefressen worden sind, oder ob die Wölfe sie umgebracht haben.

Am Ende des Jahres 1793 wurde auch der Ex-Prokurator Manuel zum Tode verurtheilt. Seine Hauptverbrechen bestanden darin, daß er die Flucht des Fürsten de Poix erleichtert, sich der Einkerkerung der königlichen Familie in den Tempel widersetzt, beim Hören des gegen

Ludwig XVI. ergangenen Todesurtheils laut geschluchzt und an den September-Massacres theilgenommen hatte. Manuel starb feig.

Wir müssen noch bemerken, daß die Kommune, gleich den Pariser revolutionären Klubs, hin und wieder sich von unreinen Elementen zu reinigen suchte. Bei solchen Reinigungen hatte Jeder nachzuweisen, auf welche Art er zu seinem Vermögen gelangt sei. So wurde den 14. September 1793 der von uns bei der Schilderung der Ereignisse vom 10. August 1792 schon erwähnte Sulpiz Huguenin im Generalrath der Kommune wegen Erpressung angeklagt. Wie Prudhomme angibt, hatte Huguenin zwölf Wagen voll Möbel, Gemälde und kostbare Effekten aus den fürstlichen Schlössern Belgiens nach seiner Wohnung im Faubourg St. Antoine bringen lassen. Die Anklage gegen ihn schien somit begründet zu sein. Er berief sich jedoch auf seine der Revolution geleisteten mannichfachen Dienste und entging dadurch der Verurtheilung. Seitdem bekleidete er kein öffentliches Amt mehr und starb 1803 in der Vergessenheit.

Der Eigenthumsfeind Jacques Roux wurde den 9. September 1793 aus der Kommune wegen angeblicher Betrügerei ausgestoßen. Den 15. Januar 1794 kam er vor die korrektionelle Polizei, die ihn dem Revolutions-Tribunale überwies. Aus Verzweiflung brachte er sich im Bicêtre-Gefängnisse fünf Messerstiche bei, an deren Folgen er den 20. Januar 1794 starb.

Jourdan den Kopfabschneider, der im Süden Frankreichs beim Verkauf der National-Güter großartige Schwindeleien und Unterschleife verübt haben soll, ließ Robespierre hinrichten, nachdem der Volksverein von Avignon unterm 28. Floreal des Jahres II (17. Mai 1794) in einer Petition den Konvent bringend um die Bestrafung desselben ersucht hatte. Den Namen „Kopfabschneider" (coupe-tête) hatte Jourdan daher, daß er in der Nacht vom 5. zum 6. Oktober 1789, als das Pariser Volk den König von Versailles holte, im Versailler Schlosse den beiden Leibgardisten Deshuttes und Varicourt die Köpfe abgeschnitten hatte. Jetzt wurde sein eigner Kopf abgeschnitten.

Viertes Kapitel.

Robespierre bricht die Macht der Pariser Kommune.

(Dezember 1793 bis März 1794.)

Maximilian Marie Isidor von Robespierre, geboren den 6. Mai 1758 zu Arras, hat gleich anderen Männern der Revolution die Ehre gehabt, daß er von den Geschichtsschreibern der Reaktion für den Schrecken, den er den Bevorrechteten Europa's eingeflößt hat, reichlich

mit Schmähungen bedacht worden ist. Nach seinem Sturze erlitt er
das gewöhnliche Schicksal der Besiegten, indem alles mögliche Böse auf
das Haupt des Todten gehäuft wurde. Madame Staël schreibt ihm
gründliche Adern, aber doch schon im Anfange der Revolution, wo sie ihn
bei ihrem Vater traf, demokratische Gesinnung zu. Man hat ihm nicht
nur Undankbarkeit gegen die Wohlthäter seiner Jugend, die Geistlichen,
die ihm eine Freistelle im Collège Louis le Grand zu Paris verschafft
hatten, schuldgegeben, sondern sogar behauptet, er habe sogar seine
Schwester Charlotte, mit der er doch im Gegentheil im besten Ein=
vernehmen stand, guillotiniren lassen wollen.*) Wenn selbst seine Feinde
nicht leugnen konnten, daß er sich jeder Ausschweifung enthielt, so hat
man doch einestheils ausgestreut, er habe die Orgien der vornehmen
Prostituirten St. Amaranthe besucht, sich daselbst im Wein berauscht und
dann seine Pläne ausgeplaudert, und anderntheils hat man behauptet,
er habe nur deßhalb so große Enthaltsamkeit geübt, weil in seiner
Familie die Schwindsucht erblich gewesen sei. Robespierre war und
blieb arm; er beutete die Revolution nicht zu seinem pekuniären Vor=
theile aus. Als er 1789 in die Reichsstände gewählt war, mußte er,
um die Reise nach Paris unternehmen zu können, zehn Louisd'or und
einen Koffer borgen; seine Effekten bestanden in 6 Taschentüchern,
6 Kragen und 6 Hemden, wovon die meisten noch gut waren. Bei
seinem Tode war er nicht viel besser ausgestattet. Er trug nie eine
rothe Mütze, kleidete sich nie wie ein Sansculotte, sondern behielt die
aristokratische Kleidung, wie selbige vor der Revolution gebräuchlich ge=
wesen war. Obschon er klein und unansehnlich, eher häßlich als hübsch
war, schwärmten für ihn dennoch die Frauen. Trotz seiner Armuth war
er der Bestechung unzugänglich.

Aber er war äußerst eitel und ehrsüchtig. Daher hob er immer
in seinen Reden seine Verdienste hervor und stellte sich als den einzigen
Retter Frankreichs, den von den Dolchen der Revolutionsfeinde bedrohten
Tugendhelden hin. Schon in der Konstituirenden Versammlung, in
welcher er gegen zweihundert Reden hielt, that er sich hervor und zwar
erregte er die allgemeine Aufmerksamkeit gleich in der ersten Zeit, als
es sich um die Vereinigung der drei Stände und die Abstimmung nach
Köpfen handelte. Selbst sein Feind Stephan Dumont gibt ihm das
Zeugniß, daß er schon damals Demokrat war. Indeß war Robespierre
in der ersten Zeit der Revolution nicht ganz mit sich im Reinen. Daher
sprach er sich bei den langen Verhandlungen über den Code pénal nach=
drucksvoll für die Abschaffung der Todesstrafe aus, während er später

---

*) Die gehässige Verleumdung ist aus einer Verwechselung mit seinem
Bruder Augustin (Robespierre dem Jüngern) entsprungen. Letzterer, der als
Prokonsul des Konvents bei der Belagerung von Toulon war, hatte daselbst mit
seiner Schwester Charlotte einen heftigen Auftritt. Charlotte hatte sich nämlich
dort eingefunden und spielte, indem sie hoch zu Roß erschien und vierspännig
fuhr, die große Dame, worauf ihr durch Augustin dieses unrepublikanische Be=
tragen ernst untersagt wurde. Augustin Bon Joseph von Robespierre, ebenfalls
Advokat, war sieben Jahre jünger als sein Bruder. Er war, wie dieser, im
Collège Louis le Grand erzogen.

den Schrecken als das Mittel der Tugend befürwortete. Ebenso hielt er in der Konstituante eine Rede für die Einführung des allgemeinen Stimmrechts, wogegen er später im Konvente die Herrschaft der Minoritäten, die Diktatur der revolutionären Regierung, pries. Auch gab er 1791 ein Journal: Le Défenseur de la Constitution („Der Vertheidiger der Konstitution") heraus: was ebenso wenig mit der Demokratie harmonirte, wie sein Amt als Staatsanwalt. Wenn Louis Blanc sagt, er habe als Staatsanwalt nicht eigentlich fungirt, da die neuen kriminellen Tribunale erst im Februar 1792 ins Leben getreten seien, so ist hiergegen einzuwenden, daß Robespierre seine Stelle erst im April 1792 niederlegte und also doch wenigstens zwei Monate wirklich als konstitutioneller Staatsanwalt thätig sein mußte. Zweifelhaft benahm er sich auch nach der Flucht des Königs; denn er sagte am 13. Juli 1791 auf der Rednerbühne im Klub der Jakobiner, daß er weder Monarchist, noch Republikaner sei.

Als die Girondisten, nachdem die Gesetzgebende Versammlung zusammengetreten war, die Regierung zum Kriege trieben, um die Situation zu klären und das verrätherische Königthum zum Falle zu bringen, trat Robespierre im Jakobiner-Klub so hartnäckig und heftig gegen die Kriegs-Politik auf, daß der Girondist Brissot, der einst mit ihm zusammen beim Pariser Prokurator Nolleau Clerc gewesen war, in seinem Journal „Patriot" den 18. April 1792 schrieb: „Die Meinungen des Publikums sind über Herrn von Robespierre getheilt. Die Einen halten ihn für verrückt, die Andern schreiben sein Benehmen verletzter Eitelkeit zu, eine dritte Partei glaubt ihn durch die Zivilliste vorgeschoben. Wir glauben niemals an eine Bestechung, so lange sie nicht erwiesen ist."

Die Volksblätter nahmen damals Robespierre in Schutz. Namentlich traten Hebert und Marat für ihn ein. Da Marat ihn nicht persönlich kannte, stattete er ihm einen Besuch ab und schrieb dann in seinem „Volksfreund": „Diese Zusammenkunft bestätigte mich in der Meinung, die ich immer über ihn gehabt habe, nämlich: daß er mit der Bildung eines weisen Senators die Unbestechlichkeit eines wirklich redlichen Mannes und den Eifer eines wahren Patrioten verbindet, aber daß ihm die Einsicht und Kühnheit des Staatsmannes fehlt."

Schon auf dem Collège war Robespierre von seinen Professoren der „Römer" genannt worden. Sein Kopf war mit Beispielen aus der Zeit der griechischen und römischen Republik vollgestopft und jene alten Republiken schwebten ihm, indem er von den ganz verschiedenartigen sozialen Verhältnissen absah, wie den übrigen reinen Republikanern als Muster vor. Cato und Cicero galten ihm als Autoritäten. Aber eine noch größere Autorität bildete für ihn Jean Jacques Rousseau, dessen „Gesellschafts-Vertrag" und „Emil" im Zimmer des Wohlfahrts-Ausschusses fortwährend auf dem Tische lagen. Nebenbei verehrte er auch Montesquieu sehr hoch, der als die charakteristische Eigenschaft der Republik die Tugend bezeichnet hatte. War Robespierre doch selber ein Tugendheld, nämlich ein Mann der Enthaltsamkeit, ein abgesagter Feind des Luxus, immer mit demselben blauen Rocke, mit derselben gelben

Weste bekleidet. Er sah nicht ein, daß die Tugend der reinen Republik in der Luft schwebt, daß das Volk, wenn es nicht durch das Elend den Strafgefängnissen anheimfallen soll, Etwas mehr als abstrakte Tugend braucht, und daß die Sittlichkeit eine nachhaltige materielle Grundlage erfordert. Er erkannte nicht, daß die massenhafte Eigenthumsveränderung, durch welche die Verschiebung der materiellen Stützpunkte eines Staats bewirkt wird, die Ursache von den Revolutionen der unter andern Bedingungen aufgewachsenen Gemeinwesen ist, und daß die neuen revolutionären Ideen unmerklich und unbewußt aus der Eigenthumsverschiebung hervorgegangen sind. Darum wollte er das Volk mit der Tugend abspeisen. Zur Befestigung dieser Tugend brauchte er den Schrecken. Er sagte also:

„Wenn die Triebkraft der volksthümlichen Regierung im Frieden die Tugend ist, so ist die Triebkraft der Volksregierung in der Revolution die Tugend und der Schrecken: die Tugend, ohne welche der Schrecken unheilvoll ist; der Schrecken, ohne welchen die Tugend ohnmächtig ist. Der Schrecken ist weiter Nichts, als die rasche, strenge, unbeugsame Gerechtigkeit."

Begreiflicherweise mußte, wenn der „darbenden Tugend" nicht materiell nachhaltig nachgeholfen wurde, „im Frieden" der religiöse Glaube ihre Stütze werden. Robespierre hielt es nun mit Rousseau, der in seinem „Gesellschaftsvertrage" (IV. Buch, 8. Kapitel) vorgeschrieben hatte:

„Es gibt ein rein staatsbürgerliches Glaubensbekenntniß, dessen Artikel festzustellen dem Souverän zukommt, und zwar sind diese Artikel nicht gerade als religiöse Glaubenssätze, sondern als das gesellschaftliche Leben fördernde Gesinnungen anzusehen. . . . Die Glaubenssätze der staatsbürgerlichen Religion sollen einfach, in kleiner Anzahl, kurz und bündig, ohne Erklärung und ohne Auslegung sein. Das Vorhandensein der mächtigen, einsichtigen, gütigen, vorhersehenden und fürsorgenden Gottheit, das zukünftige Leben, das Glück der Gerechten, die Bestrafung der Bösen, die Heiligkeit des gesellschaftlichen Vertrags und der Gesetze: das sind die positiven Glaubenssätze."

Wenn nun Robespierre mit dem Gedanken schwanger ging, die von Rousseau vorgeschriebene Staatsbürger=Religion einzuführen und von Staatswegen den Glauben an ein höchstes Wesen, sowie an die Unsterblichkeit der Seele dekretiren zu lassen, so mußten ihm die Hebertisten, weil sie die menschliche Vernunft als die einzige Vernunft hinstellten und alles Uebernatürliche, Gespenstische und Außerweltliche verspotteten, um so mehr zum Greuel gereichen, als sie zugleich seiner Eitelkeit den Weg verlegten, sich als weisen Gesetzgeber und frommen Hohenpriester der französischen Nation aufzuspielen und aufzublähen.

Die Atheisten waren die vorwärts treibende Kraft der Revolution; ihre Hauptrepräsentanten Pache, Chaumette und Hebert waren um so gefährlicher, als dieselben an der Spitze der revolutionären Pariser Kommune standen. Die Noth des Volks konnte sie leicht auf Neuerungsgedanken bringen; denn die schweren revolutionären Schläge erfolgten bisher immer, wenn das Pariser Volk zu murren anfing und unruhig wurde.

Der Winter von 1793 bis 1794 war außerordentlich streng. Die Stadtbrunnen froren ein, und da in Paris das Trinkwasser gekauft werden muß,*) verlangten die Wasserträger, welche das Wasser weit zu holen hatten, für den Gang 15—20 Sous. Weil wegen des Eises auf der Seine keine Holzkohlen zum Heizen der Zimmer mehr ankamen, mußte sich das Volk Holz aus den Wäldern von Vincennes, Boulogne, Meudon, St. Cloud und Verrières herbeischleppen, wenn es nicht erfrieren wollte. Das Brot war so selten, daß sich vor den Bäckerläden schon vor Tagesanbruch die Frauen in dichten Reihen hinter einander aufstellten. Es war Mangel an Butter und Eiern, an Hülsenfrüchten und Reis. Da aus der verwüsteten Vendée keine Ochsen mehr nach Paris gebracht wurden, sah sich die Kommune zu einer Bekanntmachung veranlaßt, wonach auf jeden Mund ein Pfund Fleisch alle zehn Tage festgesetzt wurde. Auch gerieth man auf den Gedanken, an die Staatsbürgertugend des leeren Magens sich zu wenden und ein republikanisches Fasten anzuordnen. Es zirkulirten allerlei Gerüchte über die Ursachen dieser Noth. Die Reaktionäre verbreiteten Pamphlets, welche alle Schuld dem Konvente aufbürdeten, während die Revolutionäre die Hungersnoth den Aristokraten schuldgaben. Die Hauptursachen der Theuerung lagen jedoch in den inneren Unruhen und dem äußern Krieg, in der durch den Verkauf der Nationalgüter herbeigeführten Spekulation und Schwindelei und in der unablässig zunehmenden Masse Assignaten. Was dieses revolutionäre Papiergeld anbetrifft, so wurden, um es gänzlich zu entwerthen, von der englischen Regierung Millionen desselben gefälscht und von der Schweiz aus in Frankreich verbreitet. Zur Beseitigung der Theuerung schlug Dubois-Crancé in einer Broschüre die Errichtung von obrigkeitlichen Verkaufs-Magazinen, wo das Volk zu den Erzeugungskosten, mit einem geringen Aufschlag für Magazinirung und Ueberwachung, sollte Nahrungsmittel kaufen können, für alle Ortschaften der Republik vor, und in einer andern Broschüre suchte der Hebertist Momoro den Beweis zu liefern, daß das Maximum durchführbar sei. Die Schrift Dubois-Crancé's führte den bestechenden Titel: „Das Brot um 2 Sous in der ganzen Republik." Zugleich fertigte eine durch Dekret vom 11. Brumaire (1. November) eingesetzte „Kommission der Substanzen und des Proviants der Republik" statistische Tabellen an, worauf Folgendes stand: 1) der Preis, den jede Waare am Orte ihrer Produktion im Jahre 1790 gegolten hatte; 2) der Preiszuschlag für jede Stunde des Transportes vom Erzeugungs- zum Konsumtions-Platze; 3) der Gewinn der Großhändler, zu 5 Prozent berechnet; 4) der Gewinn der Kleinhändler, zu 10 Prozent berechnet. Somit beschäftigte man sich ernstlich mit der Lösung der Preisfrage, eines sehr wichtigen

---

*) Für das Volk gibt es jetzt in den verschiedenen Stadttheilen Wasserleitungen, die täglich eine Stunde fließen und unentgeltlich Wasser liefern, sonst aber abgeschlossen sind. Die Hauseigenthümer, welche in ihren Häusern einen Brunnen, resp. eine Wasserleitung haben, erlauben nicht, daß Jedermann bei ihnen Wasser holt. Ein Eimer Wasser kostet jetzt bei den Wasserträgern gewöhnlich 2 Sous = 10 Pfennige. Die öffentlichen Brunnen für die Wasserträger waren damals häufiger als jetzt. Siehe Paris Guide, Paris 1867, 2. Band, S. 1626—31.

Theiles der großen sozialen Fragen. Seit dem September 1793 war Camille Baboeuf, der zu St. Quentin geborene Sohn eines Salzsteuer-Beamten, eines alten Unteroffiziers, nach Paris gekommen, nachdem ihn das Tribunal von Amiens wegen vorgeblicher Fälschung ungerecht zu zwanzig Jahren Eisen verurtheilt hatte.*) Er wurde in der Lebensmittel-Kommission der Pariser Kommune angestellt und denunzirte in dieser Stellung eine Konspiration, welche ihm zufolge bezweckte, die Stadt Paris auszuhungern.

Die Hebertisten wurden von Robespierre und Danton auf gleiche Weise gefürchtet, denn jeder von ihnen beiden spekulirte darauf, der Herrscher Frankreichs zu werden. Obschon der tugenhafte Robespierre den lüderlichen Danton, von dem er wußte, daß derselbe nicht nur unter dem Königthume Geld vom Hofe empfangen, sondern auch nach dem Sturze des Königs als Justizminister und als nach Belgien zusammen mit Lacroix gesandter Kommissär bedeutende Geldsummen dem Staate unterschlagen hatte,**) zur Strafe ziehen zu helfen verpflichtet gewesen wäre, vertheidigte er am 3. Dezember ihn im Jakobiner-Klub dennoch aus Haß gegen die Hebertisten und verhinderte die Ausstoßung desselben. Ebenso vertheidigte er in dem nämlichen Klub die Dantonisten Camille Desmoulins und Philippeaux. Er ging also mit Danton Hand in Hand, um mit ihm vereint die Hebertisten, die weitestgehenden Revolutionäre, zum Falle zu bringen.

Indem Danton und Robespierre ihre persönlichen Zwecke verfolgten und jeder nach der Tyrannis strebte, mußten sie der Weiterentwickelung der Revolution ein Ziel zu setzen suchen. Zunächst handelte es sich darum, den General Ronsin, welcher zu Paris die Revolutions-Armee befehligte, abzuthun. Es wurde daher am 17. Dezember 1793 im Konvente ein Dekret durchgesetzt, welches die Verhaftung Vincent's, des General-Sekretärs des Krieges, anordnete. Selbiger wurde beschuldigt, ein schreckliches Plakat Ronsin's angefertigt zu haben. Was Ronsin selbst anbetraf, so erhob man gegen ihn die vage Anschuldigung, daß er sich wie der Herr von Paris benähme. Daher wurde auch die Verhaftung Ronsin's beschlossen; ebenso diejenige Maillard's.

Der Dantonist Camille Desmoulins gab den 5. Dezember ein alle halben Dekaden erscheinendes Blatt heraus, betitelt: Le Vieux Cordelier („Der alte Cordelier"), worin den Hebertisten der Krieg gemacht und der Revolution zum Rückzuge geblasen wurde. Die beiden ersten Nummern erhielt Robespierre, ehe sie im Druck erschienen, zur Korrektur

---

*) Die Verurtheilung wurde später durch ein Dekret des Konvents kassirt und die Prozedur gegen Baboeuf vor das Tribunal zu Laon verwiesen, welches am 18. Juli 1794 ihn freisprach. Die ihm schuldgegebene Fälschung sollte beim Zuerkennen eines Nationalguts von ihm verübt worden sein.
**) Die Beweise gegen Danton sind geliefert in den Memoiren von Bertrand de Moleville, in der Histoire parlementaire Band 32, in einer unter den Papieren Lafayette's aufgefundenen desfallsigen Notiz, in den Memoiren von Brissot, in den Memoiren von Garat, in der Korrespondenz Mirabeau's mit dem Grafen von Lamarck, sowie in einem von Robespierre herrührenden, im Jahre 1841 gedruckten Manustripte.

und er billigte dieselben. In der dritten Nummer (vom 15. Dezember) griff Camille ganz offen die Revolutions-Regierung zur großen Freude der Reaktionäre an. Als am 20. Dezember an der Barre des Konvents reaktionäre Frauen erschienen und um ihre verhafteten Verwandten jammerten, ließ Robespierre durch den Konvent die Einsetzung eines sogenannten „Ausschusses der Gerechtigkeit" beschließen, welcher vom Wohlfahrts= und Sicherheits-Ausschusse eingesetzt und diesen beiden Aus= schüssen das Resultat seiner Nachforschungen unterbreiten sollte. Das war ein versteckter Angriff Robespierre's gegen seine Kollegen in den Ausschüssen, ein Mißtrauens=Votum gegen dieselben. Camille Des= moulins schlug nun seinerseits im „Alten Cordelier" im Interesse der Reaktion einen „Ausschuß der Milde" vor und zog ganz offen gegen die Revolution zu Felde.

Hierdurch aber erlangten die Hebertisten wieder Stärke; denn alle aufrichtigen Revolutionäre mußten sich sagen, daß die Dantonisten für eine Reaktion arbeiteten. Mittlerweile war der energische Revolutionär Collot d'Herbois von Lyon zurückgekehrt und bildete im Wohlfahrts= Ausschusse gegen Robespierre ein Gegengewicht. Robespierre fand es daher für gerathen, die Dantonisten im Stiche zu lassen, da ja sein mit ihnen abgeschlossenes Bündniß ohnehin nicht aufrichtig gemeint war und folglich von keiner Dauer sein konnte. Den 7. Januar 1794 brach also Robespierre mit Desmoulins im Klub der Jakobiner und schlug die Verbrennung des Journals „Vieux Cordelier" vor, indem er zu= gleich Camille dadurch beleidigte, daß er ihn großväterlich behandelte. Dieser antwortete nicht nur, daß „Verbrennen keine Widerlegung" sei, sondern er rächte sich auch an Robespierre, indem er in Nummer 7, die zwar nicht gedruckt wurde, aber als Manuskript zirkulirte, Robespierre lächerlich machte.

Ronsin und Vincent waren ganz unschuldig eingekerkert worden. Den Antrag auf ihre Verhaftung hatte Fabre d'Eglantine, der seitdem selbst verhaftet und wegen Fälschung unter entehrende Anklage gestellt war, im Konvente eingebracht. Gegen Ronsin lagen allerdings Denun= ziationen seitens des Dantonisten Philippeaux vor, allein Niemand schenkte denselben Glauben. Weil gegen die Verhafteten kein Beweis erbracht werden konnte, drängte am 28. Januar Leonhard Bourdon den Klub der Jakobiner, zu Gunsten derselben zu interveniren. Allein der tugendhafte Robespierre sprach sich gegen eine solche Intervention aus und beredete die Jakobiner, sich nicht einzumischen, indem er heuchlerisch vor= wandte, man müsse, da keine stichhaltigen Beweise vorlägen, es der öffent= lichen Behörde überlassen, die Unschuld Ronsin's und Vincent's darzuthun. Als sich jetzt die Hebertisten mit einer Petition an den Konvent wandten, wurde diese Petition dem Sicherheits-Ausschusse überwiesen, der einen für die Gefangenen günstigen Bericht erstattete. Den 2. Februar 1794 schlug demgemäß Voulland vor, die Verhafteten in Freiheit zu setzen, da der Sicherheits-Ausschuß keine Belastungs-Dokumente besitze. Gegen die Freilassung erhoben die Dantonisten heftige Opposition, während Danton selber, um als schlauer Fuchs die übeln Folgen der gescheiterten Intrigue von sich abzulenken, sich für die Freilassung aussprach. Endlich kamen die Verhafteten wieder auf freien Fuß und wurden von ihren Freunden mit Musik aus dem Gefängnisse abgeholt.

Robespierre ging nun seinen eignen Tugendweg, um zur Herrschaft zu gelangen. Damit die Blöße, die er sich durch seinen Bund mit den Dantonisten gegeben hatte, bemäntelt und verwischt würde, sagte er, man müsse keinen Moderantismus betreiben, aber Mäßigung (Moderation) üben. Die inneren Feinde des französischen Volks seien in zwei Rottungen getheilt: die eine derselben treibe zur Schwäche, die andere zum Exzesse, die eine wolle die Freiheit in eine Bakchantin, die andere wolle sie in eine Prostituirte verwandeln. Die Tugend sei die Seele der Demokratie. „Milde für die Royalisten, rufen gewisse Leute, Gnade für die Bösewichter. ... Nein, Gnade für die Unschuld, Gnade für die Schwachen, Gnade für die Unglücklichen, Gnade für die Menschheit!"

Das hieß mit andern Worten: Ich allein habe über das in der Republik einzuhaltende Verfahren zu entscheiden, und wer nicht mit mir geht, der gehört zu einer der beiden Rottungen — zu den inneren Feinden, die im Namen der Tugend geköpft werden sollen.

Eine ziemlich große Anzahl Hebertisten staken noch in den Gefängnissen und blieben in denselben. Da die Partei nun von ihren Gefangenen Listen anfertigte, wurde ausgesprengt, daß ein neuer 2. September vorbereitet würde. Natürlich waren die Hebertisten wegen der gegen sie erhobenen Verfolgungen erbittert, stichelten gegen Robespierre, verschleierten im Klub der neuen Cordeliers, wo sie dominirten, das dort aufgehängte Verzeichniß der Menschenrechte und machten sich einstweilen darauf gefaßt, daß sie würden zum Aufstande schreiten müssen. So sagte u. A. Hebert in dem genannten Klub: „Die Menschen, welche man am Meisten fürchten muß, sind nicht die Diebe; nein, es sind die Ehrgeizigen, die Ehrgeizigen! Es sind solche Menschen, welche Andere vorschieben und sich hinter dem Vorhange halten, Menschen, die herrschen wollen. Aber die Cordeliers werden es nicht dulden." — Hebert nannte Robespierre nicht mit Namen, allein er bezeichnete ihn hinlänglich, sodaß Jedermann wußte, wen er meinte. Er schloß seine Rede mit den Worten: „Die Insurrektion! Jawohl, die Insurrektion!"

Aus der Erklärung, die Herrschaft Robespierre's nicht dulden und nöthigenfalls zur Insurrektion schreiten zu wollen, wurde den Hebertisten ein todeswürdiges Verbrechen gemacht. Obwohl sie keinen bestimmten Aufstandsplan entworfen hatten, wurde ihnen gleichwohl ein Komplott angedichtet, und der von Robespierre beeinflußte Wohlfahrts-Ausschuß sandte Barère auf die Rednerbühne des Konvents, um zu fordern, daß man gegen die Verschwörer Untersuchung einleiten solle. Der Antrag Barère's, unterstützt vom Dantonisten Tallien, wurde angenommen. Umsonst suchte Collot-d'Herbois die Hebertisten zu retten. Den 23. Ventôse (13. März) hielt Robespierre's Handlanger und Freund St. Just gegen sie im Konvente eine wüthende Rede, und während der Nacht wurden die Führer der Hebert'schen Partei, nämlich Hebert, Ronsin, Vincent, Momoro, Ducroquet und Laumur, verhaftet. Zu den schon Genannten kamen noch hinzu: Bourgeois, Mazuel, der Banquier

Kock, Leclerc, Desfieux, die Frau des Generals Quetineau, Proly, Pereyra, Dubuisson und endlich auch der „persönliche Feind Gottes", der deutsche Weltrepublikaner Anacharsis Cloot, den Robespierre schon als einen Adeligen und Reichen hatte aus dem Klub der Jakobiner ausstoßen lassen.

Die gleißnerische Posse des gegen sie aufgespielten Prozesses dauerte drei Tage. Den 4. Germinal (den 24. März) wurden sie hingerichtet. Der herbeigelaufene reaktionäre Pöbel verhöhnte Hebert auf dem Schaffot. Besonders muthig starben Ronsin und Cloot. Den 27. März wurde auch die Revolutions-Armee aufgelöst.

Louis Blanc, der Robespierre gewöhnlich rein zu waschen sucht, sagt im 10. Bande, Seite 274:

„Daß sich unter den Hebertisten eine Revolution anzettelte, oder doch wenigstens, daß sie dieselben dazu bereit hielten, ist gewiß. Aber was war ihr definitives Ziel? Aus den Beweisstücken und Debatten ihres Prozesses geht hervor, daß die revolutionäre Armee unmerklich in Paris konzentrirt werden sollte; daß man in den Gefängnissen Listen mit Auserwählten und Listen mit Proskribirten angefertigt hatte; daß man in einem gegebenen Momente daselbst falsche Patrouillen einführen, die im Voraus markirten Opfer erwürgen und die Verschworenen auf Paris werfen wollte; daß ein Chef eingesetzt werden sollte unter dem Namen Oberrichter, und daß dieser Chef, mit einer absoluten Diktatur bekleidet, das jüngste Gericht zu verkünden aufgerufen werden sollte. Ronsin würde — und wäre es auch nur auf einen Tag gewesen — der Cromwell dieser Bewegung geworden sein. Der Oberrichter, wie man sich zuflüsterte, war Pache, **ohne daß bewiesen ist, daß er zum Komplott gehört hat**."

Jeder Mensch, der noch seine gesunden fünf Sinne hat, kann einsehen, was es mit einer sogenannten Verschwörung, deren oberster Chef nicht zum Komplott gehört, auf sich hat! Die Hebertisten wurden gemordet, weil sie Atheisten waren und den beiden Prätendenten Danton und Robespierre im Wege standen.

Pache wurde nicht mit abgeschlachtet, aber als Maire abgesetzt und als Verdächtiger verhaftet. Chaumette wurde erst einige Tage nach seinen Freunden arretirt und den 13. April 1794 hingerichtet. Ihm wurde unter Anderm vorgeworfen, er habe das Pariser Volk aushungern wollen, eine Beschuldigung, auf die zu antworten er mit Recht unter seiner Würde hielt.

Indem Robespierre die seinem Herrschaftsplane entgegenstehenden atheistischen Republikaner abschlachtete, wollte er sich zugleich für die Zeit seines Staatsstreichs die Pariser Kommune dienstbar machen. Zu diesem Behufe wurde sie ganz umgestaltet und mit Werkzeugen Robespierre's besetzt. Auf diese Weise eröffnete Robespierre die Reaktion, die ihn freilich nicht auf den Thron erhob, sondern seine eigne Hinrichtung herbeiführte.

Fünftes Kapitel.

Der Staatsstreich Robespierre's und der Untergang der Kommune.

(Vom März bis Juli 1794.)

Robespierre herrschte im mächtigen Klub der Jakobiner: er wollte auch in der Kommune herrschen. Daher brachte er vermittelst seines Einflusses an die Stelle Pache's und Chaumette's seine beiden Kreaturen Fleuriot-Lescot und Payan.

Jean Baptist Eduard Fleuriot-Lescot war ein 1761 zu Brüssel geborener Belgier, der bei den Reformen des Kaisers Joseph II. an den Unruhen Brabants theilgenommen hatte und in Folge hiervon nach Paris geflüchtet war, wo er als Architekt lebte, sich hin und wieder auch mit Skulptur beschäftigte und seit 1788 in allen Volksbewegungen auftrat. Wie ein Zeitgenosse von ihm sagt, zeichnete er sich noch mehr durch die Wucht seines Armes, als durch die Kraft seiner Beweisführung aus. Nachdem er Kommissär bei den öffentlichen Arbeiten geworden war, ließ er sich unter die Jakobiner aufnehmen und verband sich eng mit Robespierre, der ihn zum Substituten Fouquier-Tinville's, des öffentlichen Anklägers beim Revolutions-Tribunale, ernennen ließ. Der Sturz der Hebertisten führte zu einer sogenannten Reinigung der Kommune, verbunden mit der Wahl Fleuriot-Lescot's zum Maire von Paris.

Payan war wie Robespierre ein geborener Adeliger. Er hieß mit seinem vollständigen Namen Claudius Franz von Payan und hatte den 4. Mai 1766 in der Dauphiné das Licht der Welt erblickt. Von seinen Eltern zum Militärstande bestimmt, wurde er Artillerie-Offizier, verließ aber 1790, indem er mit den Ueberlieferungen seiner Familie zu brechen schien, sein Korps und kam nach Paris, wo er sich als Klub-Redner bemerklich machte. Im Jahre 1793 erhielt er die Stelle als Administrator des Departements de la Drôme. Mit einer Sendung nach Paris betraut, lernte er Robespierre kennen und wurde einer seiner eifrigsten Verehrer. Indem er Chaumette im Amte als agent national procureur de la commune nachfolgte, legte er große Energie an den Tag und trieb den etwas vorsichtigen Robespierre zu rascherem Vorgehen an.

Außer diesen beiden wichtigen Personen der Kommune war für Robespierre eine Hauptstütze der oben bei der Schilderung des Sturzes der Girondisten erwähnte Henriot, welcher jetzt nach Auflösung der Revolutions-Armee die Gendarmerie und Kanoniere der Kommune, kurz die bewaffnete Macht von Paris, befehligte. Auch Henriot trieb Robespierre schon frühzeitig zum Staatsstreiche an.

Aber noch waren die Dantonisten, die über die Abschlachtung der Hebertisten gejubelt hatten, einflußreich und konnten den Robespierristen die Herrschaft streitig machen. Danton hatte den Fehler begangen, nicht in den Wohlfahrts-Ausschuß einzutreten, als er hierzu eingeladen worden war. In der Nacht vom 10. auf den 11. Germinal des Jahres II (30.—31. März 1794) ließ der Wohlfahrts-Ausschuß die Ausschüsse der öffentlichen Sicherheit und der Gesetzgebung zu sich kommen. In dieser Sitzung beschloß man die Abschaffung der Ministerien, und dann verlas St. Just, dem Robespierre die Notizen hierzu geliefert hatte, gegen Danton und dessen Anhänger einen mörderischen Bericht, worauf die Ausschüsse einen Haftsbefehl gegen Danton, Camille Desmoulins, Philippeaux und Lacroix unterzeichneten.*) Dieser Befehl wurde sofort ausgeführt. Einige Stunden nachher verlas St. Just im Konvente gegen die verhafteten Deputirten das Anklage-Dekret, bemerkte aber hier etwas Ungehorsam, worauf Robespierre die murrenden Konvents-Mitglieder durch Drohungen einschüchterte. Nur Legendre wagte seinen alten Freund Danton behutsam zu vertheidigen. Hierauf wurde das Anklage-Dekret einstimmig angenommen. In demselben waren außer den schon Genannten auch Herault-de-Sechelles, Fabre d'Eglantine und Westermann inbegriffen. Die Hinrichtung der Angeklagten geschah am 5. April 1794. Ihnen wurden noch hinzugefügt F. Delaunay, F. Chabot, C. Dazire, M. R. Sahuguet d'Espagnac, S. J. Frey, G. F. Diederichsen und der revolutionäre Spanier A. M. Guzman, der einstige Freund Marat's. Was den todten Marat anbetrifft, so verhinderte aus Eifersucht Robespierre, daß die Asche desselben im Pantheon beigesetzt wurde.**) Erst nach dem Tode Robespierre's, nämlich den 21. September 1794, wurde der in eine Holzkiste eingeschlossene Sarg Marat's ins Pantheon übergeführt und er blieb daselbst bis zum 8. Ventôse des Jahres III (bis zum 26. Februar 1795).

Nachdem die Hebertisten und Dantonisten abgeschlachtet waren, sah der Tyrann Robespierre seine Macht immer noch durch den Wohlfahrts- und Sicherheits-Ausschuß beschränkt. Er beschloß daher mit seinen Freunden St. Just und Couthon, durch den Konvent zunächst den Sicherheits-Ausschuß lahmlegen zu lassen. Dem Wohlfahrts-Ausschuß suchte nun das Triumvirat Robespierre-St. Just-Couthon in heftigen Debatten, die mehrere Tage dauerten, die Nothwendigkeit von der Organisation einer allgemeinen Polizei darzuthun, um angeblich zunächst Paris von den Uebelwollenden zu reinigen. Weil jedoch der Wohlfahrtsausschuß die Absicht der drei Konspiratoren durchschaute, sahen sich dieselben genöthigt, ihre Zuflucht zum Konvente zu nehmen, wo sie am 26. Germinal (15. April) ein Dekret durchsetzten, welches u. A. bestimmte:

„Die der Konspiration Beschuldigten sollen von allen Punkten der Republik dem Revolutions-Tribunal überliefert werden. Auf den 15. Floreal (4. Mai) sollen volksthümliche Kommissionen errichtet werden. Kein Ex-Adeliger und kein Fremder, welcher den Ländern angehört, mit

---

*) Während Robespierre seinem Handlanger St. Just die Notizen zur Anklagerede lieferte, spielte er im Wohlfahrts-Ausschusse den Heuchler, indem er den Schein annahm, als ob ihm die Anklage gegen Danton sehr schwer fiel.

**) Daß diese gegen Robespierre geschleuderte Beschuldigung nicht unbegründet ist, zeigen die Verhandlungen im Jakobiner-Klub unmittelbar nach Marat's Tode.

denen die Republik im Kriege ist, darf in Paris oder in den festen Plätzen oder in den Seestädten während des Krieges wohnen. Jeder Adelige oder Fremde wird in dem besagten Falle, wenn er binnen einem Monate daselbst angetroffen wird, außerhalb des Gesetzes gestellt. Wenn Derjenige, welcher hinfort überwiesen werden wird, sich über die Revolution beklagt zu haben, im Nichtsthun lebt und weder über 60 Jahre alt, noch gebrechlich ist, soll er nach Guyana (Cayenne) deportirt werden. Diese Art Sachen sollen durch die volksthümlichen Kommissionen gerichtet werden. Der Aufenthalt in Paris, in den festen Plätzen, in den Seestädten ist den nicht im aktiven Dienste stehenden Generälen untersagt."

Die Leitung des Bureaus der allgemeinen Polizei übernahm Robespierre selber.

Nach Kurzem legte sich jedoch der Wohlfahrts=Ausschuß ins Mittel; denn Barère berichtet: „Als durch die Usurpationen der drei Verschwörer das allgemeine Polizei=Bureau Uebergriffe in die Funktionen des allgemeinen Sicherheits=Ausschusses gemacht hatte, zwangen die Mitglieder des Wohlfahrts=Ausschusses St. Just Das, was angemaßt war, wieder zurückzugeben."

Vermittelst seiner Kreaturen in der Kommune beherrschte Robespierre auch die Pariser Gefängnisse, deren Aufsicht von den Munizipal-Beamten ausgeübt wurde.

Durch ein schreckliches Dekret vom 22. Prairial (10. Juni), welches Couthon in Uebereinstimmung mit Robespierre und St. Just im Konvente durchsetzte, wurden den politischen Angeklagten die Vertheidiger entzogen und die schützenden juristischen Formen hinweggeräumt. Das Dekret besagte ausdrücklich:

„**Den verleumdeten Patrioten gibt das Gesetz patriotische Geschworene zu Vertheidigern, es verweigert die Vertheidiger den Konspiratoren.**"

Somit führte das Triumvirat Robespierre = St. Just = Couthon die reine Menschenschlächterei ein und tödtete die Revolution durch scheußliche Grausamkeit.

Am Meisten hatte das arme arbeitende Volk durch die „Tugend" Robespierre's zu leiden. Wie Wilson Croker in seinen Essays on the French Revolution mittheilt, waren

unter 2750 Guillotinirten
nur 650 Wohlhabende
und somit 2100 Arme.

Das Verhältniß war also dergestalt, daß allemal von 9 Guillotinirten nur 2 zu den Wohlhabenden, dagegen 7 zu den armen arbeitenden Klassen gehörten.

In dem Werke: De la condition des ouvriers de Paris de 1789 jusqu'en 1841, lesen wir: „Die Hinrichtungs=Karren, welche durch Paris nach dem Revolutions=Platze fuhren, enthielten ebenso viel Menschen im Arbeitskleide, als andere aus den höheren Klassen. Vom 6. Juli bis zum 26. Juli oder 9. (? 8.) Thermidor, d. h. in zwanzig Tagen, fällte das Revolutions=Tribunal 1125 Todesurtheile."

Indeß darf nicht vergessen werden, daß in dieser Schreckenszeit für die Armen Vieles gethan wurde. So wurde den 3. Mai 1794 auf den Vorschlag St. Juſt's folgendes Dekret gefaßt: „Das Eigenthum der Patrioten ist unverletzlich und heilig; die Güter der gegen die Revolution feindlich gesinnten Personen werden zum Vortheil der Republik sequestrirt." — In dem Bericht über die Ausführungsweise dieses Dekrets hieß es: „Alle Gemeinden der Republik sollen ein amtliches Verzeichniß der dürftigen Patrioten anfertigen; wenn der Wohlfahrts-Ausschuß dasselbe erhalten hat, wird er Mittel vorschlagen, um alle Unglücklichen mit den Gütern der Republik zu entschädigen."

Unterm 12. Mai schlug Barère im Namen des Wohlfahrts-Ausschusses ein das Elend in Frankreich abschaffendes Dekret vor, indem er den Verkauf aller Hospitäler, ihrer Güter und Etablissements beantragte. Nur der Republik sollte hinfort das Recht der öffentlichen Wohlthätigkeit zustehen; jeder arme Staatsbürger sollte einiges Eigenthum erhalten, ihm wurde Arbeit im gesunden Zustande, häusliche Pflege im Zustande der Krankheit, der Dürftigkeit und Gebrechlichkeit, sowie seinen Kindern Erziehung zugesichert.

Selbst die Frauen der guillotinirten Gegner Hebert und Camille Desmoulins ließ Robespierre hinrichten. Aber der Tyrann, von dem das schreckliche Dekret des 22. Prairial ausging, hatte kein Erbarmen. Selbst der öffentliche Ankläger Fouquier-Tinville entsetzte sich. Er hat darüber folgende Erklärung abgegeben:

„Davon benachrichtigt, daß durch das neue Gesetz (vom 22. Prairial) die Verhöre und die Vertheidiger abgeschafft werden sollten, ging ich in den Wohlfahrts-Ausschuß und theilte meine Besorgniß den dort anwesenden citoyens Billaud-Varenne, Collot-d'Herbois, Barère und Carnot mit. Es wurde mir formell geantwortet, daß diese Sache Robespierre anginge. Von da begab ich mich in den Sicherheits-Ausschuß, wo ich die nämliche Besorgniß den citoyens Vadier, Amar, Dubarran, Voulland, Louis (vom Nieder-Rhein), La Vicomterie und Elias Lacosta aussprach. Alle antworteten mir, es wäre nicht möglich, daß ein solches Gesetz durchginge, und man würde ja sehen. ... Davon benachrichtigt, daß die Absicht bestände, die Zahl der Geschworenen für die Sitzung auf neun und auf sieben zu vermindern, erhob ich mich kräftig gegen diese Verminderung im Wohlfahrts-Ausschusse, indem ich geltend machte, daß sie, wenn sie stattfände, das Tribunal um das bis dahin besessene Zutrauen bringen müßte. Der damals anwesende Robespierre schloß mir den Mund, indem er mir entgegnete, nur Aristokraten könnten auf diese Weise sprechen. Diese Erörterung fand statt in Gegenwart von Billaud, der zwischen Robespierre und mir an dem Tische des Ausschusses saß, und in Gegenwart der citoyens Collot, Barère und Prieur. Alle schwiegen still, und ich zog mich zurück."

Vorstehende Erklärung des öffentlichen Anklägers ist der Schrift Laurent Lecointre au peuple français entnommen. Louis Blanc, der sie selbst anführt, sucht Robespierre dadurch zu entschuldigen, daß er behauptet, derselbe habe den Schrecken durch den Schrecken tödten wollen.

Das ist mehr als lächerlich; das heißt der Wahrheit ins Gesicht schlagen und dem gesunden Menschenverstande den Hals umdrehen!

Die innere Umwandlung Robespierre's aus einem Demokraten in einen tyrannischen Prätendenten datirt aus der Zeit der Verhandlungen des Konvents über den Tod Ludwig's XVI. Als der scharfsichtige Marat damals die Ausführungen Robespierre's hörte, neigte er sich zum Ohre Dubois-Crancé's und flüsterte diesem zu: „Mit dergleichen Doktrinen wird man mehr Unheil stiften, als alle Tyrannen zusammen" (Avec ces doctrines-là on fera plus de mal que tous les tyrans ensemble).

Jeder große Tyrann hat, um seine Missethaten zu heiligen, eine Religion nöthig. Robespierre war im gleichen Falle. Einestheils brauchte er für das Volk, das er zu Tausenden mit der Guillotine umbrachte, den Glauben an eine Gottheit und an ein ewiges Leben, anderntheils wollte er sich als Hohepriester und Religionsstifter, als Vermittler zwischen der Gottheit und dem Volke und somit gewissermaßen als Herrscher von Gottes Gnaden bei der Menge einführen.

Am 18. Floreal (18. Mai) hielt er daher im Konvente eine lange Predigt, aus der wir folgende Stellen wiedergeben:

„Wer hat dir denn die Sendung gegeben, dem Volke zu verkünden, daß die Gottheit nicht vorhanden ist, dir, der du dich für diese trockene Lehre ereiferst, obschon du dich nie für das Vaterland begeistert? Welchen Vortheil findest du dabei, wenn du dem Menschen einredest, daß über seine Geschicke eine blinde Kraft waltet, die aufs Geradewohl das Laster und die Tugend schlägt, und daß seine Seele nur ein leichter, an den Pforten des Grabes erlöschender Hauch ist? Wird ihm die Vorstellung von seinem Nichts reinere und erhabenere Gefühle, als die Vorstellung von seiner Unsterblichkeit einflößen? Wird sie ihm mehr Respekt vor seines Gleichen und vor sich selbst, mehr Hingabe an das Vaterland, mehr Kühnheit, um den Tyrannen zu trotzen, mehr Todes- und Wollust-Verachtung einflößen? Ihr, die ihr um einen tugendhaften Freund trauert, gebt euch gern dem Gedanken hin, daß der schönste Theil seines Ich dem Verscheiden entgangen ist. Wenn ihr am Sarge eines Sohnes oder einer Gattin weint, fühlt ihr euch da getröstet, wenn euch gesagt wird, daß von ihnen nur noch ein elender Staub übrig ist? Unglückliche, die ihr unter den Stichen eines Meuchelmörders endet, euer letzter Seufzer ist ein Anrufen der ewigen Gerechtigkeit! **Die Unschuld auf dem Schaffotte läßt den Tyrannen auf seinem Triumphwagen erblassen: würde sie diese Kraft besitzen, wenn das Grab den Unterdrücker und Unterdrückten gleich machte?** ... Ei, was kümmern euch Gesetzgeber die verschiedenen Hypothesen, durch welche gewisse Philosophen die Erscheinungen der Natur erklären? ... In den Augen des Gesetzgebers ist Alles Wahrheit, was in der Welt nützlich und in der Praxis gut ist. Die Vorstellung von einem höchsten Wesen und von der Unsterblichkeit der Seele ist eine fortwährende Mahnung zur Gerechtigkeit; folglich ist sie sozial und republikanisch. ... Die Freiheit der Gottesverehrung sei respektirt zum Triumphe der Vernunft selbst;

aber sie störe die öffentliche Ordnung nicht und werde nicht ein Mittel der Verschwörung! ... Ehrgeizige Priester, erwartet also nicht, daß wir an der Wiederherstellung eurer Herrschaft arbeiten! Ein solches Unterfangen würde sogar über unsere Kräfte gehen. Ihr habt euch selbst getödtet, und man steht ebenso wenig moralisch wie physisch von den Todten wieder auf (et l'on ne revient pas plus à la vie morale qu'à l'existence physique). Was haben übrigens auch die Priester mit Gott zu thun? Die Priester sind für die Sittlichkeit, was die Quacksalber für die Medizin. Wie sehr ist der Gott der Natur doch vom Gotte der Priester verschieden! Ich kenne Nichts, was dem Atheismus so sehr ähnelt, wie die von ihnen gemachten Religionen.... Der wahre Priester des höchsten Wesens ist die Natur; sein Tempel das Weltall; seine Verehrung die Tugend; seine Feste die Freude eines unter seinen Augen versammelten Volkes, welches die süßen Bande der allgemeinen Brüderlichkeit enger knüpft und ihm die Huldigung empfindsamer und reiner Herzen darbringt."

Unter dem Beifallsdonner des Konvents läßt der Tugendmann Robespierre folgendes Dekret fassen:

„Das französische Volk erkennt die Existenz des höchstens Wesens und die Unsterblichkeit der Seele an. Es erkennt an, daß die des höchsten Wesens würdige Verehrung die Ausübung der menschlichen Pflichten ist. Es sollen Feste eingeführt werden, um den Menschen an den Gedanken der Gottheit und an die Würde seines Wesens zu erinnern. Dieselben sollen ihre Namen erhalten von den ruhmreichen Ereignissen unserer Revolution, von den dem Menschen theuersten und nützlichsten Tugenden, von den größten Wohlthaten der Natur. Den 20. Prairial soll ein Fest zu Ehren des höchstens Wesens gefeiert werden."

Schon am Tage nach der Hinrichtung Danton's hatte Couthon ein Fest zu Ehren des höchsten Wesens im Konvente angekündigt. Jetzt erschienen an der Barre des Konvents Deputationen seitens der Kommune, des Klubs der Jakobiner und des Departements von Paris, um zu erklären, daß der von Robespierre ausgedrückte Glaube auch der ihrige sei. Mittlerweile wurde in der Nacht vom 3. auf den 4. Prairial (22.–23. Mai) durch einen beim Bureau der National-Lotterie angestellten Diener, welcher Admiral hieß, auf das Wohlfahrtsausschuß-Mitglied Collot-d'Herbois ein Attentat mit einem Degen versucht, worauf am folgenden Tage im Hause, wo Robespierre wohnte, ein zwanzigjähriges Mädchen, Namens Cäcilie Renault, die Tochter eines Papierhändlers, die den von zu Hause abwesenden Robespierre hatte sprechen wollen, als des Attentats verdächtig arretirt wurde. So kam zu dem wirklichen Attentate gegen Collot-d'Herbois noch ein eingebildetes Attentat gegen Robespierre hinzu! Obschon das Mädchen in Abrede stelle, daß sie Robespierre hätte ermorden wollen, wurde sie doch, da sie zwei Messer bei sich gehabt hatte, zum Tode verurtheilt. In einem Schub von 54 Personen, die alle mit rothen Hemden bekleidet wurden, ward sie zur Richtstätte geführt. In diesem Schub befanden sich Frauen und sogar ganz junge Mädchen, letztere fast noch Kinder. Die

Hinrichtung ward auf dem Thron=Platze (der Thron=Barrière) vollzogen, sodaß die Hinrichtungswagen, auf denen sich die mit rothen Hemden aufgeputzten Opfer befanden, durch die Arbeiter=Vorstadt St. Antoine fahren mußten: — 54 Opfer, weil Robespierre sich einbildete oder zu glauben vorgab, daß ihn Cäcilie Renault hätte ermorden wollen! Wenn Louis Blanc behauptet, daß diese mit großem Pomp aufgeführte Hinrichtung durch den Sicherheits=Ausschuß veranstaltet worden sei, um Robespierre beim Volke verhaßt zu machen, so vergißt er oder läßt vielleicht absichtlich unberücksichtigt, daß der mächtige Robespierre zur Verhinderung dieser luxuriösen Grausamkeit keineswegs eingeschritten ist. Er war damit einverstanden.

Wie gut Robespierre das angebliche Attentat zu benutzen verstand, erhellt aus einem Briefe, den er unterm 6. Prairial an den bei der Armee befindlichen St. Just schrieb. Er sagte in demselben: „Die Freiheit ist neuen Gefahren ausgesetzt; die Rotten erwachen mit einem bedrohlicheren Charakter denn je. Die Butter=Unruhen, zahlreicher und stürmischer als jemals, während sie doch am Wenigsten jetzt Vorwände haben, ein Aufruhr in den Gefängnissen, der gestern ausbrechen sollte, und die Intriguen, welche sich zur Zeit Hebert's offenbarten, sind verbunden mit Meuchelmorden, die nun schon zu verschiedenen Malen gegen Mitglieder des Wohlfahrts=Ausschusses versucht wurden. Die Ueberbleibsel der Rotten, oder, besser gesagt, die noch immer lebendigen Rotten verdoppeln ihre Kühnheit und Treulosigkeit. . . . Der Ausschuß muß die Kenntnisse und Energie aller seiner Mitglieder zusammennehmen. Berechne Dir, ob die Nordarmee, die auf den Pfad des Sieges zu führen Du so mächtig beigetragen hast, einige Tage Deine Anwesenheit entbehren kann. Wir werden Dich, bis Du dahin zurückgehst, durch einen patriotischen Repräsentanten ersetzen." — Robespierre ließ diesen von ihm selber verfaßten und geschriebenen Brief noch durch Prieur, Carnot, Billaud=Varenne und Barère unterzeichnen.

St. Just kam und blieb kurze Zeit. Was war der Zweck seiner Herbeirufung gewesen? Am 27. Mai verlangte St. Just im Wohlfahrts=Ausschusse für Robespierre die „moralische Diktatur!" Auf diese Weise sollte das eingebildete Attentat, zu dessen Feier 54 in rothe Hemden gekleidete Personen auf die Guillotine geschickt wurden, durch Robespierre ausgebeutet werden!

Die Posse vom 20. Prairial (8. Juni), d. h. das Fest des höchsten Wesens, wobei Robespierre als Hoherpriester fungirte, fand bei prächtigstem Wetter im Freien statt. Er strahlte vor Freude und ging von den übrigen Volksvertretern abgesondert der Prozession einige Schritte voraus. Er hielt drei Festpredigten, in deren einer er verkündigte: „Heute wollen wir uns dem Entzücken einer reinen Wonne hingeben; morgen aber wollen wir wiederum die Laster und die Tyrannen bekämpfen." Zwei Tage darauf ließ er, indem er seinen Handlanger Couthon vorschob, durch den Konvent das schreckliche Dekret fassen, durch welches den Angeklagten die Zeugen und Vertheidiger benommen wurden.

Vom 24. Prairial (12. Juni) bis zum 9. Thermidor (27. Juli), d. h. von der Einführung des scheußlichen Dekrets an bis zum Sturze Robespierre's — binnen 45 Tagen — starben zu Paris nicht weniger als 1285 Opfer des neuen Hohenpriesters. Im Durchschnitt verbluteten jeden Tag zu Paris 29 Personen auf der Guillotine. Kein Wunder, wenn sich in den Arbeitervierteln, denen, wie wir oben zeigten, die meisten Opfer entnommen wurden, eine Reaktion vorbereitete.

Nicht nur die Mitglieder des Konvents, sondern sogar die des Wohlfahrts= und Sicherheits=Ausschusses hatten alle Ursache, vor dem tugendhaften Robespierre auf ihrer Hut zu sein und im Stillen sich zum Widerstande zu rüsten.

Am Tage nach der Schlacht bei Fleurus, den 8. Messidor (27. Juni), kam St. Just vom Heere zurück und blieb nun bis zum Staats= streiche Robespierre's fortwährend in Paris. Er ging eines Tages in einem Wortwechsel soweit, daß er selbst das Wohlfahrtsausschuß=Mitglied Carnot, den „Organisator der Siege der Republik", mit der Guillotine bedrohte, worauf Carnot erwiderte: „Versucht es nur! Ihr seid lächer= liche Diktatoren!"

Weil die Wohlfahrtsausschuß=Mitglieder nicht einwilligten, Robes= pierre zum Diktator zu machen, blieb er von ihren Sitzungen weg. Aber Robespierre's Handlanger Couthon und St. Just erschienen regel= mäßig in den Sitzungen und unterzeichneten daselbst die Todes=Dekrete. Daher sieht es mit Louis Blanc's Behauptung, Robespierre habe dem Schrecken Einhalt thun wollen, sehr windig aus. Robespierre selbst zog sich nur zurück, weil er schmollte und auf den Sturz des Wohlfahrts= Ausschusses sann. Es war überhaupt seine Gewohnheit, sich zurück= zuziehen, wenn er einen Schlag im Schilde führte. Das war Katzen= Natur. Barère versichert im zweiten Bande seiner Memoiren, daß St. Just auch im Messidor und wieder am 8. Thermidor für Robes= pierre die Diktatur gefordert habe. Außerdem ist nicht zu vergessen, daß die Todes=Befehle gemäß dem von Robespierre ausgegangenen Dekrete des 22. Prairial vollzogen wurden. Während er die Ausschüsse nicht mehr besuchte, wagten diese am 16. Messidor (4. Juli) den Schrecken etwas zu mildern, indem sie verfügten, daß alle verhafteten Verdächtigen in Orten von weniger als 1200 Einwohnern, wenn sie Landarbeiter, Tagelöhner, Schnitter, Brauer oder Handwerker waren, auf freien Fuß gesetzt werden sollten, mit Ausnahme Solcher, die als Complicen in Hochverrathssachen verhaftet waren.

Zweimal lud der Wohlfahrts=Ausschuß Robespierre vor, um ihm wegen seines Wegbleibens von den Sitzungen Vorstellungen zu machen. Die letzte Vorladung geschah am 5. Thermidor (23. Juli). Er wurde aufgefordert, Aufschluß zu geben über die Verschwörungen, über die er fortwährend geheimnißvoll im Klub der Jakobiner sprach. Seine Kollegen boten ihm die Hand zur Versöhnung; allein er stieß sie zurück.

Robespierre schritt nun zum offenen Angriff gegen die seiner Diktatur im Wege stehenden Ausschüsse. Den 8. Thermidor des Jahres II (26. Juli 1794) hielt er im Konvente eine lange politische Tugendrede, in der er auch nach seiner Gewohnheit viel von sich selber sprach und an deren Schluß er sagte:

„Was ist das Heilmittel für das Uebel? Es besteht in der Erneuerung der Bureaux des Ausschusses der allgemeinen Sicherheit, in der Reinigung dieses Ausschusses und der Unterordnung desselben unter den Ausschuß der öffentlichen Wohlfahrt, in der Reinigung des Ausschusses der öffentlichen Wohlfahrt selber, in der Herstellung der Regierungseinheit unter der höchsten Autorität des National-Konvents, welcher der Mittelpunkt und Richter ist, und also in der Zerschmetterung aller Rotten vermittelst der Wucht der nationalen Autorität, um auf ihren Ruinen die Macht der Gerechtigkeit und Freiheit aufzubauen: solchergestalt sind die Prinzipien."

Natürlich versicherte er, daß er kein Ehrgeiziger sei, daß er nur das Verbrechen bekämpfe und nicht regieren wolle, daß er für sein Land zu sterben bereit sei u. s. w. Aber wenn es ihm gelungen wäre, vermittelst des von ihm beherrschten Konvents die seiner Diktatur feindlichen Ausschüsse zu stürzen, so wäre er faktisch der Herrscher Frankreichs und der Konvent sein platt auf dem Bauche vor ihm liegendes Macht-Instrument gewesen, das er zum Diktiren seiner Dekrete benutzt hätte. An schöne Worte glauben bloß die Dummen. Reinigung der Ausschüsse bedeutete im Munde Robespierre's den Tod der Mitglieder derselben und Erneuerung der Ausschüsse soviel als Besetzung derselben mit seinen fügsamen Kreaturen.

Am folgenden Tage, an welchem St. Just im Konvente einen langen Anklagebericht verlesen wollte, kam die Krisis zum Austrag. Maximilian von Robespierre, Augustin von Robespierre, St. Just, Couthou und Lebas wurden nach äußerst stürmischen Debatten, während deren man St. Just und Robespierre so gut wie nicht zum Worte kommen ließ, in Anklagezustand versetzt und verhaftet. In solchen entscheidenden Augenblicken sind Reden wenig werth; denn es entscheidet die Logik der Thatsachen, die mächtiger spricht als alle schönen Worte von Freiheit und Gerechtigkeit. Auch die Verhaftung Henriot's und seines Stabes wurde dekretirt. Der betrunkene Henriot nebst seinen Adjutanten hatte auf dem Platze des damals Maison Commune genannten Stadthauses die Gendarmerie zusammengezogen, wurde aber, als er durch die Straßen ritt, auf Anordnung der Deputirten Merlin (von Thionville), Courtois und Robin von seinen eignen Gendarmen verhaftet. Er wurde nebst seinen Adjutanten krummgefesselt in den Sicherheits-Ausschuß gebracht, wo Gendarmerie ihn bewachte.

Inzwischen hatte der Maire Fleuriot-Lescot den Generalrath der Kommune im Stadthause versammelt, wo auch Payan und der Richter Coffinhal, der Mann des Revolutions-Tribunals, anwesend waren. Unter dem Vorsitze des Maires wurde Abends 6 Uhr die Sitzung eröffnet und folgende Proklamation ans Volk abgefaßt:

„Citoyens! Das Vaterland ist mehr denn je in Gefahr; Bösewichter diktiren dem von ihnen beherrschten Konvente Gesetze. Man verfolgt Robespierre, welcher das tröstliche Prinzip von der Existenz des höchsten Wesens und der Unsterblichkeit der Seele dekretiren ließ,

Saint-Just, diesen Apostel der Tugend, der dem Verrath am Rhein und im Norden ein Ende machte und gleichwie Lebas den Waffen der Republik zum Siege verhalf, Couthon, diesen tugendhaften citoyen, der von den Lebenden zwar nur Herz und Kopf, aber dieselben voll glühenden Patriotismus, besitzt,*) Robespierre den Jüngeren, welcher den Siegen der italienischen Armee vorstand. Und wer sind ihre Feinde?" (Hier folgen Schmähungen gegen Amar, Dubarran, Collot-d'Herbois, Bourdon von der Oise und Barère.) Die Proklamation schließt mit den Worten: "Volk, erhebe dich! Wir wollen denn doch nicht die Frucht des 10. August und des 31. Mai verlieren; wir wollen alle Verräther ins Grab stürzen!"

Hierauf wird vom Generalrathe beschlossen: daß alle Kommandirenden der bewaffneten Macht und alle bestehenden Behörden ersucht werden sollen, zu kommen und zu schwören, daß sie das Vaterland retten wollen; daß die Thore von Paris geschlossen; daß die Befehle der Ausschüsse als nicht ergangen betrachtet werden; daß die Kanonen der Sektion der Menschenrechte vorrücken, und daß die citoyens Henriot, Boulanger, d'Aubigny, Dufraisse und Sijas, deren Verhaftung der Konvent beschlossen hat, unter dem Schutze des Volkes stehen sollen.

Wirklich leisteten den verlangten Eid die Gendarmen der 32. Division und die Gendarmerie der Gerichte. Aber welche Kraft hat in solchen Augenblicken ein Eid? Die Franzosen hatten während der verschiedenen Epochen der Revolution schon sehr verschiedene Eide geleistet!

Nun ertheilt die Kommune den Befehl zum Sturmläuten. In alle Stadttheile von Paris werden Emissäre entsandt, die Sektionen werden zusammenberufen und die zweifelhaften Administratoren sollen verhaftet werden. Den Beschließern der Gefängnisse wird der Befehl ertheilt, Niemanden aufzunehmen, sowie auch Niemanden freizulassen, ausgenommen auf spezielle Anordnung der in den Händen der Robespierristen befindlichen Polizeiverwaltung. Sodann werden Coffinhal und Louvet beauftragt, die im Sicherheits-Ausschusse gefangenen Patrioten vermittelst der bewaffneten Macht zu befreien.

So wurde denn Henriot wieder in Freiheit gesetzt. Er kommt zu den in der Nähe befindlichen Kanonieren und gibt vor, daß er unschuldig befunden worden ist, worauf diese ihm zujubeln. Als er aber den Konvent beschießen lassen will, gehorchen ihm die Truppen nicht und er kann sich nur mit Mühe und Noth dadurch retten, daß er seinem Pferde die Sporen gibt und davonsprengt.

Henriot kam ins Stadthaus, wo sich auch nach und nach Robes-

---

*) Die Glieder Couthon's waren gelähmt und er hatte immer zwei Männer bei sich, die ihn tragen mußten. Couthon, seit 1785 Advokat zu Clermont, hatte sich diese Krankheit in einem feuchten Raume geholt, wo er eine Nacht zugebracht hatte, als er hatte zu einer geliebten Frau gelangen wollen. Couthon war 1793 bei der Belagerung und Bestrafung der gegen den Konvent aufrührerisch gewordenen Stadt Lyon sehr thätig. Kurz vor der jetzigen Katastrophe wollte er nach seiner Heimath in die Auvergne reisen, und die dortigen revolutionären Behörden hatten schon Feste angeordnet und einen Triumphwagen bestellt. Wegen der herannahenden Krisis sagte er ab und blieb in Paris.

pierre der Aeltere und Jüngere, Saint-Just, Lebas und Couthon einfanden. Die meisten von ihnen waren von den Beschließern der Gefängnisse nicht angenommen worden. Robespierre der Aeltere hatte sich, als er im Luxemburg-Gesängnisse zurückgewiesen worden war, zunächst von seinen Gendarmen auf die am Quai des Orfèvres befindliche, von den Robespierristen beherrschte Polizei-Verwaltung führen lassen und spielte einige Zeit den Zaghaften, ehe er sich nach dem Stadthause holen ließ und dadurch sich außerhalb des Gesetzes stellte.

Im entscheidenden Augenblicke verdarb Robespierre durch seinen Mangel an Kühnheit sich Alles und bereitete hierdurch seiner Partei den Untergang. Er hatte advokatische Denkweise und war ein bedeutender Redner, aber er war kein Militär und kein Mann des Handelns.

Im Stadthause räumte Fleuriot-Lescot seinem Freunde Robespierre den Präsidentenstuhl ein, proklamirte ihn als den Retter des Vaterlandes und ließ die Anwesenden schwören, daß sie mit Robespierre leben und sterben wollten. Die Widerstrebenden wurden sofort arretirt, gleich den Kommissären der Sektion Arcis, welche die Proklamation des Konvents publizirt hatten. Es wurde ein „Vollziehungs-Ausschuß" eingesetzt, bestehend aus Payan, Coffinhal, Louvet, Chatelet, Grenard, Desboisseaur, Legrand, Lerebours und Arthur. Selbiger faßte folgenden Beschluß:

„Die revolutionäre Kommune befiehlt im Namen der Volkswohlfahrt allen citoyens, aus denen sie besteht, daß dieselben außer ihr keine andere Behörde anerkennen sollen."

Hierdurch stellte man sich in Gegensatz zum Konvente und beging Hochverrath. Robespierre, der dieß Alles geschehen ließ, hatte gleichwohl nicht den Muth, offen im Hochverrathe weiter zu gehen, um den Sieg herbeizuführen. Couthon schlug eine Proklamation an's Volk und Heer vor. — „In wessen Namen?" fragte Robespierre. — „Im Namen des Konvents," antwortete Couthon, indem er sich auf den Vers bezog: Rome n'est plus dans Rome; elle est tout où nous sommes. — „Nein," versetzte Robespierre, der inmitten des Hochverraths immer noch nicht die Rolle des Tugendhelden ablegen konnte, „diese Maßregel würde den uns von einer Rotte gemachten Vorwurf, daß wir die Autorität des Konvents attakiren wollten, rechtfertigen. Das Volk ist frei, uns zu vertheidigen oder uns im Stiche zu lassen."

Von den 48 Sektionen hatten sich anfangs 13 für Robespierre, 18 gegen ihn für den Konvent erklärt. Die übrigen schienen zweifelhaft. Die Arbeiter-Vorstadt St. Antoine wollte neutral bleiben und nur für die Republik eintreten. Als die Robespierre freundlichen Sektionen durch seine Unschlüssigkeit Zeit zum Nachdenken gewannen, fielen die meisten ab und riefen ihre Truppen vom Platze des Stadthauses, wo sie Robespierre schützten, nach dem Tuilerien-Platze zum Schutze des Konvents ab. Die meisten Kanoniere verließen die Kanonen, welche die zum Stadthause führenden Straßen vertheidigten. Die sämmtlichen Sektionen um's Stadthaus herum hatten Partei gegen Robespierre und für den Konvent ergriffen. Die verschiedenen revolutionären und zivilen Ausschüsse waren getrennter Ansicht, und die

Jakobiner handelten nicht. So brach denn über Robespierre das böse Verhängniß herein.

Am 10. Thermidor (28. Juli) Morgens gegen 2 Uhr rückten bei Fackellicht die unter den Oberbefehl des Generals Barras gestellten Truppen des Konvents in zwei Kolonnen aufs Stadthaus los. Die eine Kolonne, von Barras selber kommandirt, marschirte durch die Straße Saint-Honoré, um das Stadthaus im Rücken anzugreifen. Die andere, befehligt von Leonhard Bourdon, rückte die Kaie entlang zum Front-Angriff. Wie groß war das Erstaunen, keinen Widerstand zu finden! Leonhard Bourdon läßt auf dem Grève-Platze Halt machen. Hier hört er zwei Schüsse. Er zaudert, denn er glaubt, daß die Robespierristen im Stadthause bewaffnet sind und ihr Leben theuer verkaufen wollen.

Indeß waren nur noch circa 50 Mann im Stadthause geblieben. Das Volk der Gallerien war entflohen, als das Dekret des Konvents, welches Robespierre nebst allen seinen Anhängern in die Acht erklärte, verlesen worden war. Bei der Annäherung der Truppen herrschte unter den Leuten des Stadthauses der wildeste Schrecken. Lebas erschoß sich. Robespierre der Aeltere wollte sich mit einer Pistole gleichfalls erschießen, zerschmetterte sich aber bloß die Kinnlade und kroch unter einen Tisch. Robespierre der Jüngere sprang aus einem Fenster hinab und verstümmelte sich. Couthon wurde auf der Flucht von seinen Trägern weggeworfen und halbtodt am Kai Lepelletier gefunden. Nur Coffinhal gelang es heil zu entkommen und sich drei Tage auf einer Seine-Insel versteckt zu halten. Derselbe war, als er das Stadthaus verließ, auf einem Korridor dem vor Furcht zitternden Henriot begegnet, hatte ihn am Leibe gepackt und ihn mit den Worten: „Da, Elender, da hast Du den Lohn für Deine Feigheit!" aus einem Fenster des zweiten Stocks in die Gosse hinabgeworfen. Einzig St. Just erwartete gefaßt die Ankunft der Feinde.*)

Die von Leonhard Bourdon gehörten zwei Schüsse waren also von Lebas und Robespierre dem Aelteren abgefeuert worden in der Absicht, ihrem Leben ein Ende zu machen. Nach einigem Zögern nimmt Dulac, ein Agent des Ausschusses der allgemeinen Sicherheit, 25 Mann, darunter den Gendarmen Meda, mit sich und marschirt ins Haus der Kommune, wo sie ohne Widerstand eindringen.

---

*) Der Gendarm Meda hat sich gerühmt, er habe Robespierre geschossen. Allein Bochard, der Concierge des Stadthauses, ein Augenzeuge, hat ausdrücklich ausgesagt: „Gegen 2 Uhr Morgens sagte mir ein Gendarm, er habe im Saale der Gleichheit einen Schuß gehört. Ich ging hinein und sah Lebas am Boden ausgestreckt, und alsbald feuerte Robespierre der Aeltere auf sich einen Schuß ab, dessen Kugel fehlging und nur drei Linien weit von mir vorbeiflog. Ich wäre beinahe getödtet worden, weil Robespierre, als ich den Saal der Gleichheit verließ, auf mich stürzte." (Bericht von Courtois.)

Daß Robespierre in einem Augenblicke, wo Coffinhal flüchtet, wo Couthon sich forttragen läßt, wo Robespierre der Jüngere aus dem Fenster springt und wo Lebas seinem Leben ein Ende macht, sich gleichfalls hat erschießen wollen, ist — abgesehen von dem Zeugnisse des Concierge — höchst wahrscheinlich.

Die Munizipal-Beamten wollen ihre Schärpen abthun und die Flucht ergreifen. Dulac, den Säbel in der Hand, bedroht sie mit dem Tode, wenn sie die geringste Bewegung machen. Dann gibt er seinen Leuten den Befehl, die Gefangenen zu bewachen, und läßt den Berathungs-Saal schließen. Er kommt zu Leonhard Bourdon zurück und berichtet ihm, wie die Sachen stehen. Alsdann bemächtigt sich Bourdon der Gefangenen. Barras, der Oberbefehlshaber, kommt auf dem Platze des Stadthauses mit seiner Kolonne an, als Alles schon vorbei ist. Er hat nur die Proskribirten fortzuschaffen. Als er an die Thür des Konvents kommt, fragt er an, ob er Robespierre hineinbringen soll. Da antwortet Thuriot: „In den Konvent den Körper eines mit allen Verbrechen bedeckten Menschen bringen hieße diesem schönen Tage seinen ganzen Glanz benehmen. Der Leichnam eines Tyrannen kann nur die Pest bringen. Der für ihn und seine Mitschuldigen bestimmte Platz ist der Revolutions-Platz (der Hinrichtungs-Platz). Die beiden Ausschüsse müssen die nöthigen Maßregeln ergreifen, damit das Schwert des Gesetzes sie unverzüglich trifft."

Da die Verhafteten durch den flagranten Hochverrath der Acht verfallen waren und „außerhalb des Gesetzes" standen, brauchte mit ihnen kein weiteres gerichtliches Verfahren vorgenommen zu werden, als daß ihre Identität festgestellt wurde. Diese Identität war laut Gesetz durch die Mitglieder der Munizipalität zu konstatiren. Weil aber im gegenwärtigen Falle sich die Munizipalität selber in Masse des Hochverraths schuldig gemacht hatte, löste der Konvent die Schwierigkeit dadurch, daß er durch seine Kommissäre den Nachweis der Identität lieferte.

Am Nachmittage des 10. Thermidor brachten die Hinrichtungs-Karren 21 Mann auf den Revolutions-Platz. Auf dem vordersten fuhren die beiden verwundeten Robespierres, der verletzte Henriot, der verkrüppelte Couthon und der noch heile, nachdenkliche St. Just. Der zweite Karren fuhr den todten Lebas. Auf dem Wege zeigten die Gendarmen den Zuschauern Robespierre mit der Degenspitze. Sein Kopf war in einen blutigen Leinwand-Verband eingehüllt, sodaß man nur die Hälfte seines blassen, bleifarbigen Gesichts erblickte. Es erschallten nur die Rufe: „Zum Tode, zum Tode, auf die Guillotine!" An manchen Orten erhöhten Händeklatschen und Freudengeschrei diese Insulten. Vor dem Hause, wo Robespierre gewohnt hatte, machte man Halt, und Frauen, oder besser gesagt: Furien, führten um seinen Karren einen Rundtanz auf.

Robespierre äußerte kein Wort, gab keinen Ton von sich. Nur als der Scharfrichter, ehe er ihm den Kopf mit der Guillotine abschlug, ihm den Verband des Gesichts abriß, stieß Robespierre einen grimmigen Schmerzensschrei aus. Maximilian von Robespierre war 35 Jahre alt; St. Just zählte erst 25 Jahre; Couthon stand im 38. Jahre.

Am folgenden Tage erlitten siebenzig Mitglieder der Kommune das nämliche Geschick wie Robespierre. Zwölf weitere Hinrichtungen von Kommune-Mitgliedern fanden noch Tags darauf statt.

Die revolutionäre Kommune war zu Grunde gerichtet. Die National-Garde wurde neu organisirt. Bald folgte der weiße Schrecken dem rothen. Die Republik blieb noch am Leben, bis Napoleon Bonaparte, welchen eine französische Schriftstellerin den „Robespierre zu Pferde" genannt hat, sie hinwegräumte und den Thron bestieg.

So beschaffen ist die lehrreiche Geschichte der revolutionären Kommune.

Inhalts-Verzeichniß.

	Seitenzahl.
Einleitung	5

Erster Abschnitt. Die Heranbildung der revolutionären Kommune 32
    Erstes Kapitel. Die ersten Anfänge der revolutionären Kommune 32
    Zweites Kapitel. Die Pariser Munizipalität bis zum Rücktritte Bailly's und Lafayette's 51
    Drittes Kapitel. Der Durchbruch der Revolution 67

Zweiter Abschnitt. Die Allmacht der revolutionären Kommune 86
    Erstes Kapitel. Die Verwerthung des Sieges und der demokratische Staatsstreich 86
    Zweites Kapitel. Die Haft und der Tod des Königs 100
    Drittes Kapitel. Der Sieg der Kommune über die Girondisten 119

Dritter Abschnitt. Das Ende der revolutionären Kommune 147
    Erstes Kapitel. Der Tod Marat's 147
    Zweites Kapitel. Die Kommune im Frieden mit dem Konvente 152
    Drittes Kapitel. Marie Antoinette, Elisabeth, die 21 Girondisten, Bailly, Petion und Manuel hingerichtet 161
    Viertes Kapitel. Robespierre bricht die Macht der Pariser Kommune 165
    Fünftes Kapitel. Der Staatsstreich Robespierre's und der Untergang der Kommune 174

Druckfehler-Verzeichniß.

Seite 10 auf den beiden letzten Zeilen wolle man lesen: Mémoires pour servir à l'histoire de Charles II, roi de Navarre.

Seite 19, Zeile 20 von oben, lese man „zwanzig Stadtviertel", anstatt „sechzehn Stadtviertel".

Seite 21, Zeile 36 von oben, muß das Wort „daß", welches doppelt steht, einmal wegfallen.

Seite 37, Zeile 21 von oben, sollte stehen „Bataillon" statt „Baitaillon".

Seite 38, Zeile 14 von oben, lese man „Campan" statt „Campagnan".

Seite 42, Zeile 23 von oben, muß es heißen „Theroigne" statt „Theroigne".

Seite 57, Zeile 5 von oben, muß nach „Bailly" das Komma wegfallen.

Seite 82, Zeile 15 von unten, muß es heißen „Huguenin" statt „Hugenin".

Seite 97, Zeile 3 von oben, lese man „Danton" statt „Daton".

Seite 106, letzte Zeile, sollte stehen „Nicolas Villiaumé" statt Vuillaumé.

Seite 119, erste Zeile, erstes Wort, lese man „alten" statt „laten".

Seite 170, Zeile 11 von oben, lies „tugendhaft" statt „tugenhaft".

www.ingramcontent.com/pod-product-compliance
Lightning Source LLC
Chambersburg PA
CBHW020240170426
43202CB00008B/163